中国社会科学院创新工程学术出版资助项目

沈志渔 肖红军 赵剑波 王欣 等著

"两型综改区"对全国"两型社会"建设的引领示范作用

（湖南基地）

LIANGXING ZONGGAIQU DUI
QUANGUO LIANGXINGSHEHUIJIANSHE DE
YINLING SHIFANZUOYONG

经济管理出版社
ECONOMY & MANAGEMENT PUBLISHING HOUSE

图书在版编目（CIP）数据

"两型综改区"对全国"两型社会"建设的引领示范作用/沈志渔等著. —北京：经济管理出版社，2016.5

ISBN 978-7-5096-4151-4

Ⅰ.①两…　Ⅱ.①沈…　Ⅲ.①区域经济发展—研究—湖南省　Ⅳ.①F127.64

中国版本图书馆 CIP 数据核字（2015）第 312232 号

组稿编辑：申桂萍
责任编辑：梁植睿
责任印制：黄章平
责任校对：张　青

出版发行：经济管理出版社
　　　　　（北京市海淀区北蜂窝 8 号中雅大厦 A 座 11 层　100038）
网　　址：www.E-mp.com.cn
电　　话：(010) 51915602
印　　刷：三河市延风印装有限公司
经　　销：新华书店
开　　本：720mm×1000mm/16
印　　张：16
字　　数：268 千字
版　　次：2016 年 5 月第 1 版　　2016 年 5 月第 1 次印刷
书　　号：ISBN 978-7-5096-4151-4
定　　价：68.00 元

课题组成员

总　论：沈志渔　肖红军　中国社会科学院工业经济研究所
第一章：王　菊　　　　铁道党校（原铁道部党校）
第二章：蒋秀兰　　　　石家庄铁道大学
第三章、第四章：张航燕　中国社会科学院工业经济研究所
第五章：王　欣　　　　中国社会科学院工业经济研究所
第六章：孙　婧　　　　中国社会科学院工业经济研究所
第七章：赵剑波　　　　中国社会科学院工业经济研究所
第八章：张兰廷　　　　中国社会科学院工业经济研究所
第九章：肖红军　　　　中国社会科学院工业经济研究所

前　言

改革开放以来，尤其是经历了30多年的改革开放进程，我国已经进入了一个新的历史时期，我国的国情发生了很大变化。从经济国情角度看，伴随着市场化改革的深入和工业化进程的推进，我国经济实现了连续30多年的高速增长。经济的高速发展，必然引起国情的变化。我们的研究表明，我国的经济国情已经逐渐从一个农业经济大国转变为一个工业经济大国。但是，这只是从总体上对我国经济国情的分析判断，还缺少对我国经济国情变化分析的微观基础。这需要对我国基层单位进行详细的分析研究。实际上，深入基层进行调查研究，坚持理论与实际相结合，由此制定和执行正确的路线方针政策，是中国共产党领导革命、建设和改革的基本经验和基本工作方法。进行国情调研，也必须深入基层，只有深入基层，才能真正了解我国国情。

为了贯彻党中央的指示，充分发挥中国社会科学院思想库和智囊团的作用，进一步推进理论创新，提高哲学社会科学研究水平，2006年中国社会科学院开始实施"国情调研"项目。开展国情调研是中国社会科学院贯彻落实党中央指示精神，更好地履行院"三个定位"要求和实践群众路线的重要举措。

2014年度的国情调研工作，围绕认真贯彻落实中共十八大、十八届三中全会精神，就党和国家关注的重大理论和现实问题而展开。根据中国社会科学院"2014年度重大国情调研领域指南"确定的范围，并通过全院范围内开展的招标程序，中国社会科学院院级国情调研基地项目"'两型综改区'对全国'两型社会'建设的引领示范作用调研（湖南基地）"课题获得批准，按照院级国情调研基地项目的要求，该项目应依托所在基地开展调研工作，并吸收当地科研人员参加，按照"当年立项、当年结项"原则实施调研计划；调研活动应选取具有当地特点、又具有全国普遍意义的重要问题进行深度调研，为中央决策和地方发展服务。

"两型综改区"对全国"两型社会"建设的引领示范作用

　　鉴于湖南省长株潭"两型"综合试验区的"先行先试"经验和典型特征，课题组对"两型综改区"建设的引领示范作用进行调研，调研内容主要集中在经济转型与产业结构优化升级、金融生态环境与"两型"投融资体系建设、城乡统筹发展与民生建设、"两型"道德观念与核心价值体系建设、资源节约与生态保护体制机制创新、行政体制改革与政府职能创新、"两型"科技和人才管理体制机制创新七个方面。

　　课题组在湖南省人民政府经济研究信息中心的大力协助下，对于以上调研内容开展调研工作，最终形成了本书的主要内容。

　　疏漏之处，在所难免！请广大读者不吝指正！

课题组

2016 年 1 月

目　录

总　论 ··· 001

第一章　"两型综改区"的相关理论 ······························· 015

　　第一节　"两型社会"的理论基础 ··························· 015

　　第二节　"两型综改区"的概念与特征 ····················· 029

第二章　全国"两型社会"建设的总体状况与突出问题 ········· 039

　　第一节　全国"两型社会"建设的总体状况 ··············· 039

　　第二节　全国"两型社会"建设存在的突出问题 ··········· 046

第三章　湖南"两型综改区"建设的背景、动因与部署 ········· 053

　　第一节　湖南"两型综改区"建设的背景与动因 ··········· 053

　　第二节　湖南"两型综改区"建设的战略部署 ············· 060

第四章　湖南"两型综改区"建设之产业"两型化"探索 ······· 070

　　第一节　产业"两型化"的思路与方式 ··················· 070

　　第二节　产业"两型化"的具体措施与成效 ··············· 073

第五章　湖南"两型综改区"建设之生态环境治理探索 ········· 081

　　第一节　生态环境治理的思路与方式 ····················· 081

　　第二节　全面推进节能减排 ····························· 085

　　第三节　全面加强城乡环境综合治理 ····················· 091

　　第四节　全面加强生态保护 ····························· 096

第五节　加快实施十大环保工程 ……………………………… 101

第六章　湖南"两型综改区"建设之体制机制改革探索 ……………… 112

第一节　"两型"体制机制改革的思路与内容 ………………… 112

第二节　"两型"管理体制的改革 …………………………… 118

第三节　重点领域体制机制改革 …………………………… 120

第七章　湖南"两型综改区"建设之"两型"科技支撑 ……………… 138

第一节　"两型"科技建设的思路与方式 …………………… 139

第二节　构建"两型"科技创新体系 ………………………… 149

第三节　开发"两型"低碳技术 …………………………… 162

第四节　推广清洁低碳技术 ………………………………… 166

第八章　湖南"两型综改区"建设之各地区"两型社会"建设探索 ……… 170

第一节　长沙市"两型社会"建设 ………………………… 170

第二节　株洲市"两型社会"建设 ………………………… 174

第三节　湘潭市"两型社会"建设 ………………………… 179

第四节　衡阳市"两型社会"建设 ………………………… 183

第五节　邵阳市"两型社会"建设 ………………………… 185

第六节　岳阳市"两型社会"建设 ………………………… 187

第七节　常德市"两型社会"建设 ………………………… 189

第八节　张家界市"两型社会"建设 ……………………… 191

第九节　益阳市"两型社会"建设 ………………………… 194

第十节　郴州市"两型社会"建设 ………………………… 196

第十一节　永州市"两型社会"建设 ……………………… 200

第十二节　怀化市"两型社会"建设 ……………………… 202

第十三节　娄底市"两型社会"建设 ……………………… 205

第十四节　湘西自治州"两型社会"建设 ………………… 207

第九章　湖南"两型综改区"建设对全国"两型社会"建设的示范 ········· 211

　　第一节　建设模式的示范 ················· 211

　　第二节　改革创新的示范 ················· 225

　　第三节　重点行动的示范 ················· 233

　　第四节　社会参与的示范 ················· 238

后　记 ·· 241

总　论

一、本书调研的背景与目的

1. 本书调研背景

资源和环境危机是转变经济发展方式必须面对的课题。经过 30 多年来的高速发展，我国国家经济、社会生产力和人们的生活水平都有了长足的进步。我国经济总量已经跻身世界第二位，人均 GDP 达到中等发展水平，社会生产力的发展也已进入了工业化的中后期。根据发达国家的发展经验曲线，工业化中后期阶段，随着经济的进一步增长，环境污染状况会逐渐减轻。但总体上，我国仍然属于高消耗、高排放、低利用的传统经济增长模式，生态破坏问题日趋严重，环境污染加重趋势尚未得到根本遏制。粗放型经济增长方式没有得到根本转变，经济社会发展中的人口与资源矛盾日益尖锐，工业化、城镇化快速推进中的生态环境形势日益严峻。"两型社会"建设，即资源节约型和环境友好型社会的建设，就是在工业化、城镇化、全球化、市场化的过程中解决好资源、环境和可持续发展的关系的探索和实践过程。

湖南省"两型社会"建设探索形成初步经验并取得突出成绩。长株潭城市群是湖南省最大的工业聚集区之一，同时也是环境污染相对严重的区域。自 2007年长株潭城市群"两型社会"建设试验区获批以来，湖南省完成了试验区顶层设计，布局和建设了一批重大基础设施和产业项目，启动、推进了十项重大改革，并进一步完善了生态保护和环境建设的体制机制，组建了一套推进改革的组织体系。湖南省以"两型"带动经济增长和生产方式转变。长株潭"两型"试验区获批以来，改革建设取得实质性进展。规划体系初步形成、推进机制初步建立、体制机制创新全面展开、基础设施建设加速推进、生态宜居城市加速建设、信息一体化建设取得重大突破、"两型"产业快速发展、示范区建设全面起步、民生得到较大改善、社会事业全面发展，长株潭城市群核心增长极作用进一步显现。长株潭三市 GDP 占湖南全省的 42.6%，对全省经济增长贡献率达 55%，"两型"试验区所覆盖和辐射的"3+5"八市 GDP 占全省的 80%。2009 年，试验区带动全省万元 GDP 能耗下降 5.1%，降幅创历史新高，万元工业增加值用水量下降 24%。与此同时，城镇居民的人均可支配收入和农民人均纯收入分别是 2007 年的 1.24 倍和 1.28 倍，人民生活的幸福指数不断提高。

"两型社会"建设是国家区域协调发展的要求，是国家深化改革试点的内在需要。长株潭城市群"两型社会"建设为湖南科学跨越、富民强省提供了强有力的核心增长极。长株潭试验区的改革定位为"两型社会"科学发展模式，完全符合湖南实际的发展战略。长株潭城市群"两型社会"建设为推进新型工业化提供了新的动力支持。设立长株潭城市群"两型社会"综合配套改革试验区，是国家促进中西部互动和中部地区崛起的重大战略布局，是国家加快推进新型工业化、新型城镇化，建设资源节约型、环境友好型社会的重大战略举措。

2. 调研目的

"两型社会"建设的发展模式、治理机制、配套体系急需理念的革新和路径的创新。"两型社会"建设必须从工业化生产的技术范式上进行变革，生态经济、循环经济、低碳经济、知识经济等的理论探索和实践应用都在湖南"两型社会"建设实践中得到应用，但是尚没有真正形成资源节约、环境友好的运行机制。

所以，本课题的调研目的在于了解湖南"两型社会"建设的背景、动因与部署，以及实践探索，从而总结出"两型社会"的建设途径，以及实施的关键。最后形成有关湖南"两型社会"建设在产业化、生态治理、体制改革、科技支撑等方面的创新经验，从而对全国"两型社会"建设起到引领示范作用。

其中，本课题的主要调研目的：其一，通过调研了解湖南"两型综改办"对形成中部地区崛起的内源基础的重要性和促进全国"两型"社会建设的作用；其二，分析"两型社会"建设和改革过程中遇到的障碍和问题；其三，了解"两型综改办"在"两型"建设过程中的现实要求，为提高"两型"政策的实施效率提供客观事实基础；其四，通过调研，形成"两型社会"建设的经验，并在此基础上提炼出适用于全国"两型社会"建设的理论分析框架和实际实施计划。

通过调研发现，湖南"两型综改区"建设对全国"两型社会"建设的引领示范作用主要体现在建设模式、改革创新、重点行动和社会参与示范四个方面。在建设模式示范方面，湖南"两型社会"建设符合经济发展阶段特征、符合区域优势和定位，逐渐形成了系统性的"两型社会"发展体系和模式；在改革创新示范方面，湖南"两型社会"建设体现出体制机制的适应性变革以及政策措施的针对性支持；在重点行动示范方面，以示范区建设为起点，以重大工程建设为抓手，最终实现重点领域的全面突破；在社会参与示范方面，重在营造"两型"氛围和经常性的推广活动。

3. 调研意义

第一，"两型社会"建设是破解资源环境约束难题，实现可持续发展的需要。经济发展与资源环境的矛盾是世界性难题，当前在我国的显现尤为突出。资源与环境是制约我国经济社会可持续发展的瓶颈，我国45种主要矿产资源人均占有量不到世界平均水平的一半，却已成为世界第一的煤炭、钢铁、铜等资源消费大国以及世界第二的石油和电力消费大国；恶性环境事件频发，污染治理和减排压力巨大；与发达国家相比，中国资源利用的效率依然十分低下。未来较长时期，我国仍将处于工业化和城镇化的加速发展阶段，传统的资源消耗模式无以为继，现实要求通过对资源节约型和环境友好型社会建设及管理创新的研究，明确实现经济社会低消耗、低排放、可持续发展的途径和方式。中部地区作为国家重要的能源产出地区，资源消耗和环境污染问题在全国来说显得更加突出，在这种情况下，国家在中部的改革试验区提出"两型社会"建设目标，是一种具有全局意义的战略考虑。两个中部试验区的获批，将成为"两型社会"的重要示范基地和产业结构调整的重要突破口。

第二，"两型社会"建设是保障国家经济安全的迫切需要。近年来，我国石油、矿产等重要资源进口越来越多，对国外市场依赖程度越来越大。进口石油占国内消费总量的40%以上，铁矿石进口量超过国内需求的50%。过多地依赖国外资源，不仅耗费大量资金，而且会加剧国际市场供求矛盾，将影响到我国经济安全和国家安全。加快建设"两型社会"，控制和降低对国外资源的依赖程度，对于确保经济安全和国家安全有着重要意义。

第三，"两型综改区"是促进中部地区崛起的政策保障。"综改区"被赋予探索内源型发展模式的使命。"综改区"设置在西部和中部，一方面要探索适合中西部地区的内地开放模式，另一方面要探索主要基于国内市场、国内资源、国内技术的发展模式。中部地区的发展采取什么模式，是促进中部地区崛起战略在实质性实施阶段必须解决的问题。目前，东部发展的基点是开放，东北发展的基点是老工业基地振兴，西部发展的基点是生态保护，中部地区崛起的基点应该是依托国内市场的内源型发展模式。确定这一模式的历史背景在于，片面外向型经济发展的难度越来越大，片面的加工贸易型和出口导向型发展模式的空间越来越小，中部地区乃至整个中国需要探索内源型发展模式。探索内源型经济发展模式的最佳地点是中部地区。这是因为，中部地区的发展与整个中国的现代化进程具有高度的重叠性，中部地区探索的内源型经济发展模式将具有全局意义。如果说在改革开放前期、中期，沿海地区在探索外向型发展模式方面具有先导作用，那么，在中国经济发展现阶段和今后一段时期，中部地区在探索内源型经济发展模式及其和外向型发展模式的结合方面具有先导作用。

第四，"两型"发展模式是全面深化改革的重大课题。一方面，改革开放 30 多年的体制改革的主要指向是体制的变化，在经济体制逐渐市场化的同时，有利于科学发展的体制机制尚不完善，体制变革与发展方式的变化没有全面整合起来；另一方面，伴随社会主义市场经济体制的基本建立，发展方式转变滞后的问题暴露出来。因此，今后中国改革发展中很重要的任务是构建有利于科学发展的体制机制。"两型综改"的实质是将改革与发展方式转变结合起来。据此可以判断，"综改区"的战略担当和全局使命中很重要的是探索实现体制改革与科学发展的有机互动机制。由于"两型综改区"设置在中部地区，因此，"两型综改区"还承担着探索经济发展与生态发展互动的机制。

二、本书调研的总体设计与安排

1. 调研总体设计

通过文献分析和现场调查，本书总体分成九章。第一章是"两型综改区"的相关理论综述。"两型社会"建设的理论基础包括可持续发展理论、循环经济发展理论、低碳经济理论、绿色 GDP 理论、生态经济理论、外部性理论、制度创新理论等，在报告中分别阐明了这些理论对于"两型社会"建设的支撑。在文献综述的基础上，报告总结了"两型社会"和"两型综改区"的内涵和特征。第二章是全国"两型社会"建设的总体情况与突出问题，分析了全国"两型社会"建设的背景、发展历程和主要进展。第三章是湖南"两型综改区"建设的背景、动因与部署，主要总结湖南"两型综改区"建设的背景与动因，以及以建设历程、顶层设计、重要行动为内容的战略部署。第四章是湖南"两型综改区"建设之产业"两型化"探索，包括产业"两型化"的总体思路与实现方式，以及发展现代农业、工业"两型化"、发展现代服务业的主要举措和取得的成效。第五章是湖南"两型综改区"建设之生态环境治理探索，包括生态环境治理的思路与方式，以及全面推进节能减排、全面加强城乡环境综合治理、全面加强生态保护、加快实施十大环保工程等方面的举措与成效。第六章是湖南"两型综改区"建设之体制机制改革探索，包括"两型"管理体制的改革与重点领域体制机制改革。第七章是湖南"两型综改区"建设之"两型"科技支撑，包括"两型"科技建设的思路与方式，以及如何构建"两型"科技创新体系，并开发"两型"低碳技术和推广低碳清洁技术。第八章是以长沙、株洲、湘潭为主，分地区介绍湖南"两型综改区"建设探索经验。第九章是湖南"两型综改区"建设对全国"两型社会"建设的示范，包括建设模式、改革创新、重点行动、社会参与等示范内容。

2. 本书内容安排

课题调研围绕"3+5"八市展开，主要集中在长株潭地区，此外还着重调研了益阳、岳阳、张家界等其他典型区域。2014年下半年，在湖南省人民政府经济研究信息中心的协调下，课题组与湖南省"两型办"，以及长沙市、株洲市、湘潭市等市"两型办"负责同志座谈，重点实地考察了云龙、天易、九华、竹埠港等"两型社会"建设现场，了解长株潭城市群"两型社会"建设的最新进展情况，最后总结了长株潭"两型社会"建设的主要经验、发展模式、改革创新等深层次问题。

课题组对"两型综改区"的引领示范作用进行调研，主要包括七个重点领域：

(1) 经济转型与产业结构优化升级。"两型社会"要求经济的发展不能以牺牲环境为代价，同时"两型社会"的实现也不能以牺牲经济的发展为代价。"两型社会"赋予了经济发展新的内涵，即经济发展不仅是指量的增长，还包括质的飞跃，实现均衡、持续和协调的发展。集约型生产方式因其所具有的注重效益、节约资源、注重质量、保护环境等优势，是符合人类发展的长期利益、符合"两型社会"基本要求的更为科学的生产方式。通过调研"两型综改区"经济增长方式的转变程度，经济制度的创新水平，技术的革新程度以及资源节约、环境友好的"两型"经济理念的深入程度，来对"两型"经济增长方式的转变的引领示范作用做出评价。最终目标是创建以最少的投入创造最多的财富，让人民群众在物质文化生活水平不断提高的基础上享受良好环境的长久机制。

（2）金融生态环境与"两型"投融资体系建设。重点调研"两型综改区"对"两型"社会建设的金融、财税和投融资体系的支持情况。通过调研了解地方政府推动企业改制上市、提高上市公司再融资能力情况和支持发行服务"两型"社会建设的项目收益债券情况。对政府规划中提出的以下问题进行重点调研：①整合湖南省产权交易市场，组建联合产权交易机构；②加快发展期货业，在长株潭设立稻米、生猪、有色金属等大宗优势产品交割库；③支持保险资金参与"两型"社会建设，开展环境污染责任保险等新型保险业务的试点等政策落实情况。对以下问题做出调研评价：①规划建设长株潭金融服务区，制定设立金融机构的优惠政策，吸引境内外各类金融机构在长株潭设立分支机构、总行（总部）、后台服务基地，促进金融机构集聚发展；②搭建银企合作平台，积极开展银行产品和服务创新，扩大"绿色信贷"规模，重点扶持符合"两型"要求的企业和项目等规划落实情况。

（3）城乡统筹发展与民生建设。"两型社会"的内容非常丰富，对涉及民生的内容，特别是老百姓切身感受到的变化更需要重视。实现"两型"发展成果更多、更公平地惠及民众，必须进行社会事业改革，加快社会发展模式的转型。解决好人民最关心最直接最现实的利益问题，努力为社会提供多样化服务，才能更好地推进"两型社会"建设。调研"两型综改区"城乡一体化统筹的程度，推进以人为核心的城镇化，保障农民工同工同酬，保障农民公平分享土地增值收益，保障金融机构农村存款主要用于农业农村等。调研"两型综改区"城乡医疗和社会保障体系，城镇基本养老保险、基本医疗保险、失业保险、工伤保险、生育保险覆盖率，农村社会养老保险制度试点情况。调研"两型综改区"市场化的人力资源配置机制和就业援助机制，以及劳动合同制度覆盖率。

（4）"两型"道德观念与核心价值体系建设。"两型社会"要求以节约的方式对待资源、以友好的态度对待环境，反映在道德文化领域即为人类关怀的范围从对人的关怀扩大到对自然的关怀。当前，自然资源迅速枯竭、生态环境日趋恶化。人们日益意识到，只有以"两型"的道德观念来统领文化领域的改革建设，才能彻底改变人类对自然的统治逻辑，实现人与自然的真正和谐，而这也是"两型社会"所蕴含的道德意蕴。通过调研"两型综改区"的道德文化观念，从根本上改变这种以人为中心的行为文化，树立人与自然和谐共生的行为文化，从意识形态的层面对"两型社会"建设做出引领示范。

（5）资源节约与生态保护机制体制创新。"两型社会"是以人与自然和谐共生为基础的社会形态。治理污水排放、废气排放、噪声污染，实施生态修复保护机制，大力整治农村卫生环境是"两型"建设的题中之义和必由之路。通过调研"两型示范区"，推进建设生态保护的长效机制，起到对生态文明体制改革的引领示范作用。调研建立和完善资源产权制度，探索建立统一、开放、有序的资源初始产权有偿取得机制；调研完善差别化能源价格制度，理顺能源、矿产品价格，逐步建立体现资源稀缺程度、市场供求关系和环境恢复成本的资源价格形成机制；调研完善政府引导、企业为主体的节能减排投入机制，综合运用价格、税收、财政、金融等经济杠杆，有效促进社会、企业节约能源资源等。通过对资源环境保护的评估和生态环境的建设，以"两型"理念引领美丽中国建设。

（6）行政体制改革与政府职能创新。科学的宏观调控，有效的政府治理，是"两型社会"建设的内在要求和宏观保障。"两型综改区"必须切实转变政府职能，深化行政体制改革，创新行政管理方式，增强政府公信力和执行力，建设法治政府和服务型政府。"两型"建设要求优化"两型"协调部门和办事部门的机构设置、职能配置、工作流程，完善决策权、执行权、监督权既相互制约又相互协调的行政运行机制，树立"两型"主导的政绩观。调研"两型综改区"各级政府管理简政放权，深化行政审批制度改革的力度，以及是否存在政府对"两型"各方面建设的微观事务的不合理干预等。对各级"两型办"与党委、政府等工作的分工、合作模式进行调研，对"两型"政策及规划的落实情况、实施监督情况进行反馈。

（7）"两型"科技和人才管理体制机制创新。对湘潭高新技术产业开发区升级为国家高新技术产业开发区，依托长沙、株洲、湘潭等高新技术产业开发区，构建长株潭创新创业试验区的情况考察。调研探索科教资源整合共享机制、以岳麓山大学城为重点建设一批大学科技园区的情况。调研城市群科技创新协调管理机制、面向特色产业和中小企业的公共创新平台及多种模式的合作创新组织。调研科研院所、高校和企业围绕"两型"社会建设中的关键技术、共性技术的研究开发，以及建立优势产业领域的技术创新战略联盟情况。

调研对象的选择包括五个层次：作为"两型"管理和决策机构的相关政府部门、协调"两型"建设的行业组织社会团体等、参与"两型"建设的企事业单位、参与"两型"研究的高等院校等科研机构以及社会公众。调研形式以在各个访谈地区召开小型座谈会、参观长株潭"两型社会"建设现场为主，湖南省各地"两型办"负责同志都做了精心细致的准备，并就各自工作进行了重点介绍。此外，课题组按照"两型"工业、"两型"社区、"两型"旅游等内容，分别参观了湘潭市九华科技园区的泰富重工、兴业太阳能，长沙市云龙示范区的时代电动车、远大住工以及张家界国家森林公园等示范工程和项目。最后，结合调研提纲，课题组成员对于每次访谈内容作了详细的整理。

三、调研的主要结论

1. 湖南"两型社会"建设的主要思路

"两型社会"建设的目标是最终建立全面、协调、可持续发展的经济社会。以资源节约、环境保护、产业优化、科技创新、土地管理五个方面的体制机制创新为重点，紧扣"两型社会"建设主题率先突破；配套推进投融资、对外开放、财税、城乡统筹及行政管理体制等体制机制创新，为"两型社会"建设提供支撑平台和配套措施。通过以上"十大体制机制创新"，探索走出"六条新路子"：新型城镇化规划与发展的新路子，新型工业化的新路子，资源节约与环境友好的新路子，综合基础设施建设的新路子，城乡统筹发展的新路子，体制机制创新的新路子。

加快"两型"社会建设，促进经济发展方式转变的主要思路是：一是从社会意识引导方面，坚持"政府推动、企业主导、公众参与"的原则，从"知识、价值观、组织、技术和环境"五个方面协同推进。"两型社会"建设的顺利进行必须建立在人们资源节约和环境保护意识的基础上，必须始终贯穿社会意识的引导，并真正落实到行动中。二是从政策框架和制度体系设计方面，坚持"自下而上"的渐进路径，通过强制和诱导两种策略逐步推进。"两型社会"建设的保障，必须依靠政策框架和制度体系设计。三是从社会生产模式转型方面，坚持以信息化带动工业化，以工业化促进信息化，发展静脉产业，推进从开放式分工逐步转向闭合式分工。"两型社会"建设的持续推进的标志，就是社会生产模式的转型。四是逐步搭建知识经济平台，营造产、学、研、官、商、媒、盟的无缝合作机制，促进创新，把握第四次技术革命的发展机遇。依靠科技进步、技术创新和工艺水平的提高，由能源、资源消耗型向节约型转变，由数量扩张型向质量效益型转变，形成环境生态友好的产业链，加强与世界一流企业合作，提高工业竞争力，构建起科技创新机制和技术支持体系，实现跨越式发展。

2. 湖南"两型社会"建设的主要做法

长株潭城市群"两型社会"建设优先选择战略重点和建设重点，探索示范区建设经验。长株潭城市群发展战略重点是：

坚持核心带动，促进跨越发展。把加强城市群核心区的规划建设，作为建设"两型社会"的基础平台、区域发展重点和一体化建设的空间载体，大力推进综合配套改革方案的实施，实现优势地区率先发展，带动长株潭城市群和全湖南省跨越式发展。

加快产业"两型化"，推进新型工业化。发挥科技创新的先导作用，依靠产业结构调整、自主创新和信息化，加快新型工业化进程，重点发展先进装备制造业、高新技术产业和现代服务业，提升基础工业，发展现代农业。

强化生态格局和湘江治理，塑造高品质生态环境。以"南治水为主、北治气为主"为原则，突出湘江综合治理。以"强化生态特色，彰显湖湘魅力"为原则，合理利用三市接合部的空间开放式绿心、湘江生态带等生态区域，打造人与自然和谐相处、布局合理、生态良好、环境优美、适宜人居的生态环境。

发展社会事业，推进城乡和谐。促进社会就业更加充分，构建更加合理的收入分配和社会保障体系，大力推进教育、文化、卫生、体育等社会事业发展。建立以工促农、以城带乡的长效机制，改善乡村地区生活环境，推进乡村产业发展和劳动力转移，建设社会主义新农村。

坚持集约发展，促进能源资源节约利用。构建城镇紧凑发展的空间结构，推动土地、水、能源等资源节约利用，加快开发利用太阳能、风能、生物质能等新能源。

建设综合交通体系，提高城乡运行效率。以一体化交通网络和公共交通体系建设为重点，使城市交通体系向乡村地区延伸，协调城乡空间资源开发。

提升存量空间，创新增量空间，推进空间高效利用。整合现有工业园区，建立产业退出机制，淘汰"两高"、"五小"企业。加快旧城和城中村改造，整合乡村居民点。探索土地、能源、水资源的节约和生态建设、环境保护、城乡统筹发展的新模式，形成符合"两型社会"要求的新型城乡空间形态。

长株潭城市群"两型社会"建设重点选择"一江五区"作为重点区域，先行启动探索，提供示范经验。"一江"就是湘江生态经济带，"五区"包括大河西、云龙、昭山、天易、滨湖五大示范区。推进重点则是强化规划统领，实施五大工程和推进十项改革。

3. 湖南"两型社会"建设的主要模式

长株潭城市群"两型综改区"通过改革创新，探索出综合试验的六个新模式：

（1）新型城镇化的新模式。新型城镇化就是以人为本，"两型"带动，与新型工业化互为促进，城乡统筹，建立政府引导、市场主导的机制，坚持可持续集约发展，走以城市群为主体形态的大中小城市和小城镇协调发展的多元化城镇化道路。

（2）新型工业化的新模式。加速推进新型工业化是城市群发展的产业支撑，也是"两型社会"建设的重要途径。长株潭试验区建设按照"两型社会"要求，适应科学跨越发展的需要，在现有产业基础上，充分利用产业优势与发展条件，构建以"两型"产业为核心，高新技术产业、优势产业和传统产业高新化的新型产业体系，走具有湖南特色的新型工业化之路。

（3）资源节约、环境友好的新模式。长株潭城市群"两型社会"建设以环境承载力为基础，以尊重自然生态为准则，以发展循环经济为动力，建设生态文明，保护生态环境，促进生态平衡，建立起资源节约、环境友好的生产模式、消费模式和城市建设模式。

（4）综合基础设施建设的新模式。完善的区域性综合基础设施网络是城市群的重要标志，也是城市群发展的主要驱动力和承载力。高效率、有活力的城市群要拥有由公路、铁路、航空、水运、管网等构成的区域性基础设施网络，发达的交通设施是城市群空间结构的骨架。长株潭试验区立足新理念，高起点制定综合规划，推动基础设施共建共享。

（5）城乡统筹发展的新模式。统筹城乡发展，推动形成城乡经济社会发展一体化新格局，是长株潭试验区建设的题中之义。统筹城乡发展，就是要通过改革试验，打破城市、农村分而治之的传统管理模式，实现农村与城市一体化管理。长株潭试验区协调推进城镇化和新农村建设，加快转变城乡二元结构，形成以工补农、以城带乡、城乡一体化发展新格局。

（6）体制机制创新的新模式。改革创新是长株潭"两型社会"建设的灵魂，必须坚定不移地走改革创新之路。长株潭试验区积极推进体制机制分类创新，在资源环境、产业发展、土地利用、投融资、城市群管理等领域加大探索、实现新的突破，不断完善相应的机制体制。

4. 湖南"两型社会"建设的基本经验

湖南长株潭试验区紧紧围绕"两型"主题，以加快发展方式转变推进"两型社会"建设，探索出了具有全国示范意义和借鉴价值的新体制机制，积累了"两型社会"改革建设经验。

（1）坚持进一步解放思想。进一步解放思想，形成新思路、提出新办法、解决新问题。长株潭试验区转变了发展观念，形成了"一二三四五六加十"的"两型社会"建设基本思路："一"是坚持转变经济发展方式、促进长株潭试验区又好又快可持续发展这一条主线。"二"是明确新型工业化和新型城镇化两个导向。"三"是实现经济发展、社会发展和生态优化三大目标。"四"是明确四大任务，即大力发展"两型"产业，走新型工业化道路；建设城乡统筹的城镇体系和生态体系，加快新型城镇化进程；打造为"两型社会"服务的区域创新体系；强化综合配套改革，健全"两型社会"建设的体制机制。"五"是抓住广泛宣传、加强教育、建立健全工作架构、科学制定发展规划与工作方案、扩大对外交流五个工作重点。"六"是遵循六项原则，即政府推动与发挥市场机制作用相结合、经济体制改革与社会其他方面的改革相结合、发展循环经济与发展知识经济相结合、渐进式推进与重点突破相结合、内生式发展与争取外部支援相结合、解决本地实际问题与攻克面上共性难题相结合。"加十"是指以环境约束、土地管理、财税金融、行政管理等十项综合配套改革和体制机制建设为保障。发展思路的创新，推进了长株潭试验区"两型社会"试验区阔步向前。

（2）坚持省统筹、市为主与市场化的有机统一。始终坚持省统筹协调，形成整体合力。试验区获批后，省委省政府集思广益、科学谋划，高标准完成试验区改革建设的顶层设计，构建了全方位、多层次的试验区改革方案和规划体系。建立长株潭城市群"两型社会"试验区改革建设领导协调委员会，全面统筹、谋划、协调试验区改革建设中的规划引领、产业发展、资源利用、体系建设、政策支持、体制机制创新等工作。

始终坚持市为主对接，推动同步发展；试点示范，带动区域发展。创建了五大先导示范区，从多角度探索"两型社会"建设路径，取得成功经验后进行推广，降低改革成本。准确定位，实现区域对接。将试验区作为区域协调发展的空间，形成长株潭三市为中心，包括岳阳、常德、娄底、益阳、衡阳在内的"3+5"城市群。按照城市定位，互补对接。以加强基础设施建设为抓手，推动同步发展。试验区坚持基础先行，强化基础设施支撑保障作用，形成"两型"产业的承载功能。长沙市落实"两型"规划蓝图，全面形成"六纵八横"的道路网络和完善的公共服务设施体系。

始终坚持市场化取向，优化资源配置。以经济利益为纽带，走市场化运作道路，是试验区建设的必然选择。试验区改革建设过程，就是优化配置资源、节约集约让有限资源实现效益最大化的过程。长株潭试验区在推进环境治理市场化、融资市场化中，先行先试，做出探索。

（3）坚持整体推进与重点突破相结合。试验区"两型社会"建设要把握整体，形成"一盘棋"。长株潭城市群"两型社会"建设并非局限于长沙、株洲、湘潭三个城市的发展，也并不是简单的"3+5"。"3+5"城市群已经形成了区域特色的发展态势，有各自的优势和劣势，发展互补性很强。在试验区"两型社会"建设过程中，始终注重从全局出发、把握整体、协调合作、共同发展。试验区做好科学规划，完善工作推进体系，从整体出发，谋大局、促发展，形成了"两型社会"建设"一盘棋"的新局面。工作重点主要体现在规划和改革建设项目统筹，构建"两型"标准体系，完善工作推进体系等方面。

紧扣重点，找准突破口。试验区"两型社会"建设思路清晰、重点明确，一直紧扣"两型"主题，在产业结构、资源节约、环境保护上抓住"两型社会"建设的重点，找到"两型社会"建设的突破口。一是调整产业结构，在经济结构调整上有新突破；二是统筹城乡发展，在城乡一体化上有新突破；三是创新体制机制，在资源节约上有新突破。

（4）坚持处理好短期建设与长期建设的关系。立足阶段，提升"两型社会"建设的针对性。立足阶段就是要认清试验区改革建设面临的环境形势和优劣势，紧紧围绕重点难点问题，推动改革创新，提出新措施，着力树立资源节约、环境友好的社会伦理道德，创建可持续发展思想体系、环境友好道德情感体系、经济社会与生态环境协调发展伦理价值体系，倡导绿色生产、绿色消费、绿色社区、绿色家居、绿色教育，努力培育"两型"社会文化氛围，提高"两型社会"建设的针对性。

着眼长远，创新"两型社会"建设的可持续发展。以"三步走"目标为导向有序推进"两型社会"建设，以自主创新为动力推动"两型社会"建设加速前行，以体制机制创新为保障促进"两型社会"可持续发展。

（5）坚持以加快发展方式转变协调推进试验区和全省"两型社会"建设。以加快发展方式转变推进"两型社会"建设。例如，一是"烟囱崇拜"转变为"两型"实践；二是"高碳株洲"求索"低碳发展"之路；三是湘潭市通过强化统筹规划、突出体制机制创新、依靠科技进步、加强污染防治，把重点放在源头控制上，全力推进污染减排。

以市场化为导向推动城乡一体化。以市场化为导向，充分发挥市场决定性作用，统筹区域、城乡资源配置，引导土地、资本、劳动力、技术、人才、信息等资源在各个区域、城乡之间合理流动，营造各类经济主体平等使用生产要素的环境，加快发展和培育区域、城乡一体化的商品市场和要素市场，建立健全区域、城乡统一的市场网络，调动城市、乡村两个方面的积极性，突出地方特色优势，统筹区域、城乡产业发展，强化区域、城乡之间的内在联系。长沙大力推进六大城乡"一体化"，株洲率先开展城乡统筹改革试点，湘潭积极探索城乡统筹协调发展的新模式。

以科学发展观统领试验区建设与湖南省"两型社会"建设相协调。落实贯彻科学发展观，统筹谋划"两型社会"试验区改革建设，全面推进各个领域的改革，形成有利于能源资源节约和生态环境保护的体制机制，加快转变经济发展方式，促进经济社会发展和人口资源环境相协调，坚定走出一条有别于传统模式的新型工业化、新型城镇化的新路径，从而推动全省"两型社会"建设。

（6）坚持改革与发展相结合。坚持在改革中探索"两型社会"建设规律。唯有通过改革，全面推进各领域创新，在重点领域、关键环节上率先突破，才能不断推进试验区务实前进，才能总结出试验区"两型社会"建设的经验，不断探索"两型社会"建设规律，走出一条"两型社会"建设的新路。

坚持在发展中推动"两型社会"建设进程。长株潭试验区承担起"两型"实验重任，边干边试，走出新路，坚持在改革中推动发展、在发展中推动改革，始终坚持"两型"引领、"四化"带"两型"，以发展推动"两型社会"建设。

（7）坚持在"两型社会"改革发展中做到以人为本。坚持在"两型社会"建设中依靠人民群众。把长株潭试验区建设成为经济繁荣、环境优美、生态良好的新区，既是"试验区"广大人民的共同愿景，也是每个公民义不容辞的责任，人民群众是建设"两型社会"的力量之源。长沙市充分调动广大人民群众的积极性和创造性，株洲市加大"两型社会"建设改革试验的宣传，湘潭市开展了"建设'两型社会'节能减排家庭社区行"活动。实践证明，"两型社会"建设离不开公众参与，必须提高公众的参与度。

坚持从人民群众的根本利益出发推进"两型社会"建设。一方面提高居民收入，加强以民生为重点的社会建设；另一方面推动信息共享，推动社会管理和公共服务信息化，提高老百姓的生活水平。

坚持让"两型社会"改革发展成果惠及全体人民。"两型社会"建设正在改变着试验区每一个人的生活，"绿色办公、绿色出行、绿色消费"的"两型"生活方式逐渐成为社会风尚，"两型社会"建设已惠及百姓。一是基础设施共建共享，方便人民群众生产生活；二是提升公共服务水平，共享均等的公共服务；三是保护好生态环境，共享优美的生态环境。始终坚持以科学发展观为统领，坚持以人为本、"两型社会"人民建、"两型社会"为人民、"两型"成果人民享，这是长株潭城市群试验区"两型社会"建设的一个基本经验。

第一章 "两型综改区"的相关理论

第一节 "两型社会"的理论基础

一、可持续发展理论

1. 可持续发展理论的内涵

人类进入工业社会后，科学技术不断发展，经济不断增长。然而伴随高速发展而来的是自然资源的日益枯竭，生态环境的不断恶化，导致了日益严重的全球性问题，更危及了人类本身和人类后代的生存与发展。这表明传统的以牺牲自然环境、过度利用资源为代价的发展观存在诸多弊端，传统的发展模式难以为继。此时，可持续发展理念应运而生，并逐渐显示出了它的优越性。

1972 年 6 月第一次人类环境会议通过了《联合国人类环境会议宣言》。1987 年联合国环境与发展委员会发布了长篇报告《我们共同的未来》，对经济发展和环境保护中存在的问题进行了全面评估，首次提出了可持续发展的定义，正式提出了可持续发展观，认为可持续发展是"既满足当代人的需求，又不对后代人满足其需求能力构成危害的发展"。到 20 世纪 90 年代初期，环境对人类生存和发展的制约关系受到学术界和社会的重视，学者们先后提出了一些理论和制定了许多措施，以 1992 年联合国环境与发展大会为标志，将可持续发展由概念、理论推向行动。

可持续发展的观念被国际社会广泛接受，进入了规划、实施阶段，并相继被许多国家列为 21 世纪发展战略，成为指导社会、经济、环境发展的基本原则和发展的共同目标。

可持续发展的内涵可分为以下几个方面：

（1）自然属性。着重从资源、生态和环境等自然属性方面定义。国际生态联合会和国际生物科学联合会于1991年11月联合举行的可持续发展专题讨论会认为，可持续发展是寻求一种最佳的生态系统以支持生态的完整性，即不超越环境系统更新能力的发展，使人类的生存环境得以持续。

（2）经济属性。经济学家巴伯认为，追求经济效益最大化本身没有问题，但是应该建立在确保自然资源的数量和质量不受毁灭性影响的基础上。经济学家皮尔斯认为，可持续发展就是在满足当代人经济发展的同时，不能耽误了后代人发展的基础利益，不能破坏生态学上的生存支持系统的多样性、复杂性和功能。

（3）社会属性。1991年世界自然保护同盟（IUCN）、联合国环境规划署（UNEP）和世界野生生物基金会（WWF）共同发表《保护地球：可持续生存战略》，将可持续发展定义为："在生存与不超出维持生态系统承载能力的情况下，改善人类的生活品质。"巴拜尔等人把可持续发展理解为"维持理想的社会价值、传统、制度、文化或其他社会要素的能力"。

（4）科技属性。科技进步对可持续发展起着重要作用。可持续发展尽量做到接近"零排放"或"密闭式"工艺方法，要用更清洁、更有效的技术，尽量减少能源与其他自然资源的消耗，保护环境质量。

（5）伦理属性。可持续发展的核心是目前的决策不能损害后代长远利益。

2. 可持续发展理论的主要观点

（1）可持续发展理论的主要观点之一：突出强调发展。可持续发展理论认为无论是发达国家还是发展中国家，都享有平等的、不容剥夺的权利——发展。发展是人类共同的、普遍的权利，对发展中国家来说尤为重要。可持续发展理论中的发展是一种全面的发展，其包含三方面的内容：生态的可持续发展、经济的可持续发展和社会的可持续发展。无论是生态，还是经济与社会，发展是该理论的首要目的。

（2）可持续发展理论的主要观点之二：强调发展与环境之间的协调和谐。可持续发展战略强调环境与经济的协调发展，追求人与自然的和谐。人类的发展和需要应以地球上资源的承受能力为限度，通过人类技术的进步和管理活动，对发展进行协调与限制，要对环境满足眼前和将来需要的能力施加限制，以求与自然环境容量相适应。

（3）可持续发展理论的主要观点之三：每个人都享有正当的环境权利。《里约环境与发展宣言》（1992）将人类应该在良好的环境中发展的条件，表述为与生存权等人的基本权利处于相同地位的环境权，也就是说人具有在良好自然环境中生存和发展的权利。从一般意义上讲环境权是一种集体权，为自己享受权利，为自己的后代人履行环境保护义务，这也就是当代人生存和发展对各种自然资源的消耗不能影响到下一代生存和发展的需要。

（4）可持续发展理论的主要观点之四：改变传统的生产方式和消费方式。可持续发展理论要求在社会经济发展中减少对自然资源的消耗，消除不能使发展持续的生产方式和消费方式，追求对自然界的索取与自然界产出之间的平衡。

（5）可持续发展理论的主要观点之五：加快科技进步与普及公众的环境意识。科技是实现可持续发展的关键要素，是改变传统的生产和消费方式，解决环境问题的根本出路。在这一方面各国都通过科技进步与创新以实现经济发展方式的根本转变，在发展过程中加大循环能源、新能源的科研工作，逐渐走上绿色生产之路。

二、循环经济发展理论

1. 循环经济发展理论的内涵

20世纪60年代，美国经济学家波尔丁首先提出了"循环经济"一词。之后，1972年，巴里·康芒纳在《封闭的循环》一书中提出了封闭循环的思路。这种思路认为，只有建立一种生产技术方式上的闭环或封闭机制，同时遵循生态学规律，才能减少人类物质财富生产对自然系统的污染和破坏。1990年，英国环境经济学家皮尔斯和图纳在《自然资源和环境经济学》一书中首次正式使用了"循环经济"一词。

循环经济是西方发达国家在总结了传统经济的种种弊端后，提出的人类发展的一种全新的生态型经济。对于循环经济的共识理解是：循环经济是对物质闭环流动型经济的简称，是以生态学原理为基础，以资源的高效利用和循环利用为核心，以"减量化、再使用、再循环"为原则，以低消耗、低排放、高效率为基本特征，即"资源—产品—废物—再生资源"的新型经济发展模式。它最大限度地利用进入生产和消费系统的物质和能量，提高经济运行的质量和效益，使经济系统和自然生态系统的物质和谐循环，维护自然生态平衡。循环经济的实质是以尽可能少的资源消耗和尽可能小的环境代价，获得最大的发展效益，从而达到经济、环境和社会效益相统一，实现可持续发展的目标。它是对"大规模生产、大规模消费"传统增长模式的根本变革，是一种有效平衡经济增长、社会发展和环境保护三者关系的经济发展模式。

2. 循环经济的特征

关于循环经济的特征，既可以从技术和自然属性去考察，也可以从经济属性上去认识。从技术和自然属性来看，循环经济具有以下特征：

（1）生态规律的客观性。发展循环经济不仅要求经济活动遵循一般自然规律、经济规律和社会规律，而且要按照生态规律组织整个生产、消费和废弃物处理过程，力图把经济活动纳入生态系统的运行轨道上来；自然生态规律是客观存在的，无法改变，只能去适应，而如果要发展循环经济，就必须遵循生态规律，尽量减少资源消耗和保护生态环境。作为生产资料，从自然环境里得到的资源不能再免费使用，而应当作为一种有限的财产进行定价，使生产者按照费用最小化原则节约使用它们。

（2）有层次的系统性。循环经济本身是一个由众多子系统构成的复杂巨系统，每个子系统都具备区别于其他子系统的特点，它们各自按照不同的运行机理发挥着各自的功能，然而循环经济不是一个割裂开来的个体，它是一个集成在一起的整体，因此不能把它分开来看，必须把它当成一个整体，在这个整体中，构成总系统的各个子系统之间相互区别又相互联系，彼此互为因果，相互促进而又相互制约，需要用协调机制平衡各个子系统，才能发挥出大系统的总体能量和效应。

（3）相对封闭的循环产业链条。循环经济依据生态规律，通过工业或产业之间的代谢或者共生，依靠技术系统，在相关企业间构建资源共享、产出投入相衔接的关系，降低了产出端和生产资源与物质流的浪费，使得彼此间形成了紧密的联系，这样能够在一定的区域内形成物质流、信息流与资金流的闭环流动。还可以通过虚拟产业链的对接实现跨区域跨园区的循环经济虚拟衍生等，这样就能够保证资源的合理利用，同时也将共生企业间的废弃物完全转化成了彼此的生产材料，优化了生产流程，节约了资源，保护了环境，一举多得。再推而广之，由于循环经济最终实现的是一种经济增长的全新模式，其作用在于改变传统的经济增长方式，也就是能够很大程度上改善产业结构，通过绿色生态经济的连接，能够使不同的产业间形成良好的互动，例如循环经济模式运用于农、工、商业等生产和服务领域，就能实现生态农业、生态工业和生态服务业的转变，这样一来，整个人类生存的大环境都能够实现绿色物质的循环。

如果从经济角度分析，循环经济具有以下特征：

（1）初始投资大，成本高。诚然，循环经济对人类社会的可持续发展具有深远的意义，但是，循环经济对技术流程和硬件设施的要求极大，因此会大大提高其初始建设投资的成本，并且这部分投资大部分是基础设施建设性投资，这些投资数量巨大，并且一旦付诸实践，就很难收回，也就是经济学上通常说的"沉没成本"和"退出壁垒"。而且，循环经济的开展和见效是一个长期而缓慢的过程，需要企业、公众、政府乃至社会各个环节的理解、支持与配合，而这些成本又会构成推动循环经济的隐性成本，一起加入到建设初期的投资中来，形成更加不可预知的风险。因此，这对投资循环经济的企业来说是一项值得考虑和事先进行测算的工作，但是应该看到，循环经济虽然前期投入成本较高，但是后续对于厂商业务流程的彻底改造以及对于社会的贡献和意义是巨大的，如果政府和企业能够相互配合、相互鼓励，循环经济的推动还是会很顺利进行的。

（2）效益表现的不确定。经济投资的效果往往体现在投资资金的升值或者利润的增加，但是对于循环经济的投资往往存在着众多不可估计的价值，正是因为价值不可评估而带来了投资的很多不确定性。例如，循环经济能够给社会带来很大的生态效益，有助于改善人们的居住环境，同时也能使企业减少污染的排放等，但是这些效应虽然从长远来看意义远大于盈利，然而对于企业近期经营来说，却会产生很多的不确定性。如果企业有着很强的盈利指标或者发展战略，那么循环经济在短期内的推动就可能受到企业盈利目的的阻碍，与企业发展战略相违背，同时由于其产生效益的多样性和不确定性，也会增加企业在日常经营中产生的风险，一般情况下，企业会慎重考虑。另外，虽然从长远来看，循环经济意义深远，但是就眼前来看，这些意义深远的效应必须以"大投入"而"缓见效"的方式出现，换句话说，企业的大量投入未必在当时能收到良好的效果，这意味着企业的很多资金可能会出现负效应，投资周期如此长很可能让一些急于见到经济效益的企业望而却步，以至于丧失了发展循环经济的决心和动力，这在一定程度上为很多企业设立了进入门槛。

（3）极强的外部性。经济学上的外部性是指私人收益与社会收益不一致现象，如果私人收益小于社会收益就表明存在正的外部性；反之，则认为存在负的外部性。不难想象，当一个企业开始推行循环经济，由于起初的投资巨大，过程的收益不确定性和滞后性，很容易确定其收益必然小于社会因为其推行循环经济而获得的收益。但是从长远看，不但由于外部性的存在而履行了企业的社会责任，同时还将在公众中树立一种良好的企业整体形象，这对企业是一种宝贵的无形资产，等到循环经济体系完全建立起来，实现了真正的闭环循环，企业的生产资料成本也会因为废弃物的开始回收而得到降低，这样企业就可以收获更多的利润。到那时，企业所获得的除了循环经济给其带来的经济效益，更有其对于社会的责任而换来的良好口碑和企业形象，这从长远上来看对企业是一种促进作用。

针对循环经济的发展模式，国内学者进行了较为广泛的研究，研究成果大体上分为两类：第一类，认为循环经济的本质是一种新的经济发展模式，其核心是资源的高效利用和循环利用，其基本的原则是"资源减量、资源再利用、废物资源化"，循环经济发展模式的基本特征是社会经济发展对自然资源的低消耗、低排放、高效率；第二类，认为循环经济的发展模式主要有三种——清洁生产模式、生态工业园区模式和循环经济的总体模式。冯之浚（2004）认为，发展循环经济有企业、产业园区、城市和区域等层次，这些层次是由小到大依次递进的，前者是后者的基础，后者是前者的平台。吴季松（2003）、包晓斌（2004）则认为，循环经济的应用层次有企业层面上的微观循环，产业园区和区域层面上的中观循环以及社会层面上的宏观循环。

三、低碳经济理论

1. 低碳经济的内涵

"低碳经济"这个概念，最早是英国的《我们未来的能源——创建低碳经济》白皮书提出来的。该书认为：表面上，低碳经济是为减少温室气体排放所做努力的结果，但实质上是一种全新的变革，包括经济发展方式、能源消费方式、人类生活方式等方面，将对建立在化石能源基础上的现代工业文明进行全方位的改造，转向生态经济和生态文明。不同学者对低碳经济有着不同角度的理解，庄贵阳（2007）认为，低碳经济的实质是能源效率和清洁能源结构问题，核心是能源技术创新和制度创新，目标是减缓气候变化和促进人类的可持续发展。鲍建强（2008）认为，低碳经济是经济发展方式、能源消费方式、人类生活方式的一次新变革，它将全方位地改造建立在化石燃料（能源）基础上的现代工业文明，转向生态经济和生态文明。金涌（2008）认为，低碳经济是合理调整产业与能源结构，围绕能源及化学品的生产、运输、分配、使用和废弃全过程，开发有利于节能和降低二氧化碳排放的技术与产品，关注其捕捉、重复利用和埋藏，制定配套的政策，以实现节约能源、保护自然生态和经济可持续发展的总目标。付允等（2008）认为，低碳经济是指通过技术创新和制度创新最大限度地减少温室气体排放，实现经济和社会的清洁发展与可持续发展。尽管学者们研究的角度不同，所提出的概念也有所差异，但都表达了同样的内涵：通过制度框架和政策措施的制定及创新，开发运用高能效技术、节能技术、可再生能源技术和温室气体减排技术，促进整个社会经济朝高能效、低能耗和低碳排放的模式转型。

2. 低碳经济的主要观点

低碳经济不是简单的碳排放的降低，而是区域发展模式的根本转变。低碳经济是区域向更高层次发展的实现模式，其目标是促进经济产业活动以更快、更科学的发展方式进行，满足人们更高层次的生活需求，实现区域可持续化发展，实现区域生态、环境、经济、社会多目标协调发展。低碳经济是区域可持续发展思想、生态文明的具体体现，其实质是区域社会经济发展模式的转变，通过区域学习、区域创新、区域合作机制，形成以区域创新为核心的新型区域发展模式，由要素投入型向创新驱动型发展模式转变，核心是技术创新。低碳指标与创新指标一起作为衡量区域新型发展模式的核心考核指标，是外在的直接表现形式（倪外、曾刚，2010）。

低碳经济的核心是技术创新，首先是与碳减排直接关联的新能源技术、节能减排技术、碳捕捉与封存技术等低碳技术的创新，通过能源技术和减排技术的创新，有效控制碳排放。其次是产业技术的创新，产业经济活动是碳排放的主要来源，低碳经济的根本是以技术创新促进三次产业的发展；是三次产业及人类社会生活中所有类型的技术创新；是促进资源、能源利用效率的提高和产品经济效益的提高，转变经济增长的核心支撑要素。最后是具有革命性的低碳技术的突破，形成具有全球影响力的新的技术革命，建立新的产业体系，能够改变人类目前社会经济发展的能源基础。

低碳经济本质是区域经济发展由传统的资源、能源等要素投入为主导向以技术创新、治理创新等创新主导的经济发展模式的转变，实现区域发展由经济增长为主，向经济、环境、生态、民生等多目标协调发展的转型。区际关系由传统的基于产业链分工合作的垂直式关系转向基于创新合作的水平式关系。低碳经济为欠发达区域由成本驱动向创新驱动转变提供了契机，为其跨越式发展提供了可能。

四、绿色 GDP 理论

1. 绿色 GDP 理论的内涵

长期以来，国民经济核算都是按照联合国制定的 SNA（The System of National Accounts）核算体系进行的。过分依赖 SNA 体系，过分强调 GDP 增长，造成"GDP 崇拜"，忽视了经济发展的质量和经济发展的外部性，这在很多地区都已经显现出不良后果。SNA 体系已经不能反映一个经济体的真实产出，不能反映经济体的真实生活质量、幸福程度和收入分配状况了。绿色 GDP 正是基于 GDP 本身的缺陷，在新的经济发展观下提出来的。绿色 GDP 将自然资源纳入成本范畴，反映了一个国家或地区经济发展的质量和可持续性，综合体现了经济净产出和国民净福利，注重环境保护，成为 GDP 核算体系的发展方向。

2. 绿色 GDP 理论的发展

绿色 GDP 核算的相关理论和方法论研究始于 20 世纪 70 年代。1971 年美国麻省理工学院首先提出了"生态需求指标"（Ecological Requisite Indes，ERI），试图利用该指标定量测算与反映经济增长对于资源环境的压力之间的对应关系。此指标被国外一些学者认为是 1986 年布伦特兰报告的思想先锋（Goldsmith，1972）。1972 年托宾和诺德豪斯提出净经济福利指标（Net Economic Welfare），建议从 GDP 中扣除城市中的环境污染等经济行为所产生的社会成本，并增加一直被忽略的家政活动、社会义务、志愿者服务等经济活动核算。

1989 年卢佩托等提出了国内生产净值（Net Domestic Product，NDP），并提出了该指标将自然资源的耗损与经济增长之间的关系作为重点考虑的对象。

1996 年 Wackernagel 等又提出了"生态足迹"度量指标（Ecological Footprint），用它来计算在一定的人口和经济规模条件下，维持自然资源消费和废弃物吸收所必须满足的生产土地面积。从全球范围来看，人类是在过度消耗自然资产存量的，目前人类使用的生态足迹的比重已经超过全球生态承载能力的27.8%，高出参考值 12.8 个百分点。

2000 年，Hartwick 从宏观经济角度来系统地研究了将环境资本纳入国民经济核算体系应发生的变化和经济分析方法的改良。

除了上述学者的研究成果之外，联合国、西方国家政府和国际研究机构也对绿色国民经济核算体系和方法进行了大量细致而卓有成效的工作。

1990 年联合国开发计划署提出的"人文发展指标"（Human Development Index），目前每年发表一次，并将 160 多个联合国会员国依次排名。这项指标最重要的突破是，认为国民所得在达到一定程度之后，对人类带来的效益逐渐递减，打破了传统的所得越高越幸福的观点。

联合国和世界银行等国际组织在绿色 GDP 核算的研究和推广方面也做了大量的工作。1994 年，联合国与世界银行等国际组织合作，正式出版了《综合环境与经济核算手册（SEEA）1993》，提出了经济环境核算的基本框架和绿色 GDP 理念。随着国际上对综合经济环境核算的研究和实践进展，经过认真总结和修订，《综合环境与经济核算手册（SEEA）2000》于 2001 年 6 月出版，初步确立了综合经济环境核算的实施步骤；目前尚在进一步修订中的《综合环境与经济核算手册（SEEA）2003》，对综合环境与经济体系的内容做了进一步的归纳和扩展，加强了对各部分具体核算方法的讨论，现已成为当今国际上进行综合经济与环境核算工作的指导性文件。

1973 年，日本政府提出了净国民福利指标（Net National Welfare），将环境污染列入政府绩效考核当中，并制定出每一项污染的允许标准，如果某一指标超过污染标准，就必须列出改善的所需经费，这些改善经费须从 GDP 中扣除。

1994 年，欧洲统计局（Euro-stat）开展了绿色国民经济核算计划"欧洲环境经济信息收集体系"，即 SERIEE 体系的研究。运用可持续发展的理念，以卫星账户的方式将环境保护活动与国民收入账户进行联结，设计出了环境与资源整合核算体系。

近年来，在理论方面的探讨和实践工作当中，国内绿色 GDP 的研究也取得了积极的进展。

在理论方面，杨缅昆（2001）运用庇古福利经济思想的理论，分析了外部环境影响的概念和环境的核算问题，讨论了绿色 GDP 核算理论公式的构建。陈念东等（2005）指出绿色 GDP 作为单一的绿色总量指标，没有展示不同经济活动与环境要素之间的关系，仅仅纳入了资源环境和社会福利对可持续发展的范畴，应对环境经济核算作进一步的探索。

在绿色 GDP 概念的应用上，1998 年，原国家环保总局利用世界银行"扩展的财富"的思想、概念和计算方法，对 1978 年以来我国的国民储蓄率进行了计算与分析。2001 年，国家统计局试编了全国自然资源实物量表，具体包括土地、矿产、森林和水资源四种自然资源，基本上掌握了这四种资源的存量关系和结构分布状况。2003 年初，国家统计局又对全国的土地、矿产、森林和水等自然资源进行了实物量核算，这一核算为绿色 GDP 的核算和实施创造了有利条件。从 2004 年开始，国家统计局和原国家环保总局成立了绿色 GDP 联合课题小组，经过小组的努力，至 2004 年 9 月就初步建立了中国绿色 GDP 核算体系框架，包括环境实物量核算、环境价值量核算、环境保护投入产出核算以及经环境调整的绿色 GDP 核算四个具体的表式核算框架。

综上所述，国内外对绿色 GDP 的概念都已经接受和认可，但是研究与应用都刚刚起步，要实行绿色 GDP 核算的道路还很漫长，许多观念性和技术性的难题尚待研究与解决。

五、生态经济理论

1. 生态经济的内涵

20 世纪以来，随着现代科技的运用和经济发展的需要，人类对大自然的干预活动引起了严重的生态破坏和环境污染，世界许多国家都面临着人口、粮食、能源、资源和环境等问题。这些问题既不是单纯的社会问题，也不是纯粹的自然问题，而是社会经济和自然生态共同作用的结果。在这种背景下应运而生的生态经济学是研究生态系统和经济系统的复合系统的结构、功能及其运动规律的学科，是生态学和经济学相结合而形成的一门边缘学科。

1966 年，美国经济学家肯尼斯·鲍尔丁发表了题为《一门科学——生态经济学》的重要论文，开创性地提出了生态经济的概念和生态经济协调发展的理论，标志着生态经济学由此诞生。鲍尔丁认为，经济系统的运行机制是"增长型"的，而生态系统的运行机制是"稳定型"的，因此在生态经济系统中，不断增长的经济系统对自然资源需求的无止境，与相对稳定的生态系统对资源供给的局限性之间，就必然构成一个贯穿始终的矛盾。围绕这个矛盾来推动现代文明的进程，走向更加理性的现代经济发展模式。这种模式既不是以牺牲生态为代价的经济增长模式，也不是以牺牲经济增长为代价的生态平衡模式，而是强调生态系统与经济系统相互适应、相互促进、相互协调的生态经济发展模式。20世纪70年代以来，在受干扰和受损生态系统的恢复和重建的理论和应用方面，科学家们做了大量的工作。Clark于1973年在强调可更新资源生产方面的同时指出资源保护也是资源群体在一定时间内的最优问题，并将资源保护理论建立在生物过程明确的动态数学模型基础上，并与动态最优问题联系起来，奠定了可更新资源管理的理论基础，并提出可更新资源枯竭的原因在于开发者采取高贴现率。1986年，Vitousek将自然系统的初级生产能力和承载能力结合起来，人们的视点开始聚集在生态系统对人类系统的制约上，开始研讨人类社会的生态承载力问题。

近十几年来，生态经济学在国际上得到了较快的发展。其中，美国学者莱斯特·R.布朗在20世纪90年代提出的观点引起了人们的普遍关注。他在《生态经济：有利于地球的经济构想》一书中，强调要推行生态经济革命。他认为，现行的经济发展模式是导致环境危机的根本原因，由于现行的经济发展模式仍在发挥主导作用，因此，人类不得不面临四大生态系统全面告急、物种大量消亡、温室效应加剧、地下水枯竭问题，面临土地沙化和海水入侵的两面夹击。为了扭转这种被动局面，必须推行生态革命。生态革命的任务是在地球未被破坏到不可修复之前扭转生态恶化的局面，使人类社会和全球经济步入可持续发展的轨道。这场革命的核心是将现行经济发展模式提升为生态经济发展模式，并据此改造能源结构、产业结构，改变城乡建设和生活消费的理念。

我国对生态经济的研究始于1979年，从20世纪80年代开始，我国对生态经济开始了全方位的研究，其中的主要建树是明确建立了生态与经济必须协调发展的理论框架。这一时期也开始了很多生态经济的实证分析，例如李金昌主持的自然资源价值核算和金鉴明主持的全国生态环境损失的货币计量等。

2. 生态经济的特征

生态经济学是研究社会再生产过程中经济系统与生态系统之间物质循环、能量转化、信息交流和价值增值的经济学。生态经济主要有以下特征：

（1）时间性。指资源利用在时间维度上的持续性。在人类社会再生产的漫长过程中，后代人对自然资源应该拥有同等或更美好的享用权和生存权，当代人不应该牺牲后代人的利益换取自己的舒适，应该主动采取"财富转移"的政策，为后代人留下宽松的生存空间，让他们同我们一样拥有均等的发展机会。

（2）空间性。指资源利用在空间维度上的持续性。区域的资源开发利用和区域发展不应损害其他区域满足其需求的能力，并要求区域间自然资源环境共享和共建。

（3）效率性。指资源利用的高效性。以技术进步为支撑，通过优化资源配置，最大限度地降低单位产出的资源消耗量和环境代价，来不断提高资源的产出效率和社会经济的支撑能力，确保经济持续增长的资源基础和环境条件。

（4）综合性。生态经济学是以自然科学同社会科学相结合来研究经济问题，从生态经济系统的整体上研究社会经济与自然生态之间的关系。

（5）战略性。社会经济发展，不仅要满足人们的物质需求，而且要保护自然资源的再生能力；不仅追求局部和近期的经济效益，而且要保持全局和长远的经济效益，永久保持人类生存、发展的良好生态环境。生态经济研究的目标是使生态经济系统整体效益优化，从宏观上为社会经济的发展指出方向，因此具有战略意义。

六、外部性理论

1. 外部性的内涵

外部性亦称外部成本、外部效应或溢出效应。外部性可以分为正外部性（外部经济）和负外部性（外部不经济）。最早提出外部性的是马歇尔，他在其《经济学原理》中指出，"某些类型的产业发展和扩张时由于外部经济降低了产业内的厂商的成本曲线"。斯蒂格利茨也认为："当个人或厂商的一种行为直接影响到他人，却没有给予支付或得到补偿时，就出现了外部性。"兰德尔认为，外部性是用来表示"当一个行动的某些效益或成本不在决策者的考虑范围内的时候所产生的一些低效率现象；也就是某些效益被给予，或某些成本被强加给没有参加这一决策的人"。由此可见，经济外部性是强加于他人的不需要他人付出成本或得不到补偿的成本或收益，它导致私人成本与社会成本、私人收益与社会受益的不一致。

外部性存在正外部性和负外部性之分，我们要努力克服负外部性的危害，使正外部性行为发扬光大。外部性是市场失灵的重要表现之一。外部性广泛存在于生产和消费活动中，遍布于经济生活的各个方面。市场机制追求的最终目标是效率的最大化，导致其对经济外部性无能为力，它只能导致交易双方的利益最大化，对交易双方之外的人可能会产生负面的影响。

2. 对外部性的矫正方法

外部性的矫正方法概括起来包括经济激励、直接规制、社会习俗、法律准则等。亚当·斯密认为政府不应过分干预经济，应当给予经济活动完全的自由。他认为政府的主要职责就是保证市场机制的正常运转，成为一名好的"守夜人"，并为人民提供公共福利。他当时已经觉察到由于外部性的存在，私人企业没有能力也没有动机提供公共物品，因此必须由政府来提供。庇古认为解决这一问题的途径是政府对外部不经济行为征收与其所带来的外部边际成本相等的税收，即"庇古税"。

现实生活中常用方法一：市场化途径，即利用经济手段，直接作用于经济主体，改变经济主体的行为，使其产生的外部社会成本内部化，主要包括以庇古为首的税收手段和以科斯为首的侧重通过界定产权解决外部性的手段。

常用方法二：政府管制，即运用行政和法律手段，作用于政策对象，强制其执行，比如罚款。

外部性理论的提出是经济学的一大进步，有重要的现实意义。其一，扩大了经济理论研究的范围，使经济学研究进入到了一个全新的领域——直接生产领域和消费领域以外的领域；其二，外部性理论还发现了市场调节机制的不足和缺陷，并为如何去完善市场经济提供了思路；其三，外部性理论是可持续发展思想的理论依据，同时为解决生态失衡、环境破坏等问题提供了对策。

七、制度创新理论

1. 制度创新的内涵

美国经济学家 L.戴维斯和 D.诺斯于 1971 年出版的《制度变革和美国经济增长》一书中，继承了熊彼特的创新理论，研究了制度变革的原因和过程，并提出了制度创新模型，从而补充和发展了熊彼特的制度创新学说。

关于制度创新的内涵，主要有以下几种认识：

（1）制度创新一般是指制度主体通过建立新的制度以获得追加利润的活动，它包括以下三方面：一是反映特定组织行为的变化；二是指这一组织与其环境之间的相互关系的变化；三是指在一种组织的环境中支配行为与相互关系规则的变化。

（2）制度创新是指能使创新者获得追加利益而对现行制度进行变革的种种措

施与对策。

（3）制度创新是在既定的法律秩序和规范性行为准则下，制度供给主体解决制度供给不足，从而扩大制度供给来获取潜在收益的行为。

（4）制度创新是由产权制度创新、组织制度创新、管理制度创新和约束制度创新四方面组成。

（5）制度创新既包括根本制度的变革，也包括在基本制度不变前提下具体运行的体制模式的转换。

（6）制度创新是一个演进的过程，包括制度的替代、转化和交易过程。

可见，新制度学派所说的制度创新，是指能使创新者获得额外利益的对现存制度的变革。只有当通过制度创新可能获取的潜在利润大于为获取这种利润而支付的成本时，制度创新才可能发生。

2. 制度创新过程分析

制度创新需要有一个相当长的时间过程，因为制度创新存在着一定的时滞问题。造成这种时滞的原因是：制度上的创新是一个复杂而艰难的过程，因而需要一定的时间来产生；新旧制度的替换需要有一个磨合和适应的过程；一种新制度的出现要受现存法律规定的活动范围的制约。如果现存法律不容许某种新制度的出现，就只有等修改法律制度之后才能实行制度变革。

制度创新的全过程可以划分为五个阶段：

（1）形成"第一行动集团"阶段。所谓"第一行动集团"是指那些能预见到潜在市场经济利益，并认识到只要进行制度创新就能获得这种潜在利益的人。他们是制度创新的决策者、首创者和推动人，他们中至少有一个成员是熊彼特所说的那种敢于冒风险的，有锐敏观察力和组织能力的从事全新活动的"企业家"。

（2）"第一行动集团"提出制度创新方案的阶段。先提出制度创新方案，再进入下一阶段的创新活动。

（3）"第一行动集团"对已提出的各种创新方案进行比较和选择的阶段。方案的比较和选择，必须符合能获得最大利益的经济原则。

（4）形成"第二行动集团"阶段。所谓"第二行动集团"是指在制度创新过程中帮助"第一行动集团"获得经济利益的组织和个人。这个集团可以是政府机构，也可以是民间组织和个人。

（5）"第一行动集团"和"第二行动集团"协作努力，实施制度创新并将制度创新变成现实的阶段。

在有个人、团体和政府三种不同层次的制度创新推动者可供选择的条件下，一般而言，政府的制度创新是有较大优越性的。因为某种制度创新，需要付出巨大的费用，或者获取潜在经济利益时遇到私人产权的阻碍，或者在私人市场还不曾得到充分发展的情况下，往往个人或团体都难以承担"第一行动集团"的职责，这时由政府来进行制度创新则较为有利。并且，通过政府制度创新获得的潜在经济利益，将归全体社会成员共同所有，不归个别成员或集团成员所有。当然，在政府推行制度创新的情况下，社会个别成员的自由意志有可能受到抑制，自由思想受到限制。因为在实行制度创新之前，并不需要取得全体社会成员的一致同意，不同意的成员又没有任意退出政府制度创新安排的权力，如果要退出，就可能付出巨大的个人代价——经济的、政治的个人成本。

第二节 "两型综改区"的概念与特征

一、"两型社会"的内涵

2004 年 3 月 5 日，温家宝同志于全国十届人大二次会议上提出建设资源节约型社会，2005 年 3 月 12 日胡锦涛同志在中央人口资源环境工作座谈会上提出建设环境友好型社会，又在 2005 年中共十六届五中全会上首次提出"建设资源节约型和环境友好型社会"，中央正式将其确定为一项基本国策。2007 年 12 月，国务院批准武汉城市圈和长株潭城市群为资源节约型和环境友好型社会综合配套改革试验区，"两型社会"建设进入实质性操作层面。

吴焕新、彭万力（2008）在《"两型社会"建设的经济发展战略选择与对策思考》一文中指出，"两型社会"是通过资源的高效和循环利用、合理配置和有效保护，使经济社会发展与资源环境承载能力相适应。邹晓涓（2009）在《构建"两型社会"的思考与探究》一文中对"两型社会"的内涵进行了新解。"新意"之一，"两型社会"的发展目标是以"社会性"特征为导向的；"新意"之二，构建"两型社会"必须建立与之相适应的资源节约型和环境友好型的社会和经济发展模式;"新意"之三,构建"两型社会"亟须推动政府职能从经济建设型政府向公共服务型政府转换。综上所述,"两型社会"即资源节约型和环境友好型社会,是把节约、环保的理念贯穿于资源的合理配置、高效循环利用和环境的有效保护的科学发展思路中,使社会经济发展与资源环境承载力相适应,以保障人与自然关系的协调可持续发展的社会发展形态和理念。资源节约型社会,是指在社会生产、消费、流通等各个领域,通过采取多种措施,提高资源综合利用效率,尽量以最少的资源损耗获取最大的经济、生态、社会效益,保障社会可持续发展的模式。环境友好型社会,是以生态容量、环境承载力为基础,认识并尊重生态环境及其发展规律,保护自然环境,致力于人与自然和谐发展,经济发展与环境和睦发展的社会形态。其内涵是人类的生产、交换、消费活动与自然环境、生态系统协调发展,它不再把生态环境作为外在因素,而是一个与人类经济活动并列的内在要素,涉及产业生产、社会生活的方方面面。

资源节约与环境友好两者相辅相成、互为补充。"两型社会"是指综合运用经济、法制、技术、教育、宣传等手段和途径,在生产、流通、分配和消费等各领域,促使全社会全面节约资源和保护环境,实现以最少的资源投入、最低的环境污染、最少的生态破坏获得最高的经济效益和社会效益,保障人与自然协调发展以及经济社会的可持续发展的社会形态。从组成看,"两型社会"包括资源节约型社会和环境友好型社会;从过程看,"两型社会"是指全社会都采取了有利于节约资源和保护环境的生产、生活和消费方式;从结果看,"两型社会"指通过一定方式的建设,构建经济、社会、环境协调发展的社会体系,实现环境、社会和人类的可持续发展。

"两型社会"既包含了探索集约用地方式、建设循环经济示范区、深化资源价格改革;又囊括了建立主体功能区,制定评价指标、生态补偿和环境约束政策以及完善排污权有偿转让交易制度等。"两型社会"建设的路径包括:低耗材、无污染或低污染的技术、工艺和产品;有利于节约资源和保护环境的生产和生活方式;低耗损、少污染、高效益的产业结构;符合资源禀赋和生态条件的经济布局;对自然资源、生态环境和人体健康无不利影响的各种开发建设活动;节约资源和保护环境的法规制度;人人节约资源、保护环境的道德风尚和社会氛围等。

二、"两型社会"的特征

1. 系统性

首先是系统的目标性。建设"两型社会"的目标，不仅指经济系统，还包括社会系统、环境系统、经济系统、生态系统等，都要围绕"两型社会"建设的目标，进行自我调控。其次是政策措施的统一性。建设"两型社会"，要统一采取措施方法，不仅包括科技方法，同时还兼顾行政、经济、法律等手段。"两型社会"建设因为是一项巨大的、复杂的系统工程，需要在经济技术、思想文化、国际秩序和社会政治等方面扎稳基础，各个产业、领域、地区是相互影响和相互协调的，其产业、技术与产品的转移以及工业"三废"的排放等处于产业链的不同节点、处于区域的不同地方都会相互产生影响，具有系统整体发展、系统调整和全局控制的要求。

2. 渐进性

"两型社会"建设不是一个一蹴而就的发展过程，而是动态变化和循序渐进的。"两型社会"建设是一个长期目标，而在不同的发展阶段有不同的中长期发展目标，"两型社会"建设目标、方法和对策也要体现相对差异性。

技术创新为"两型社会"建设提供重要技术支撑条件。因此，要尽快研发、推广节能减排产业和战略新型环保产业。"两型社会"建设是一项复杂巨大的系统工程，每一点科技进步，都能不同程度地促进"两型社会"建设的发展。

3. 复杂性

"两型社会"建设的复杂性特征不仅指区域的内部因素多样化，而且区域受外部环境影响因素多，且各因素间相互关联、相互影响。"两型社会"建设的主体包括个人、家庭、企业、政府及其他组织机构等多个方面；建设的客体也是多种多样，如资源节约主体就有节能、节水、节材、节地等，环境友好主体则包括相关技术、产品、企业、产业、社区等。"两型社会"建设主、客体之间关系错综复杂，牵一发而动全身。这就决定"两型社会"建设是个复杂的综合体，在解决建设中的问题时要统筹兼顾。

4. 耦合性

"两型社会"建设必须实现区域资源和环境承载力相统一。不同区域和不同领域资源环境使用状况不同，面对的资源节约、保护环境压力也不一样，从而

"两型社会"建设的形成路径不同；不同区域和不同产业布局、发展状况、价值链节点不同，对资源的消耗和环境的影响也不一样；不同区域人口平均受教育程度、公序良俗不同，人们对节约资源、保护环境的积极性、主动性都不会相同。"两型社会"建设应考虑区域资源和区域环境、产业资源和产业环境相配套。

5. 创新性

"两型社会"建设是为了探索一种新的改革发展模式，主要体现在"扩容、提质、优化体制、改进机制、扩大开放"等方面。创新是"两型社会"建设的灵魂，包括技术创新、制度创新、文化创新。

三、"两型综改区"的内涵

"两型综改区"是全国资源节约型和环境友好型社会建设综合配套改革试验区的简称。经国务院批准的"两型社会"改革试验区有武汉城市圈和长株潭城市群。

我国"两型社会"综合配套改革试验区的设立是在"两型社会"建设战略和实施促进中部崛起的大背景下提出的，试验区之所以选择武汉城市圈和长株潭城市群，是因为湖北和湖南是全国的传统工业大省，重工业和制造业比较集中，资源浪费和环境污染状况严重。"两型社会"建设综合配套改革试验区的设立是国家推进新一轮改革的重大举措，是实施中西部协调发展的重大战略（吕全国，2010）。崔会敏（2011）用系统论、协同理论和增长极理论分析了设立综合配套改革实验区的意义，指出国家设立综合配套改革试验区是为了探索以公平为导向的改革与发展路径，为构建和谐社会体制提供有益尝试。综合配套改革就是要在试验区内解决好和群众利益直接相关的民生问题，切实保障全体社会成员公平享用改革红利，为如何构建资源节约型和环境友好型社会提供重要的经验借鉴。"两型综改区"的基本使命在于进行区域"两型社会"建设的制度创新，探索新的改革动力、新的改革思路和新的改革示范，并"先行先试"，以形成具有推广价值的区域开发开放的新模式、新机制和新经验。

四、"两型综改区"的特征

"两型综改区"是一种新的尝试，它不同于现有的经济开发区和经济特区等享有某些优惠政策的园区，是改革开放进入攻坚阶段后，"两型社会"建设的重大决策，具有示范和试验性质，其改革的性质不仅局限于经济体制之内，还涵盖环境保护、社会、文化及政府管理等诸方面。它的特征主要表现为：

（1）改革的广度不同。以往的改革试点主要是以经济体制变革为主导，围绕建立和完善社会主义市场经济体制，进行有限度的革新。"两型综改区"不再是经济体制的有限变革，试点将涉及社会经济生活的方方面面，包括经济体制、政策体制、生态环境、文化生活、社会和谐等方方面面，可以说是国家（区域）现代化的缩影。

（2）改革的深度不同。随着改革进入"攻坚阶段"，综合配套改革试点将在深层次展开，将会触及一些体制内核问题，可能会是一些经济、政治、社会、法制等制度的再造过程。有些地区可能因此而重塑其社会经济文化氛围、价值理念。

（3）改革的路径不同。以往的改革试点可以认为是"政策优惠牵引、开放搞活拉动"的初级循环，过分依赖政策的势能差和开放的时间差，是一种"外来型"的发展模式。"两型综改区"的发展则强调"内源式"的现代化模式，不会依赖于特殊的优惠政策，而侧重于自主创新的历程。"先试权"的提出、实践都以区域自身的制度创新为依托，以不侵蚀其他区域，进而带动和影响其他地区的发展为根本。

综合配套改革试验区建设就是要破除制约改革和发展的体制机制性障碍，积极探索新型工业化和新型城市化的发展道路；综合配套改革试验区建设需要打破阻碍区域经济发展的传统体制障碍，用科学的方法来规划和引领城市群的发展；综合配套改革试验区建设需要突破城乡二元结构的体制障碍，探索新型城市化和现代农业化的发展道路；要充分发挥市场的主导作用，同时辅之以政府的引导，进一步调整和促进区域产业的合理布局，形成科学的、符合区域经济一体化的产业布局。

五、"两型综改区"建设的内容

"两型社会"全国综合配套改革试验区建设的内容非常丰富，牵涉社会经济发展的方方面面，包括政治、文化、经济、社会、生态、环境问题。

1. "两型综改区"建设要健全市场经济体制，促进资源节约和环境保护

"两型社会"全国综合配套改革试验区建设要积极推行经济体制创新，研究

促进资源节约和环境保护的绿色环保新体制，新体制要重点突出资源节约和环境保护在"两型社会"建设中的主体地位和带动作用，逐步形成"两型社会"建设的新体制，构建政府、企业、社会共同参与的节约和环保新格局。"两型综改区"建设要利用市场机制达成资源最优配置。通过市场机制完善与推行资源和环境政策，完善反映市场供求关系、资源利用效率、环境破坏成本的价格机制，逐步建立企业环境自我保护的激励和约束机制。推进资源利用市场化，积极推进资源利用的价格改革，探索资源价格形成机制。

2. "两型综改区"建设要以制度促进资源重复利用，发展循环经济

"两型社会"建设要求用最小的投入实现最大的产出。由于人类对资源的拥有量是有限的，资源的浪费意味着当代人消费了下一代人的资源，使下一代人面临资源缺乏甚至资源枯竭的状况。资源的循环利用，则可以实现已有资源的反复使用，提高资源的利用率，把更多的资源留给后代人，实现经济和社会的可持续发展。发展循环经济要综合利用经济、法律和市场手段，理顺上下游产业和企业的关系，打造循环经济产业。建立激励机制，不仅从精神上，而且从物质上给循环经济以鼓励，引导循环经济的顺利发展。坚持以企业资源利用率的提高为突破口，督促企业完善有利于"两型社会"全国综合配套改革试验区建设的管理制度，切实增强企业资源利用效率和保护环境的力度，有效控制企业污染物的排放，实现企业生产的自我循环；大力开展生态工业园和生态农业园的建设，促进产业资源内部循环；提高全民循环经济意识，增强全民经济循环的专业能力，通过技术创新和改造，提升城市生活污水处理能力，积极推进废弃物的回收和循环利用，构建垃圾分类和分选系统，建立污染监管体系等。

3. "两型社会"全国综合配套改革试验区建设要以制度建设促进新能源的开发和利用

开发和利用新能源不但能解决人类的能源危机，还可以净化空气，实现环境友好。"两型社会"全国综合配套改革试验区建设要按照国家产业政策的发展方向，大力开发光伏热电，推进风能、生物能和核能的发展和利用，建立太阳能开发和研究机制，鼓励新能源汽车的推广和使用等。借助技术优势，进行技术创新，开发太阳能环保新产品；立足生物能源产业链，掌握生物能新技术，开发生物能新产品；提高风电制造技术，有效利用风能资源。新能源产业技术含量高，必须依靠科技进步，掌握核心技术。

4. "两型综改区"建设要以制度推进农村资源利用

"两型社会"全国综合配套改革试验区建设要求用创新思维推动资源利用效率的提高，这种创新应该包括技术创新和制度创新。农产品综合利用机制创新，能够提高农村土地的利用效率，采取多样化的农产品生产、加工和储藏途径。农村资源利用创新，能够实现农产品深度加工，提高农产品附加值，为农民创造更好的经济效益。农村资源利用创新，要求加强农民职业技术教育，提高农民素质，推广农村资源利用技术，不但可以提高农村劳动生产力，增加农民收入，还能提高农民节约资源和保护环境的意识，实现"两型社会"建设。

5. "两型综改区"建设要推进小城镇化，节约农村劳动力用工资源

资源节约型社会的建设要求以尽可能少的资源生产更多的商品和劳务，其中包括自然资源、物质资源和人力资源。用制度促进小城镇建设以发展农业产业化为基础，带动农村经济的发展，大力开发农产品加工工业，就地解决农民就业问题，减少农村剩余劳动力人口，既可以提高农民收入，又可以增加社会产品，实现城乡一体化、城市反哺农村的现代农村发展。

6. "两型综改区"建设要以工业转型升级提高资源利用效率

在工业生产方面，"两型社会"全国综合配套改革试验区建设要求进行产业转型，用资源消耗较少、环境污染较轻的新型工业取代高投入、高污染的传统产业，不但可以用较少的投入获得更大的经济效益，还能切实有效地保护环境。推动企业产业转型，用信息化和高新技术改造传统产业，使传统工业新型化。

优化地区产业结构，对不符合"两型"标准的企业要大胆处理，果断解决，关停并转一部分能耗高、污染高的传统企业。对符合"两型"标准的新型产业，要从资金、土地使用、税收、技术等方面给予重点支持。鼓励产业集群发展，提高产业集中度，节约管理成本，提高资源利用效率。

7. "两型社会"全国综合配套改革试验区建设要以农业机制创新推动现代农业产业发展

以工业发展带动农业创新，转变传统农业生产方式，建设符合"两型社会"要求的现代化农业生产和服务体系。"两型社会"全国综合配套改革试验区建设应该包括劳动力资源的合理利用，提高劳动力资源的利用效率。发展现代农业不但可以解决农村剩余劳动力，实现劳动力资源的有效合理利用，还能提高农民的收入，改善农民的生活。"两型社会"全国综合配套改革试验区建设要以改善生

活和生存条件以及人的健康为契机，着力发展绿色产业，建立绿色农产品生产基地，培植生态农业品牌，优化农产品结构，改善生态环境，实现环境友好。"两型综改区"建设要提倡发展高新技术农业园区，以技术创新提高生产效益，不但可以节约资源，还可以提高农业生产效益和农民收入水平。

参考文献

[1] Aoke D., StraChan P.A.. Ecological Modernization and Wind Power in the UK [J]. European Environment, 2006, 16 (3): 55–166.

[2] Brown L. R.. Building a Sustainable Society [M]. New York: Norton W. W., 1981.

[3] Clark C. W.. The Economics of over Exploitation [J]. Science, 1973 (181): 630–634.

[4] David W. Pearce, R. Kerry. Economics of Natural Resources and the Environment [M]. London: Harvester Wheats Heaf Press, 1990.

[5] K. A. Brakkle, N. R. Zitrun. Some Generalizations of the Circular City Model [J]. Division of Mathematical Science, 2005 (5): 167–169.

[6] Repettor, McGrathW, WellsM, et al.. Wasting Assets: Naturalre–sources in the National Income Accounts [M]. World Resources Institute, Washington, D.C., 1989.

[7] United Nations Environment Programme Industry and Environment [J]. The Environmental Management of Industrial Estates, 1997.

[8] Vitousek P., Ehrlich P., Ehrich A., et al.. Human Appropriation of the Products of Photo Synthesis [J]. Bioscience, 1986 (36): 368–373.

[9] Wackmagel M. Reesw. Our Ecological Footprint: Reducing Human Impact on the Earth [M]. Gabriola Island, B. C.: New Society Publishers, 1996.

[10] [美] 巴里·康芒纳. 封闭的循环 [M]. 侯文惠译.长春：吉林人民出版社，1997.

[11] [美] 赫尔曼·E.戴利，肯尼思·N.杨森. 珍惜地球——经济学、生态学、伦理学 [M]. 马杰等译. 北京：商务印书馆，2001.

[12] [美] 莱斯特·R.布朗. 生态经济：有利于地球的经济构想 [M]. 林自新等译.北京：东方出版社，2002.

[13] [美] 斯蒂格利茨. 经济学（上）[M]. 梁小民等译. 北京：中国人民大学出版社，1997.

[14] [美] 戈德史密斯. 生存的蓝图 [M]. 程福祜译. 北京：中国环境科学出版社，1987.

[15] [英] 亚当·斯密. 国民财富的性质与原因研究 [M].郭大力等译. 北京：商务印书馆，1997.

[16] 包晓斌. 循环经济的科学发展之路 [J]. 江西社会科学, 2004 (8): 36-41.

[17] 鲍建强. 低碳经济: 人类经济发展方式的新变革 [J]. 中国工业经济, 2008 (4): 2-3.

[18] 陈洁, 吴斌, 赵元华. 论循环经济的实质与实践体系 [J]. 西南农业大学学报 (社会科学版), 2004 (2): 37-40.

[19] 陈念东, 金德凌, 戴永务. 关于绿色国民经济核算的思考 [J]. 林业经济问题, 2005, 25 (2): 109-112.

[20] 陈瑜. "两型社会"背景下区域生态现代化评价与路径研究 [D]. 中南大学博士学位论文, 2010.

[21] 崔会敏. 国家综合配套改革试验区设立的理论依据分析 [J]. 改革与开放, 2011 (2): 3-4.

[22] 冯俊, 孙东川. 绿色国民经济核算研究评述 [J]. 会计之友, 2009 (31): 110-111.

[23] 冯之浚. 循环经济导论 [M]. 北京: 北京出版社, 2004.

[24] 付允, 汪云林, 李丁. 低碳城市的发展路径研究 [J]. 科学对社会的影响, 2008 (2): 5-10.

[25] 胡斌. "两型社会"视角下工业园区建设评价研究 [D]. 中南大学博士学位论文, 2012.

[26] 华茂. 区域循环经济发展模式探索 [J]. 工业技术经济, 2007, 26 (1): 3-7.

[27] 金鉴明. 绿色的危机 [M]. 北京: 中国环境出版社, 1994.

[28] 金霞等. 镇江市丹徒区 2000~2010 年生态承载力动态分析 [J]. 环境工程技术学报, 2014 (5): 256-257.

[29] 金涌, 胡山鹰等. 低碳经济: 理念、实践、创新 [J]. 中国工程科学, 2008 (9): 4-13.

[30] 李国志. 基于技术进步的中国低碳经济研究 [D]. 南京航空航天大学博士学位论文, 2011.

[31] 李金昌. 资源核算论 [M]. 北京: 海洋出版社, 1991.

[32] 李英禹, 毕波, 于振伟. 国内外生态省建设理论和实践研究综述 [J]. 中国林业企业, 2003 (6): 5-7.

[33] 刘毅. 区域循环经济发展模式评价及其路径演进研究——以天津滨海新区为例 [D]. 天津大学博士学位论文, 2011.

[34] 吕全国. 我国"两型社会"建设综合配套改革试验区设立的背景和意义 [J]. 黄冈师范学院学报, 2010 (6): 94-96.

[35] 倪外, 曾刚. 低碳经济视角下的城市发展新路径研究——以上海为例 [J]. 经济问题探索, 2010 (5): 38-42.

[36] 倪外. 基于低碳经济的区域发展模式研究 [D]. 华东师范大学博士学位论文, 2011.

[37] 史宝娟. 城市循环经济系统构建及其评价法方法研究 [D]. 天津大学博士学位论文，2006.

[38] 世界自然保护同盟等. 保护地球可持续性生存战略 [M]. 北京：中国环境科学出版社，1992.

[39] 孙太清. 可持续发展理论之探讨 [J]. 经济问题，2004（1）：9-11.

[40] 吴焕新，彭万力. "两型社会"建设的经济发展战略选择与对策思考 [J]. 湖南社会科学，2008（5）：96-101.

[41] 吴季松. 循环经济的主要特征 [J]. 石油政工研究，2003（4）：61.

[42] 肖默. 长株潭地区林业生态圈与生态经济协调发展研究 [D]. 中南林业科技大学硕士学位论文，2007.

[43] 杨缅昆. 绿色 GDP 核算理论问题初探 [J]. 统计研究，2001（2）：40-43.

[44] 于丽英，冯之浚. 城市循环经济评价指标体系的设计 [J]. 中国软科学，2005，12（3）：44-53.

[45] 张凯. 对循环经济理论的再思考 [J]. 中国人口·资源与环境，2004（6）：48-52.

[46] 张坤民. 可持续发展论 [M]. 北京：中国环境科学出版社，1997.

[47] 庄贵阳. 低碳经济：气候变化背景下中国的发展之路 [M]. 北京：气象出版社，2007.

[48] 邹晓涓. 构建"两型社会"的思考与探究 [J]. 江西行政学院学报，2009（1）：69-71.

第二章　全国"两型社会"建设的总体状况与突出问题

第一节　全国"两型社会"建设的总体状况

一、建设背景

"两型社会"建设的背景是环境恶化和资源短缺、科技发展和经济社会发展转型。

1. 环境恶化和资源短缺

从 20 世纪 80 年代开始，中国的经济发展保持高速增长。但是，在经济发展过程中忽视了资源短缺和环境污染的严重性，采用以资本高投入、资源高消费、污染高排放为特征的粗放型经济增长方式。这种发展方式严重损坏了我国的生态环境，导致了水污染、空气污染和土壤污染迅速蔓延。快速的工业化和城市化进程要消耗大量资源，环境污染问题日益凸显。

2. 科学技术的发展

世界各国都认识到科技对经济和社会发展的重要性，都把技术创新作为发展的核心战略。新技术带动产业的变革，人类社会几次大的飞跃都离不开产业革命的推动。但目前的科技水平还难以掀起新一次的产业革命。当今世界的新科技主要包括新型能源、创新材料、生命科学、太空技术等，这些技术是未来人类发展的方向，但尚未形成气候。科技创新的重大突破恐怕还要在艰难中摸索一段时间。科学技术是第一生产力，是人类认识的成果和结晶，在社会发展中有着重要的推动作用。但科技是一把"双刃剑"，科技的不当利用加剧了人与自然之间的紧张程度，异化了人际关系，影响了正常的社会秩序。人类不能为了短期利益，滥用科学技术逆自然规律行事，而是应该从人类的长远利益和促进人与自然关系和谐的立场出发，善用科技。

3. 我国对转变经济和社会发展方式的探索

随着经济飞速发展，能源需求与日俱增，对能源的过度依赖产生种种问题，使转变发展方式迫在眉睫。我国对新型发展模式不断进行探索，取得了一些成绩，但总的来说尚未找到新的发展路径。事实证明，粗放型经济增长方式难以为继，如果不转变增长方式、调整产业结构，资源和环境将承受不起。因此，中国要想保持持久的竞争力，必须积极探索经济增长与资源和环境相协调的可持续发展模式，走一条充分利用本国资源的资源节约型和环境友好型发展道路。

针对中国的基本国情，党中央、国务院以科学发展观为基础转变发展思维，提出建设资源节约型、环境友好型社会这一具有远见卓识的战略方针，并将之上升为一项基本国策，具有十分重大的战略意义。

二、发展历程

"两型社会"指资源节约型和环境友好型社会，被正式提出是在 2005 年 10 月中共十六届五中全会上。会议正式提出把节约资源作为基本国策，大力发展循环经济，积极保护生态环境，加快建设资源节约型、环境友好型社会，促进经济发展与人口、资源、环境相协调。并首次把建设环境友好型和资源节约型社会确定为经济发展中一项战略任务。

2007 年 10 月，中共十七大报告中再次指出，必须把建设"两型社会"放在工业化、现代化发展战略的突出位置，落实到每个单位、每个家庭。

2007 年 12 月，国务院批复武汉城市圈和长株潭城市群为资源节约型和环境友好型社会建设综合配套改革试验区。国家发改委在《关于批准武汉城市圈和长株潭城市群为全国资源节约型和环境友好型社会建设综合配套改革试验区的通知》批文中指出：在武汉城市圈和长株潭城市群综合改革实践中，我们必须更好地贯彻落实科学发展观，按照资源节约型和环境友好型社会的要求，全面推进各个领域的改革，大胆突破创新，加快转变经济发展方式，形成有利于资源节约和环境保护的体制机制，促进工业化城市化发展，促进经济社会与人口、资源、环境协调发展，推进全国体制机制的创新改革，示范带动全国科学发展、和谐社会建设。至此，我国"两型社会"建设的大序幕被正式拉开。

武汉城市圈与长株潭城市群获批"两型社会"试验区，是继上海浦东、天津滨海和成渝城乡统筹综合配套改革试验区建立之后，国家在战略高度上的又一次重大决策，是从改革发展全局上的又一次重要指引，是促进中部地区发展与崛起的重大战略部署，为两大城市圈和城市群的发展提供了重大机遇。武汉城市圈和长株潭城市群集工业、能源、农业和交通等优势于一体，国家赋予其先行先试的政策创新权，对其具有很高的试验价值，两大城市圈和城市群以"两型社会"试验为突破口，将全面提升城市圈和城市群的整体素质。同时两个综改区的设立也将为"两型社会"建设做出有益的探索，提供宝贵的经验。

"两型综改区"依据获批初期出台的综合配套改革试验总体方案与综合配套改革试验三年行动计划（2008~2010年），完成了"两型社会"建设的第一阶段。"两型综改区"区域一体化框架逐步形成，重大项目进展顺利，"两型"理念深入人心，各项改革试验稳步推进取得了初步成效。

另外，国家级综合改革试验区的确定带来了各类资本的争相涌入，各项城市建设项目发展快速，除城市基础建设和大型项目以外，城市圈发展重点还将向环境治理、公共交通、新能源项目、阳光政务、社会和谐等方面显著倾斜。

湖南省委、省政府在2011年11月宣布，长株潭"两型社会"试验区改革第一阶段目标任务已圆满完成。

2011~2015年，试验区将纵深推进第二轮改革。第二阶段的探索实践，将实施涉及产业、统筹城乡、环境、信息化等领域的"八大工程"。到2015年，试验区单位地区生产总值能耗将比2007年降低35%，城市空气质量达标率将为93%以上，饮用水源达标率将为98%，化学需氧量、二氧化硫排放量将分别比2007年削减23%和12%，城镇化率将达到70%，初步形成具有湖湘特色和国际影响的现代化生态型城市群。

2016~2020年是"两型综改区"改革第三阶段，计划基本完成改革任务，取得较好示范效果。

三、主要进展

1. 长株潭"两型综改区"的建设进展

长株潭城市群是华中地区最大的工业聚集区之一，同时也是环境污染相对严重的区域。这一地带在计划经济时代建设的工厂和全国很多地方一样，一度带来粉尘、酸雨、重金属等严重污染，威胁湘江、洞庭湖和长江中下游流域生态，治理迫在眉睫。长株潭"两型社会"建设试验区获批以来，湖南省按照国家批复的试验区改革总体方案和城市群区域规划要求，高起点、高标准完成了试验区顶层设计，布局和建设了一批重大基础设施和产业项目，启动、推进了十项重大改革，并进一步完善了生态保护和环境建设的体制机制，组建了一套推进改革的组织体系。首阶段改革建设取得了以下突出成绩：

（1）政策法律制度上的建设。在中国城市"两型发展"没有先例可循。湖南"两型探索"先从"顶层"即政策规范与制度设计入手。几年间，湖南先后出台70多个法律法规、条例等文件以及12个改革方案、17个专项规划，包括绿色电价、分质和阶梯水价、环境污染责任强制性保险、财政生态补偿、规范行政程序和裁量权等一系列"两型试验区"的制度设计都已出炉，试验区规划得到国家批准。

成交中国场内"二氧化硫排放权"交易第一单、第一个试点环境污染责任强制性保险，率先为"两型"试验出台地方法规《长株潭城市群区域规划条例》，在全国首先起草首个省级政府服务规定。

（2）建设规划体系基本形成。为突出规划引领，湖南高起点编制了长株潭城市群"两型社会"综合配套改革总体方案和区域规划，以及10个专项改革方案、14个专项规划、18个示范片区规划、87个市域规划，构建了全方位、多层次的建设规划体系，明确了"两型社会"建设的行动路线图。

（3）重大工程建设顺利推进。大河西、云龙、昭山、天易、滨湖五大示范区18个示范片区建设进展顺利，正成为环长株潭地区新的经济增长点；武广高铁建成通车，黄花机场扩建工程竣工投用，长株潭三市通信并网升位、统一区号成功实现，三网融合试点有序推进，试验区改革发展基础进一步夯实；湘江流域综合治理取得实质性进展。

（4）重点领域改革取得实质性进展。以项目化管理方式全面推进十大体制机制创新，在重点领域和关键环节的改革上取得了实质性进展，如建立了资源节约价格杠杆调节机制，实行绿色电价，试行分质供水和阶梯式水价；积极探索环境保护的市场化运作机制，实施环境污染责任强制性保险试点，对流域内51个市县实行省级财政生态补偿等。

（5）产业"两型化"发展成效显现。在长株潭，近几年关停污染企业实行"官员摘帽子、老板戴铐子、企业摘牌子、账户冻票子"问责制度。关停污染企业1017家，重金属污染削减率达50%以上，二氧化硫减排提前一年完成"十一五"任务，带动湖南省万元工业增加值用水量下降24%。

近年来随着株洲冶炼厂铅烟气治理，株洲霞湾污水处理厂建成湘钢高炉废水治理，湘潭电化废水治理，长沙第一污水处理厂扩建，长沙垃圾卫生填埋场等一批环保项目的实施，长株潭三市"环境同治"已经迈出坚实步伐。

同时加速推进新型工业化，着力推进传统产业高新化、"两型"产业规模化、特色优势产业集群化发展，相继开工建设的飞机起落架、千亿轨道交通设备等一批重大产业项目，突破了新能源汽车、轨道交通高速机车交流技术等一批关键核心技术。投资亿元新建成的中国第一套冶炼废水"超滤—反渗透膜"系统，能将混杂着各种污染物质的铅锌冶炼废水泥浆，处理成清澈透明的工业自来水。几年环保大投入，"株冶"年产值过百亿元，创历史新高，废水排放却从过去每年600多万吨缩减九成，未来将力争实现"零排放"。

"两型"产业发展步伐不断加快，工业经济呈现"规模扩大、效益提升、结构优化、后劲增强"的良好发展态势。

（6）科学有效的推进机制初步建立。确立了"省统筹、市为主、市场化"的推进机制，加强了部省共建合作关系，与39个部委、74户中央企业建立了合作关系，在试验区布局实施了50多项改革试点，试验区先后被列为全国新型工业化产业示范基地、"两化"融合试验区等，搭建了试验区改革发展的重要平台。

2. 武汉"两型综改区"的建设进展

开展"两型社会"建设以来，武汉科学编制了武汉城市圈改革试验总体方案，编制了空间规划、产业发展规划、综合交通规划、社会事业规划和生态环境规划五个专项规划，研究制定了投资、财税、土地、环保、金融、人才支撑六个配套支持政策，提出了产业双向转移、社会事业资源共享、圈域快速通道、现代农业产业化、商业集团连锁经营五个重点工作，编制了试验区建设的重大启动项目。

（1）重点领域实现突破创新。按照一体化发展要求，武汉城市圈推进"五个一体化"建设有了新局面。

在产业一体化方面，武汉、孝感、黄冈、潜江等市在汽车、化工、纺织、临空经济等多个产业上进行有序流动与双向转移。孝感市与武汉市达成了高新技术产业、化工、农副产品基地、旅游、商贸物流、交通设施等十个方面的合作事项，产业融合加速推进。

在交通一体化方面，武汉城市圈"承东启西、接南纳北"的高速公路骨架网络基本形成。武汉长江航运中心建设步伐加快；武汉新港"以港兴城、港城互动"成效显现，武汉城市圈"干支相连、通江达海"的航运体系加快形成。武汉至孝感、武汉经鄂州至黄石、武汉至咸宁、武汉至黄冈四条城际铁路等项目顺利推进。武汉机场三期扩建工程、武汉机场新建国际楼工程稳步推进，综合交通枢纽建设加速推进。

在市场一体化方面，结合"万村千乡市场工程"、家电下乡等工作，完善区域农村市场网络，构建连锁经营市场体系。

在农业产业一体化方面，加强政策资金扶持，引导龙头企业的发展。

在基本公共服务一体化方面，重点是推进科技、教育、文化、卫生、社保、体育、旅游、信息、宣传九项社会事业联合体建设。

此外，随着"两型"社会建设顺利推进，武汉城市圈在科技公共服务平台建设、城市圈产业结构优化、土地改革试点、仙（桃）洪（湖）新农村试验区建设、武汉区域金融中心建设、提升对外开放水平、建设高效服务型政府等方面取得突破创新。

特别是武汉大东湖生态水网构建工程、梁子湖流域生态保护工程、汉江中下游流域生态补偿和梁子湖流域生态补偿办法等相继启动，水环境治理正成为"两型"社会建设特色。武汉青山区、东西湖区、阳逻经济开发区等国家级、省级示范园区循环经济产业链基本形成，循环经济发展模式初显雏形。

（2）国内外合作平台初步搭建。围绕搭建部省合作平台，湖北省政府出台相关指导意见，召开专题工作会议。截至 2013 年，与湖北省签订合作协议或备忘录的国家部委和单位达到 75 家。

通过部省合作，城市圈争取到了一批国家支持政策和项目。国家先后批准在武汉城市圈设立综合性国家级高技术产业基地、国家自主创新示范区、国家创新型试点城市、中国首个综合交通枢纽试点城市、国家新型工业化产业示范基地。大东湖生态水网工程获国家发改委批准并启动实施。黄石、潜江获批全国第二批资源枯竭型城市转型试点城市。原铁道部与湖北省合作共建的城市圈四条城际铁路已经开通了三条。中央主要金融单位与湖北省签署了合作共建协议和备忘录，有力促进了武汉区域性金融中心建设。

国际合作平台方面，搭建了鄂法城市可持续发展合作平台。2010年4月，双方在上海签署了鄂法城市可持续发展合作意向书，拟在技术合作、政府贷款、企业投资、文化交流等方面与法国深入开展合作，争取每年在引资、引智方面开展几个扎扎实实的项目合作。法国专家参与编制了《大梁子湖生态旅游度假区规划》，与法国合作启动了《孝感临空经济区总体规划》和《咸宁新港总体规划》的编制工作。

（3）"两型"生活理念深入人心。近年来，"两型"社会建设宣传力度不断加大，引导武汉城市圈倡导节约、环保、文明的生产方式和消费方式，让节约资源、保护环境成为每个社会成员的自觉行动，"两型"社会建设真正落实到了产业、园区、企业、社区、学校、机关单位和家庭，用"两型"理念来改善民生、惠及民生。

特别是武汉市采取政府引导、企业运作的方式，基本建成了公共自行车免费租赁系统，共投放自行车2万辆，设立便民服务站点814个，日均租车6万人次；在全国率先启动"十城千辆"电动汽车示范工程，新增350台混合动力电动公交车；在全市范围内推行了65%的建筑节能标准，启动王家墩绿色CBD建设，成为中英两国可持续发展城市计划在中国推进"绿色建筑"的第一个城市；加强"两型"社区、"两型"机关等示范创建，启动了"两型"集中展示区建设，面向全社会公开征集"两型"宣传标志等，这些举措使"两型"理念逐步深入人心。

武汉城市圈废电池回收网络建设稳步推进，在城市圈布设废电池回收点约10000个，建立电子废弃物回收超市15家，开创了电子废弃物市场化运作的新模式。

此外，在一些具体项目大改革试验、"两型"社会主要指标构建等方面，也取得了丰硕成果。

第二节　全国"两型社会"建设存在的突出问题

一、认识层面问题

目前，我国全民节约资源和保护环境的意识还比较淡薄，超前消费、奢侈消费、面子消费等与我国基本国情不相适应的过度消费行为大行其道。重视物质消费，忽视精神消费；重视消费数量，忽视消费质量。一部分人在物质消费上相互攀比、炫耀，导致消费结构不合理，消费心理扭曲，造成了资源、能源的极大浪费。

公众的生态观念仍有待加强，粗放型经济发展方式仍未得到根本转变，节能减排仍然任重而道远。中央和地方政府缺乏有效的行政监督和约束机制，公众对中国人均资源水平落后于世界平均水平的认识不完整，这些都是导致我国资源能源浪费现象难以遏制的重要根源。由于在资源节约和环境友好方面的市场机制不健全，政府和社会公众不能正确认识"两型社会"建设的市场行为，清洁生产、资源的综合利用等工作仍然是政府部门在起决定作用。再加上政府的鼓励和激励机制不到位，企业自愿进行资源节约和环保活动的意识不强。我国在国民教育中很少进行节约和环保方面的知识传播，社会公众对资源节约和环境保护的迫切性认识不深，资源文化、环保文化建设程度较差，极大地阻碍了"资源节约型和环境友好型"社会的建设进程。

另外一种认识上的误区，则是认为建设"两型社会"只要节约能源、保护生态就行了。其实这是远远不够的，因为传统能源总有一天会枯竭，如果传统能源枯竭而又没有开发出新的绿色能源，"两型社会"建设乃至人类的可持续发展都无从谈起。因此，解决能源资源短缺与人类可持续发展之间的矛盾，不仅要做到保护和节约能源资源，而且要不断创新发展理念、科学技术手段和管理模式。发展理念的创新，就是树立有利于可持续发展的价值理念，转变不适应可持续发展的经济发展方式；科学技术的创新，就是利用科学技术开发有利于可持续发展的新能源，或发明有利于节约和高效利用传统能源的新技术、新方法，如节能环保绿色动力技术的开发与利用等；管理模式的创新，就是改革政府、企业及社会组织的组织管理方式，使之有利于经济社会的可持续发展。

二、战略层面问题

"两型社会"所倡导的资源节约型和环境友好型社会，希望从战略层面解决经济发展和环境资源保护之间的矛盾。但现实情况中，首先"两型综改区"经济发展水平就有待提高。长株潭试验区尽管属于湖南省的发达地区，但与东部沿海发达地区相比，总体经济发展水平还有一定差距，而且区域内经济发展不平衡问题十分突出，发展与保护的矛盾较大。湖南省是传统的农业大省，工业实力不强，经济发展水平不高，人均地区生产总值低于全国平均水平。发展经济、消除贫困仍是当前面临的最重要任务，在一些生态地区，发展和保护的问题尤其突出。长株潭获批"两型社会"试验区后，以昭山为核心的长株潭三市接合部522.9平方公里被规划为长株潭城市群生态绿色中心区，将其划为禁止开发区、限制开发区、控制建设区，其中前两类占到总面积的89%。但昭山当地的很多群众最迫切的愿望在于经济发展，如果没有相应的体制机制改革，没有合理的利益调节机制，很难处理好发展与保护的关系。

"两型综改区"的城市一体化、城市群建设仍然受到行政体制的束缚，打破行政壁垒，才能真正落实区域一体化。目前中央政府和地方政府对城市群、城市一体化的推动尚处于探索阶段，城市间在融合过程中存在很多利益分配、行政限制等难题。长株潭城市群和武汉城市圈在"两型社会"建设中，政府应加大支持力度，突破行政体制障碍，在经济项目分配或其他情况牵涉经济利益分配时，不要因为行政地位原因而偏袒某一地。可以考虑成立城市群建设管理委员会，以大部委制的原则建立若干跨市的专门委员会，下设产业协调委员会，有效形成城市群产业一体化发展协调机制，这样就可以促进城市群协调发展，从而提高城市群的整体水平。

优化产业结构，转变经济发展方式需要多种资源的整合，这并非易事。对高污染高耗能企业的关停并转是优化产业结构的必经之路，但企业关停之后经济增长放缓、失业等现象随之出现。如果新兴产业不能很快发展起来，地方经济的停滞就在所难免。"两型社会"的建设中，应把握调整产业结构的进度和力度，大力培育和发展产业集群和低碳经济产业，如电子信息产业、文化创意产业和服务业等，以替代过去粗放式的经济发展方式。另外，要立足新型工业化，对于污染严重的企业，要想方设法改进其生产技术和工艺，从源头上降低排放，减少污染，使区域经济在资源节约与环境友好两个约束条件下实现又好又快发展。

三、制度层面问题

国家层面相关政策法规不完善，"两型社会"建设受到制约。尽管在资源节约利用、生态环境保护、节能减排、循环经济发展等方面，我国已经具有相应的发展战略及制度安排，但由于缺乏顶层设计，资源环境领域的政策法规不完善、不系统、不全面，农村环保、生态补偿、排污交易、垃圾处理收费等领域政策法规缺失，环境法定位与当前经济发展的需求不符。同时，在生产、生活和消费等各领域存在着大量不利于资源节约、环境友好的政策法规。如国家补贴化肥农药，使耕地化肥使用量持续增加，农膜、农药残留率高，农业面源污染问题严重。

存在立法空白，有的重要领域尚无法可依。一方面，在循环经济、土壤污染、化学物质污染、生态保护、遗传资源、生物安全、臭氧层保护、核安全、环境损害赔偿和环境监测等方面，还没有相应的法律规范；在环境技术规范和标准体系方面，也还存在着一定的规范空白。另一方面，立法质量不高，修改不及时，缺乏可操作性。现行的若干法律法规，提倡性的规定多，约束性的规定少；原则性的要求多，可操作性的规定少；行政命令控制性的规定多，经济激励性的规定少；对政府部门设定的权力多，制约性的规定少；行政相对人的义务多，权利少。

环境经济政策的缺乏使生态效益及相关的经济效益在保护者与受益者、破坏者与受害者之间的不公平分配，导致了受益者无偿占有生态效益，保护者得不到应有的经济激励；破坏者未能承担破坏生态的责任和成本，受害者得不到应有的经济赔偿。资源和要素价格形成机制不完善，不能反映资源利用和要素使用的真实成本，资源性产品价格不合理，支持和鼓励节约降耗的财税体制不完善，融资渠道不畅，国有企业改革和政府管理体制改革不彻底，难以形成促进节约的有效激励。

城乡统筹发展体制机制存在障碍。城乡基础设施差异大、各种功能布局不合理、设施共享性差等问题突出，城市基础设施向农村稳定延伸的机制有待建立；城乡人均占有公共服务资源及质量差距较为悬殊。义务教育、公共卫生和基本医疗、基本社会保障、公共就业服务等社会事业向农村均衡覆盖的机制有待完善。

政绩考核制度不完善。通过政绩考核能够激励干部按照既定的目标实现经济和社会发展。由于政绩考核制度不完善，导致地方政府官员的短期经济行为严重，大多数地方官员追求自己任期内的行政成绩，过度消耗资源，严重损害了经济社会的长远发展。长期形成的经济增长评价的政绩考核方式始终未能改变，依靠资源浪费和破坏环境的短期经济行为，能够迅速增加地方政府的卓著政绩，但却极大地耗费了地区资源，也使地区环境遭到严重污染。短期的行政行为使地方官员得到迅速的升迁，却把灾难留给了他人。在这样的干部政绩考核机制的大框架下，地方政府或企业在决策时就很难把节能降耗指标放在重要位置予以考虑，这也无疑为"两型社会"建设增加了难度。

四、操作层面问题

联动机制有待完善，工作合力有待加强。"两型社会"建设是系统工程，涉及生产、消费、流通等领域。现有的"两型综改区"力图建立省、市协调联动机制，但还处于摸索阶段，模式还不成熟，机制尚未完善。比如，流域综合治理、城际交通网络、生态环境保护等问题均具有外部性，排污费、碳税、燃油税、排污标准、强制性技术标准、排污权交易、可再生能源配额制、生产者延伸责任制等各项政策工具有待进一步整合。虽然有些区域尝试成立统一的环保执法队伍，但环境资源保护有法不依、执法不严、钻法律漏洞的现象仍然存在。资源要素优化配置的力度有待增强，不合理的部门准入限制仍然存在。社会事业领域改革步伐滞后，教育、科技等资源难以共享，文化体育设施缺乏统筹布局和综合利用，推进社保一体化面临众多困难和问题。

在产业发展当中，"两型综改区"内各城市存在着产业分工协调发展不足的问题。产业趋同，关联度不高，从产业集群的发展现状来看，产业带动作用不强。由于历史的原因，"两型综改区"内各城市工业产业布局近似，相互之间没有形成有机合理的产业分工。

资源节约优先的方针落实不力，缺乏操作性，环保边缘化现象依然严重。节约资源作为我们国家的基本国策，这是国家在资源开发和利用方面的总方针，是一切相关政策所应当遵循的政策。认真落实节约资源的基本国策和坚持节约优先的方针，切实体现在制定和实施发展战略、发展规划、法律法规、产业政策、投资管理以及财政、税收、金融和价格等政策的各个方面和各个环节，在具体实际工作中还存在很大的差距。环保边缘化现象和违法行为仍然屡禁不止。环境保护在发展决策过程中的"边缘化"现象在一些地方和部门依然如故，对环境保护采取"口惠而实不至"的消极态度和做法的现象普遍存在。社会法制意识淡薄和环境执法不力，导致环境违法现象在一些地方还相当普遍。

金融支持力度不够。首先是总量不足，"两型社会"建设是长期浩大的系统工程，无论是环境保护还是产业结构优化调整，都需要持续大量资金的支持。单纯依靠政府财政资金是不够的，要依靠金融机构的融资功能来弥补资金缺口。但根据人民银行的统计数据，商业银行的贷款去向对"两型"产业并没有明显的支持。目前很多商业银行的贷款还是为"两高一剩"企业所占有。比如湖南省的钢铁、水泥等10个高耗能、高污染、产能过剩行业中长期贷款占全部工业中长期贷款余额的近一半，而"两型"相关产业中科技型、创新型中小企业，由于缺乏抵押物等，获得金融机构的资金支持难度仍然较大，大部分中小企业只能依靠内源融资、非金融机构借贷等方式解决资金问题。同时金融市场对"两型"相关产业企业的融资方式过于单一，除了传统的信贷融资以外，更加灵活适用的债权和股权融资比例过小。

科技创新取得了一定成效，但从总体上看，自主创新不足，科技与经济结合不够紧密，转化水平不高。企业研发的资金投入不足和政府政策支持不够，缺少突破制约经济社会发展的关键技术，尤其是开发大幅度提高资源利用率和关键技术的能力不强，生产工艺技术和装备水平还不能适应大幅度提高资源利用率的需要。

五、绩效层面问题

经济增长方式没有根本性改变，增长的外部不经济严重。据统计，煤和石油等不可再生能源占中国能源消费比重的90%以上，而中国能源消耗占世界能源消耗总量的25%、二氧化碳排放占世界总量的30%以上。全球每年生产的110亿吨标准煤中有36亿吨为中国所消费。中国每年生产钢铁5亿吨，日本生产 5000 万吨，美国生产 6000 万吨，中国每年消耗全球铁矿石的 85%。中国以 7%的耕地消耗全球 35%的化肥。中国的 GDP 占全球 4%，而煤、铁、铝等的消耗占世界的 30%以上。中国以 20%的世界人口，耗用 30%的资源，提供 10%的商品和服务。因此，我国的经济增长方式改变和产业结构升级还有很长的一段路要走。

"两型社会"试点的省份湖南省，2012 年万元 GDP 能耗达到 0.83 吨标准煤，居全国第 17 位，居中部地区第 4 位。"十一五"期间，湖南省城市建成区面积年均增长 5%，远高于城镇化率 3.1%的平均增长率。低强度的工业开发模式加剧了土地的紧缺。根据规划，"十二五"期间，湖南省用地需求预计在 8 万公顷以上，但国家分配给湖南省的用地指标仅有 4 万公顷，用地缺口达到 50%，全省每年用地计划缺口在 10 万亩以上，未来用地需求还在刚性增长，缺少土地资源已经成为湖南"两型"项目建设的主要制约因素。

2013 年，由大气污染引发的雾霾天气成为全国关注的焦点话题，湖南省大气污染形势非常严峻，在全国 113 个大气污染防治重点城市中，湖南有 6 个（长沙、株洲、湘潭、岳阳、常德和张家界），其中"两型综改区"长株潭全部在列。2013 年第一季度长株潭三市持续暴发雾霾天气，环境空气质量总体达标率仅为 31.5%，远低于全国 74 个重点城市 44.4%的平均水平；第二季度由于气候有利，长株潭三市空气质量有所好转，但上半年达标率仅有 75.8%；前三季度的达标率又降低到 65.6%，超标天数占比为 34.4%，其中轻度污染占 19.3%，中度污染占比 6.6%，重度污染占 8.5%。PM2.5 是影响长株潭三市空气质量的元凶。生态系统也呈退化趋势。据统计，湖南省现有和潜在石漠化面积达到 2.9 万平方公里，居全国第 4 位。水土流失面积占全省面积的 19%以上，超过 26%的耕地受到不同程度的面源污染和重金属污染。

参考文献

［1］蔡方良. CBD，代表武汉，对话世界［EB/OL］. http：//www.changjiangtimes.com/2012/08/405567.html，2012-08-13.

［2］"长株潭"为中国城市群打开"两型发展"之门［EB/OL］. http：//www.hn.xinhuanet.com/newscenter/2011-03/16/content_22292822.htm，2011-03-16.

［3］长株潭两型社会试验区改革进入第二阶段［EB/OL］. http：//money.163.com/11/1214/02/7L6VLVP000252G50.html，2011-11-14.

[4] 湖南省委书记调研长株潭"两型社会"建设：转方式的重要目标和着力点 [EB/OL]. http：//news.163.com/11/1122/13/7JFH9M8P00014AEE.html，2011-11-22.

[5] 陆远如. 以"两型社会"建设促进生态文明建设 [N]. 人民日报，2010-11-05.

[6] 武汉城市圈"两型社会"建设综合配套改革试验总体方案概要 [EB/OL]. http：//www.hbepb.gov.cn/hbdt/hjzl/200809/t20080928_10978.html. 2008-09-28.

第三章 湖南"两型综改区"建设的背景、动因与部署

第一节 湖南"两型综改区"建设的背景与动因

一、应对金融危机下世界气候变化的严峻挑战

1. 应对后危机时期世界气候变化的客观需要

全球气候变化将产生灾难性后果是不容置疑的，而且已经开始在一些国家和地区显现。2007 年末，联合国政府间气候变化专门委员会（IPCC）第 4 次评估报告明确指出："全球气候变暖已是不争的事实。"已有观测结果证实了全球大气和海洋平均温度的升高、冰雪的消融和海平面的上升。2009 年 12 月 7 日至 19 日，联合国气候变化框架公约第 15 次缔约方会议在丹麦首都哥本哈根举行，超过 85 个国家元首或政府首脑、192 个国家的环境部长和其他官员参加了这次气候峰会，商讨《京都议定书》一期承诺到期后的后续方案，就未来应对气候变化的全球行动签署新的协议。这充分表明了人类赖以生存的地球已经成为一个整体，积极应对全球气候变化是全人类共同利益之所在。

建设"两型社会"正是应对全球气候变化的有效措施。为了积极应对气候变化，我国做出了庄重承诺："到 2020 年我国单位 GDP 的 CO_2 排放量要比 2005 年下降 40%~45%。"这就要求我国经济发展方式必须向资源节约、环境友好的方向转变。湖南作为重化工业主导型的中部内陆省份，为了有效应对后危机时期世界气候变化，以资源节约型和环境友好型社会建设作为加快转变经济发展方式的方

向和目标，完全符合当今世界发展的潮流和趋势。

2.国际竞争中抢占绿色发展制高点的内在要求

绿色经济正逐步成为后国际金融危机时期的发展核心。被誉为"第四次工业革命"的绿色经济，对于全球经济发展是一个巨大的挑战，更是历史性的机遇。绿色经济将催生新的经济增长点，是未来国家和企业竞争力之所在，是抢占未来发展制高点的战略抉择。

欧洲是低碳绿色经济的起源地，也一直是全球绿色经济的"领头羊"。早在2003年，英国就在《能源白皮书》中首次正式提出了低碳经济概念，并提出将于2050年建立低碳社会的目标。2007年3月，欧盟委员会提出的"一揽子"能源计划，带动欧盟经济向高能效、低排放的方向转型。美国于2007年提出绿色经济发展方案。日本于2008年7月通过了低碳社会行动计划，提出了实现低碳社会的具体措施、行动计划和目标。

改革开放30多年来，我国经济持续高速增长，经济地位不断提升。但是，也面临着一系列挑战，高碳化能源消费结构仍很突出，自主创新能力不足。湖南作为一个内陆省份，能源消费以煤炭为主，煤炭消费占绝对主导地位的局面仍将延续相当长的时间。为了抢占后金融危机时期国际竞争中绿色经济发展制高点、争创新优势，建设"两型社会"是必然选择。我们必须以对人民、对历史负责的态度，推动湖南高碳能源低碳化，节约资源、保护环境。

二、粗放型经济增长方式带来的人口、资源、环境压力

粗放型经济增长方式的基本特征是依靠增加生产要素量的投入来推动经济增长。我国经济的高速增长已经持续了30多年，但是粗放型增长方式却没有得到根本改变，它所带来的人口、资源、环境压力不断加大。

1.粗放型经济增长方式没有得到根本改变

长期以来，我国经济增长在很大程度上是依靠资本、劳动力、自然资源的大量投入实现的，这一局面目前仍然没有得到根本改变。由于技术装备水平和管理水平落后，我国资源有效利用率低，单位经济产出的能耗和资源消耗明显高于国际先进水平。根据有关资料显示，我国电力、钢铁、石化、轻纺织、化工、有色金属等八个行业主要产品平均能耗比国际先进水平高40%；钢、水泥、纸和纸板的单位产品综合能耗比国际先进水平分别高21%、45%和120%；机动车油耗水

平比欧洲高 25%，比日本高 20%。从总体上来看，我国能源利用效率为 30% 左右，比发达国家低近 10 个百分点。

湖南省由于重化工业比重高，能耗水平又高于全国平均水平。2005~2009 年能源消费年均增长 8.2%，是全国消费量超过 1 亿吨标准煤的省份之一。

从湖南省工业内部结构来看，其重型化趋势非常突出，高耗能行业增速依然较快。2009 年，全省规模以上工业中重工业增加值增速比轻工业高 1.3 个百分点，所占比重为 67.2%，比 2005 年提高 2.4 个百分点。六大高耗能行业增加值占规模工业的比重达 35.5%，分别比湖北、安徽高 2.7 个和 8.5 个百分点。高新技术含量比较高的医药制造业，通信设备、计算机及其他电子设备制造业在规模工业增加值中所占比重仅为 2.2% 和 1.2%。资源高投入、高消耗，必然导致高污染。无论是全国，还是湖南省，单位 GDP 的废弃物排放量远高于发达国家，一些主要污染物的排放量已超过了环境容量。显然，对于正处于快速工业化、城镇化阶段的湖南来说，这种高投入、高消耗、高污染、低质量的粗放型增长方式是不可持续的，必须走资源节约型、环境友好型社会建设的新路。

2. 经济社会发展中的人口与资源矛盾日益尖锐

我国在经济领域取得巨大成就的同时，人口与资源矛盾也日益尖锐起来。在中国几千年文明史中，人与自然的矛盾从未像今天这样严重，我国经济社会的持续发展，越来越面临资源瓶颈和环境容量的严重制约。就自然资源储存总量来说，我国不论地面资源还是地下资源，其中不少都居于世界前列。但由于人口众多，人均资源占有量远低于世界人均水平，居于世界后列。粮、油、棉、糖、毛、原木和纸张等主要生活资料，铁矿砂、铬矿砂、化工原料、钢材、铜、锌、铅乃至石油等大宗原材料亦需从国外输入。

我国人均资源占有量虽然不同程度低于世界平均水平，但却是世界上自然资产损失最大的国家之一，耗水量居世界第一（占世界用水总量的 15.4%），污水排放量居世界第一（相当于美国的 3 倍），能源消耗量居世界第二。2009 年中国能源消费总量是 31 亿吨标准煤。长株潭地区能源极为匮乏，90% 以上的能源需要从外地调入。湖南省煤炭资源储量为 29.97 亿吨，仅占全国总储量的 0.2% 左右，人均储量也远远低于全国平均水平。电力仅能满足需求的 55%。由此可见，随着工业化的快速推进，对于资源能源高度依赖外部的长株潭城市群来说，其资源和能源的需求将大幅度上升，人口与资源的矛盾将更加尖锐，走资源节约型发展之路是长株潭城市群可持续发展的必然选择。

3.工业化、城镇化快速推进中的生态环境形势日益严峻

改革开放30多年来，我国取得了西方国家一百多年的经济发展成果，而西方国家一百多年发生的环境问题在中国的30多年时间里也得到了集中体现。2004年的沱江污染、2005年的松花江污染、2007年的太湖蓝藻暴发、2009年的江苏盐城城市水污染等，影响程度之大、范围之广前所未有。

在工业化、城镇化快速推进中，生态环境问题已经成为我国经济社会发展过程中的最大困惑。根据世界银行估计，每年中国环境污染和生态破坏造成的损失与GDP的比例高达10%。煤炭燃烧等形成的酸雨造成的经济损失每年超过1100亿元。自20世纪90年代中期以来，中国经济增长中有2/3是在环境污染和生态破坏的基础上实现的。湖南环境污染治理虽然取得很大成效，但环保形势也非常严峻。作为国家老工业基地，长株潭城市群工业结构以重化工业为主，钢铁、有色、化工等资源消耗大、排污量大的产业比重偏高。株洲曾是我国十大工业污染城市之一，长沙属于典型的酸雨污染城市，湘潭的重化工业污染也很突出。严峻的生态环境形势表明：传统的"先污染、后治理"的老路已经走到了尽头，不建设"两型社会"，资源难以为继，环境难以支撑，国际竞争力也难以真正得到提升。

三、国家综合配套改革试验区推进下中部崛起战略实施

中共十七大报告指出："要继续实施区域发展总体战略，深入推进西部大开发，全面振兴东北地区等老工业基地，大力促进中部地区崛起，积极支持东部地区率先发展。"从我国区域协调发展的总体布局背景来看，促进中部地区崛起，不仅对于区域均衡发展，而且对于承东启西、连南贯北，形成各大区域之间的良性互动机制，将发挥不可替代的重要作用。设立长株潭城市群"两型社会"建设综合配套改革试验区，是国家促进东中西部互动和中部地区崛起的重大战略布局，是国家深化改革试点试验的内在需要，是湖南在中部率先实现崛起的必然选择，同时也是湖南科学跨越、富民强省的时代呼唤。

1.国家区域协调发展的要求

中部地区地处中国内陆腹地，起着承东启西、接南纳北、吸引四面、辐射八方的作用。继东部沿海地区率先发展起来，并涌现出环渤海、长三角、珠三角等

城市群，以及实施西部大开发、振兴东北地区老工业基地等战略后，中部地区处在东部大发展和西部大开发的夹缝中。针对中部地区发展相对缓慢的状况，为加速中部地区经济社会发展，落实促进区域协调发展总体战略，国家及时提出中部崛起战略。2004年3月，温家宝同志在政府工作报告中首次明确提出促进中部地区崛起。2005年3月，温家宝同志在政府工作报告中提出要抓紧研究制定促进中部地区崛起的规划和措施。2006年4月，《关于促进中部地区崛起的若干意见》正式出台，明确提出了促进中部地区崛起的总体要求、基本原则、工作重点和政策措施，标志着我国以四大区域为主要内容的区域经济协调发展战略格局初步形成。"中部崛起"正式上升为国家战略，并被写入"十一五"规划纲要，其意义已经远远超出了山西、河南、湖北、湖南、江西、安徽中部六省的发展本身。

在中部设立"两型社会"建设试验区，是"中部崛起"战略的需要，也是平衡各地区经济社会协调发展的需要。就武汉和长株潭建立国家综合配套改革试验区来说，它的意义首先在于协调不同地区的发展均衡。武汉城市圈和长株潭城市群地处我国南方中枢，为中部崛起之关键所在。从宏观层面来看，这两大城市圈和城市群扼守我国南方要冲，其间有京广铁路、武广高铁、京珠高速和107国道相连，北达华北、东抵华东、上溯西南、南下两广均很便利。武汉是我国重要的工业城市，钢铁、汽车、电子工业发展迅速；长株潭作为综合性工业基地，先进制造、电子信息、新材料和生物工程在全国占据突出地位。武汉城市圈和长株潭城市群试验区的正式设立，意味着国家更为关注区域协调发展，更加重视中部地区崛起。传统的沿海与内陆两大板块分割局面，正在被东、中、西、东北四大各有侧重的战略方阵所取代，东中西部地区互动、优势互补、相互促进、共同发展的新格局正在日益明晰。

2. 国家深化改革试点试验的内在需要

回顾中国改革开放30多年的历程，我们走了一条从点到面、从局部到全局、从单一改革到全面改革的路径。试验区一直是中国进行渐进改革的一条重要路径。综合配套改革试验区是我国改革开放继深圳等第一批经济特区后建立的第二批经济特区，亦即"新特区"。实施综合配套改革试点是我国改革向纵深推进的战略部署。综合配套改革试验区设立的核心在于"综合配套"，其宗旨是要改变单项改革、单兵独进的模式，要从经济发展、社会发展、城乡关系、土地开发和环境保护等多个领域推进改革，形成相互配套的管理体制和运行机制。实施综合配套改革，能够合理解决经济体制改革的系统性和配套性，增强各方面、各领域、各层次改革的协调性、联动性和配套性，有利于建立健全充满活力、富有效率、更加开放的体制机制，建立起完善的社会主义市场经济体制。

2007年12月，长株潭城市群获批全国资源节约型和环境友好型社会建设综合配套改革试验区。长株潭城市群"两型社会"建设综合配套改革试验区有利于促进经济发展方式的转变。长株潭城市群作为国家老工业基地和中部地区的主要城市群之一，资源环境的瓶颈制约比较突出，节约资源和保护环境的任务繁重，综合了东部发达地区和中西部地区的发展特征，在全国具有代表性和典型性。选择长株潭城市群作为综合配套改革试验区，有利于率先探索破解制约科学发展的体制机制障碍，为全国转变经济发展方式、实现科学发展积累新的经验，起到示范和引领作用。长株潭城市群"两型社会"建设综合配套改革试验区有利于形成城市群一体化的体制机制。在国内区域经济一体化的进程中，"行政区经济"成为最大的阻力。由于地方政府深度介入经济活动，生产要素在跨行政区划流动时明显受到权力的阻隔。其典型表现就是：同一区域的不同地方政府会进行相同的产业布局和项目争夺，基础设施建设各行其是、独善其身，从而导致资源的极大浪费。长株潭在长达20多年的整合过程中，也深受行政区划的制约。长株潭城市群"两型社会"建设是对解决这一难题的探索。在长株潭城市群设立全国综合配套改革试验区，有利于率先破解城市群体制机制共性障碍，为推进新型城镇化、走中国特色城镇化道路提供新鲜经验和发挥示范引领作用。

3. 湖南在中部率先实现崛起的必然选择

借着中部崛起的东风，中部六省纷纷开始发力，寻找发展良策，谋求率先崛起。湖北"武汉城市圈"争当中部崛起的"支点"；河南"中原城市群"欲撑起中部崛起的脊梁；安徽2006年相继通过沿淮、沿江两个城市群规划；江西提出建设"昌九工业走廊"；山西2006年专门召开高规格的城市建设工作会议，提出打造"太原城市圈"概念。湖南要想在中部地区率先崛起，必须充分发挥长株潭城市群的关键作用。长株潭城市群进行"两型社会"建设综合配套改革试验是湖南在中部率先实现崛起的必然选择。与同属中部地区的武汉城市圈、中原城市群等相比，长株潭城市群"两型社会"建设有自己的优势条件。

首先是城市之间差异较小，总体实力强。与武汉城市圈内城市发展差异较大相比较，长株潭城市群中第一层次长沙与第二层次株洲、湘潭之间差距相对较小，成"品"字形分布在 30 分钟车程的空间距离内。如果把长株潭"捆在一起"，依托长株潭带动"3+5"城市群发展，其 GDP、财政收入将超过武汉城市圈，位居中部六省第一。同时，武汉城市圈卫星城市的平均人口规模只相当于长株潭城市群的 2/3 多，因此长株潭城市群基建和服务等相关行业也将拥有更大的发展潜力。

其次是一体化全国领先。长株潭在全国率先自觉推动一体化改革。从 1982 年首次提出建立长株潭经济区至 2007 年，已经走过 20 多年的探索之路。1997 年，在经过 10 年停滞后，湖南重新启动长株潭经济一体化进程，当时就提出了"总体规划启动，基础设施先行"的方针。2005 年提出的"新五同"中，明确提出生态同建、环境同治两大新任务，并进行了富有成效的实践，生态治理取得显著进展。这恰恰是"两型社会"建设的核心所在。长株潭是中国第一个自觉推进区域一体化改革试验的地区，这为长株潭城市群"两型社会"建设积累了经验，打下了坚实的基础。

4. 科学跨越、富民强省的时代呼唤

跨越式发展是在一定历史条件下，一个国家或地区发挥后发优势，突破传统发展模式，实现经济社会超常规、赶超式发展的发展方式和发展过程，是中外发展史上一种规律性现象。湖南正处在工业化、城镇化加速发展阶段。抓住机遇，推进科学跨越，加快富民强省，是从湖南实际出发深入贯彻落实科学发展观的生动实践，是世情、国情、省情变化的根本要求，是新形势下推进湖南改革发展的必然选择。

长株潭城市群"两型社会"建设综合配套改革试验区的设立，对加快长株潭城市群的发展，打造全省核心增长极，加快完善社会主义市场经济体制，推进新型工业化和新型城镇化带来了重大历史机遇，顺应了科学跨越、富民强省的时代呼唤。长株潭城市群"两型社会"建设为湖南科学跨越、富民强省提供了强有力的核心增长极。增长极理论表明：一个区域要实现平衡发展只是一种理想，在现实中是不可能的。经济增长通常是从一个或数个"增长中心"逐渐向其他部门或地区传导。因此，应选择特定的地理空间作为增长极，以带动经济发展。长株潭城市群"两型社会"试验区改革建设，就是要依托城市群的集聚效应形成核心增长极，产生扩散效应，进而推进科学跨越，加快富民强省。

总之，设立长株潭城市群"两型社会"建设综合配套改革试验区，是国家促进东中西部地区互动和中部地区崛起的重大战略布局，是国家加快推进新型工业化、新型城镇化，建设资源节约型、环境友好型社会的重大战略举措，是国家赋予湖南的难得的历史使命，也是湖南重大的历史机遇。推进长株潭城市群"两型社会"建设，不仅有利于积极应对国际金融危机的冲击和全球气候变化的挑战，而且有利于在国际竞争中抢占绿色发展的制高点；不仅有利于率先探索破解制约科学发展的体制机制障碍，为全国实现科学发展、加快"两型社会"建设探索新的路子，积累新的经验，起到示范和带动作用，而且有利于优化长株潭城市群在湖南经济社会发展中的核心增长极作用，推进科学跨越，加快富民强省。

第二节　湖南"两型综改区"建设的战略部署

一、建设历程

1. 提出及初步试验阶段（1982~1997 年）

"湖南有一个非常稀缺的城市资源——长株潭城市群。"长株潭三市，"除了地理位置上的紧密外，三市在社会、经济方面也存在诸多联系。如果把长株潭三市的经济整合起来，工农业总产值则可以在全国中心城市中排第 9 位，城区工业总产值排第 11 位，在此基础上，加强三市之间的经济分工协作和优势互补，提高城市群的整体竞争力，从而逐步形成湖南的综合经济中心，再带动全省经济的发展"。1982 年 12 月，时任湖南省社科院经济研究所副所长、湖南省政协委员的张萍在湖南省政协四届六次会议上，第一次提出建立长株潭经济区的构想。该建议立即得到与会者的赞同。长株潭经济一体化首次进入湖南省决策层和民众的视野。1983 年 9 月，该建议以课题《城市及经济区——长株潭区域经济研究》列入由国家原体改委承担的国家"六五"重点课题"中国经济体制改革的理论与实践"的专项研究课题和湖南省软科学重点课题。1984 年 11 月 10 日，中共湖南省委召开了常委会议，听取了张萍执笔撰写的《关于建立长株潭经济区方案》（以下简称《方案》）的课题汇报。会议一致认为"建议是可行的"、"具有长远战略意义",并形成了《中共湖南省委常委会议纪要（第 66 次）》,题目是《关于建立长沙、株洲、湘潭三市经济区的问题》（以下简称《纪要》）。《纪要》强调:"要根据三市的特点,制定经济区的总体战略和中长期规划。三市可根据有利于引进外资和技术的地方搞经济技术开发区。"

1984 年,长株潭经济区规划办公室成立,并建立了长株潭经济技术开发协调会议制度。1985 年 1 月 24 日,时任湖南省副省长的陈邦柱主持召开了省直有关部门领导参加的第一次三市市长联席会议,这标志着长株潭经济区的建设即经济一体化的推进步入《方案》实施和实践探索阶段。但在当时,我国既没有完整成熟的城市群理论作为支撑,也没有现成的经验可以作为借鉴,只能"摸着石头过河",一边实践一边探索。从 1985 年 1 月至 1986 年 6 月,在省政府分管领导的主持下,先后召开了 3 次三市市长联席会议。为贯彻"联席会议"的决定,三市先后有金融、机械、城建、邮电等 12 个部门就行业发展的联合和开发举行了协调会议。根据省委《纪要》的精神,启动工作着重建设城市合理布局、组建企业集团、金融改革和有关电信、供电、供气、交通建设等十大工程,并在一些方面取得了进展。

然而,由于认识上的原因,到 1987 年,长株潭一体化就中途搁浅了。长株潭经济区构想的提出,比开发上海浦东的提议整整早了 8 年,在改革开放以及沿海与湖南差距不断拉大的背景下,其搁浅显得非常可惜。

2. 重新启动及规划实践阶段（1997~2005 年）

伴随着改革开放的纵深推进和区域经济一体化的风起云涌,在 1995 年 10 月召开的中共湖南省委第七次党代会期间,时任中共湘潭市委书记的陈叔红认为湖南的经济发展,关键是要充分发挥长株潭城市群经济增长极的带动作用,做好"长株潭一体化"这篇大文章。这种分析得到时任中共长沙市委书记秦光荣、中共株洲市委书记程兴汉的极力赞同。经过一年的酝酿和筹备,1996 年 11 月,长株潭三市市委、市政府和湖南省社科院联合在株洲召开了"长株潭经济区发展研讨会"。自 1997 年开始,长株潭一体化越来越受到湖南省高层的重视。

1997 年 3 月,时任中共湖南省委书记的王茂林主持召开了长株潭三市党政主要负责人和省直有关部门领导参加的"长株潭座谈会"。在这次高规格的会议上,湖南省高层在把长株潭城市群建成湖南经济发展的"增长极"这一重大战略上达成了共识。

1998 年，湖南成立了长株潭经济一体化协调领导小组，由时任中共湖南省委副书记（后任省长）的储波担任组长。领导小组办公室设在省计委，并确定按照"总体规划引导，基础设施先行"的思路和方针，由省计委牵头，组织省直有关部门编制推进长株潭经济一体化的交通、电力、金融、信息和环保五个网络规划。

1999 年 2 月，时任中共湖南省委书记的杨正午主持召开了长株潭一体化专题座谈会，会议决定实施 1998 年编制完成的"交通同环、电力同网、金融同城、信息同享、环境同治"的"五同规划"。

与第一次由联合开发大项目入手不同，第二次启动站在了更高的起点上——由"总体规划"启动。在一个新的起点上，长株潭一体化在更高的基础和更大的规模上重新启动了，这是一个历史性的跨越。

3. 全面推进与外延拓展阶段（2005~2007 年）

2004 年底，在获悉上海浦东新区和天津滨海新区正在申报国家综合配套改革试验区后，湖南省发改委提出建立国家试验区的设想并组织开展了深入调研。

2005 年 8 月，《长株潭城市群区域规划》以湘政发〔2005〕16 号文件下发，要求长株潭三市政府和省直有关单位认真组织实施，加快长株潭经济一体化进程。这是长株潭一体化进程中最为重要的一个区域性规划，也是我国内地第一个城市群区域规划。这标志着总体规划启动阶段的结束。从 2006 年即"十一五"规划开始，长株潭经济一体化进入在总体规划指导下，全面推进、加速发展的新阶段。

为了全面推进长株潭经济一体化又好又快发展，2005 年 12 月完成的《长株潭经济一体化"十一五"规划》提出了"新五同"即"交通同网、能源同体、信息同享、生态同建、环境同治"，并提出"十一五"期间要"形成以长株潭城市群为中心辐射岳阳、常德、益阳、娄底、衡阳等周边城市的一小时经济圈"。

2005 年，湖南省人民政府办公厅颁发长株潭一体化重点工作职责分工的文件，规定每年省长主持召开领导小组协调会议，各市、各单位就重点职责分工完成情况述职。2006 年初，时任湖南省省长周伯华主持召开协调领导小组会议，各部门、各单位就重点职责与分工的完成情况进行了述职。

2006 年 5 月 10 日，时任中共湖南省委书记、省人大常委会主任张春贤在"抓住中部崛起机遇，加速推进湖南新型工业化座谈会"上的讲话中提出："要启动以长株潭为中心的'3+5'城市群建设研究"。

为了把长株潭区域发展提升到国家层面，2006年6月，湖南正式向国家发改委提出建立综合配套改革试验区的申请。

2006年6月底，第一届长株潭三市党政领导联席会议在长沙举行。长株潭三市签署了《长株潭区域合作框架协议》、《长株潭工业合作协议》、《长株潭科技合作协议》以及《长株潭环保合作协议》，"融城"步伐加快。同时，数十个基础设施和产业一体化的重大工程项目开工启动，发展势头强劲。

2006年11月8日召开的中共湖南省委第九次党代会将加快以长株潭为中心的"3+5"城市群的建设写入了大会报告中。长株潭城市群由其核心"3"拓展为"3+5"，进一步提升了城市群的规模经济实力和现实影响力。

2007年9月，湖南省人大常委会通过了《湖南省长株潭城市群区域规划条例》，为规划的实施提供了法律保障。

2007年12月14日，经国务院同意，国家发展和改革委员会下文批准，正式确定武汉城市圈和长株潭城市群为"全国资源节约型和环境友好型社会建设综合配套改革试验区"。长株潭城市群综合配套改革试验区正式设立。

二、顶层设计

顶层设计，字面含义是自高端开始的总体构想，主要是用系统论的方法和全局性视角对项目建设的各方面、各层次、各要素进行统筹考虑，选择实现目标的具体路径，制定正确的战略战术，并适时调整，规避可能导致失败的风险，提高效益，降低成本。这一工程学概念后来被西方国家广泛应用于军事和社会学领域，甚至成为政府统筹内政外交、制定国家发展战略的重要思维方法。世界近代以来成功崛起的西方大国，无一不是顶层设计。

在"两型社会"探索时，湖南放眼全球、立足本土，高起点编制了长株潭城市群"两型社会"综合配套改革总体方案和区域规划，确定了"省统筹、市为主、市场化"的原则，构建了全方位、多层次的试验区改革方案和建设规划体系，涵盖了经济、城乡建设、公共服务三大领域，为"两型社会"建设明确了系统性好、创新性强的行动路线图，大至产业、中到企业、小到家庭，都能找到具体的"改革指南"和清晰的"施工图"。

1. 顶层设计的制定过程

2008 年 12 月,《长株潭城市群"两型社会"建设综合配套改革试验方案》(以下简称《方案》)及《长株潭城市群区域规划》(以下简称《规划》)同时获得国务院正式批复。这是长株潭城市群"两型社会"建设中的大事,标志着长株潭城市群"两型社会"建设的顶层设计获得了国家的认可与支持。然而,《方案》与《规划》的形成,却是一个曲折的过程。

长株潭城市群获批"两型社会"试验区后,省委、省政府迅即发出动员令并进行了一系列部署。2007 年 12 月 15 日,省委召开常委扩大会研究,确定抓紧进行的第一项工作就是提升规划和制订改革方案,决定邀请国内实力很强的中国城市规划设计研究院和中国(海南)改革发展研究院参加,提升长株潭城市群区域规划,编制试验区改革总体方案。

实施方案包括 1 个总体方案和 10 个专项方案,涉及新型工业化、节约用地、治污减排、城乡统筹等 10 个方面。湖南省及城市群各市各相关决策咨询部门积极编制试验方案,社会各界有识之士也纷纷建言献策。

2008 年 4 月 16 日,省政府分别举行长株潭城市群综合配套改革总方案建议汇报会和长株潭城市群区域规划提升纲要汇报会。分别听取了中国(海南)改革发展研究院关于长株潭城市群"两型社会"建设综合配套改革总体方案的建议和中国城市规划设计研究院提交的《崛起中建设"两型社会"的城市群区域规划》。此次由中国改革发展研究院制订的长株潭城市群综合配套改革的总体方案,是一份系统性意见。根据环境宜居、城乡统筹、区域统筹协调发展的目标,这份意见在环境保护、资源节约、土地管理、财税制度、金融体制和行政制度六方面提出体制改革建议。作为全面建议方案,其可操作性和实施效果在由专家进行评估后,省发改委以此为参考,再参照相关专项方案,最后确定总体方案。与此同时,关于空间发展的区域规划提升纲要也完成制定,专家们对方案进行了深入讨论。

2008 年 5 月 19 日至 20 日,省委召开常委扩大会议,专题研究长株潭城市群改革建设顶层设计问题。会议听取了省发改委关于长株潭城市群试验区改革建设的总体构想及当前重点工作的汇报、中国城市规划设计研究院关于长株潭城市群区域规划提升纲要的汇报、中国(海南)改革研究院关于长株潭城市群试验区改革总体方案建议的汇报,并进行了热烈讨论。

2009 年 1 月 4 日，省政府召开新闻发布会，宣布《方案》及《规划》同时获得国务院正式批复。

在此基础上，省里牵头编制 10 个专项改革方案和 16 个专项规划，各市、县编制实施方案和下位规划。

2. 顶层设计的丰硕成果

第一，顺利完成总体改革方案编制和城市群区域规划提升。从 2007 年底到 2008 年 12 月，湖南用了一年的时间，在充分借鉴国内外先进经验，听取各方面专家意见，吸收上海、天津等先行试验区成功做法的基础上，顺利编制完成了改革方案总体，全面提升区域规划，向国家汇报衔接和争取等一系列工作。湖南将改革方案和区域规划打捆上报。这一举措极具战略性和前瞻性，使湖南的改革诉求、发展规划、重大项目同时进入国家层面，这在全国试验区是第一例。方案涵盖"3+5"城市群，拓展了试验空间。《方案》及《规划》获国务院批复后，省政府于 2009 年 2 月将《方案》及《规划》正式印发。《方案》分试验区的总体要求、主要内容、保障措施三个部分，对长株潭城市群的发展定位、目标设定、空间布局、产业规划和体制机制创新进行了全面部署。

第二，专项改革方案编制实施顺利推进。试验区获批后，湖南省积极组织 10 个专项改革方案的编制实施。2010 年 5 月 10 日，作为专项方案之一的《长株潭城市群"两型社会"建设综合配套改革试验区环境保护体制机制改革专项方案》（以下简称《环保方案》）出台，《环保方案》提出"大环保"理念，实现长株潭城市群"生态同建、污染同治、执法统一"。

第三，专项规划的编制和提升工作顺利完成。到 2013 年底，在湖南省"两型社会"建设中，包括《长株潭城市群生态绿心地区总体规划》在内的 18 个长株潭城市群专项规划已经全部完成编制，其中 14 个专项规划已获省政府批准。通过专项规划，改革建设的总体目标和要求分解细化到了各个部门，任务分解、细化到了各个行业，覆盖到各个主要领域。综合交通、湘江流域重金属污染治理实施方案、信息同享、生态建设、水利建设、核心区空间开发与布局、系统性投融资、工业布局、环境同治、长株潭城市群生态绿心地区总体规划、城市群城镇体系、核心区建设管治、"十二五"环长株潭城市群发展规划、湘江流域科学发展总体规划 14 个专项规划，已获省政府批准；土地利用、文化产业、旅游发展、城市群国土规划 4 个专项规划，已完成编制正待省政府批准。示范区 18 片区均完成片区规划编制，并通过所属市人民政府和省"两型办"组织的省直部门联合审查。

已完成的 16 个专项规划包括湘江流域重金属治理实施规划、城市群环境同治、生态建设、循环经济四个资源环境规划；工业布局、现代物流、文化产业、旅游发展四个产业规划；综合交通、水利发展、信息同享三个基础设施规划；土地利用、空间开发与布局两个空间规划；湘江流域生态环境综合治理；"3+5"城市群城镇体系规划以及融资规划。2010 年 6 月 4 日，作为专项规划之一的《长株潭城市群系统性融资规划》发布，这是我国第一个区域系统性融资规划，提出应将打造"资金洼地"提升到战略高度，使长株潭城市群的区域金融生态环境得到根本性改观。同时，组建"两型"金融服务联盟，实现金融产品的有机组合，提高资金使用效率。为顺应综合交通发展的新趋势、新理念，编制了全国首个城市群综合交通体系规划——《"3+5"城市群综合交通体系中长期规划》，提出了建设"以轨道交通为主轴、以水能充分利用为重点、以公路和其他交通方式为支撑的'两型'综合交通网"的发展目标，并着重从点、线、面统筹谋划水、陆、空交通布局，构建长株潭城市群核心区同城交通系统、外围区城际复合走廊、中部国际航空枢纽、长江中上游航运中心、全国陆运大通道五大圈层的核心系统，明确了城市群综合交通未来发展的定位和建设的重点，这也是长株潭城市群试验区再次引以为荣的突破。

第四，启动"3+5"八市城市总体规划同步修编。2009 年 7 月，启动长株潭"3+5"城市群八座城市的总体规划修编。将区域规划新增的城镇建设空间进一步落实，引导八市加快基础平台对接，着力构建"3+5"城市群互联互通、高效便捷的公共客运网、物流网和信息网，整合八市产业资源，发扬各自优势和特色，形成产业合理分工、错位发展的良性相互作用格局，探索成立企业、项目在"3+5"城市群合理转移的利益协调补偿机制。

第五，形成完善的规划执行机制。《长株潭城市群区域规划条例》（以下简称《条例》）于 2008 年 1 月 1 日施行，并于 2009 年进行了修订。以前长株潭城市区域规划并没有固定的程序，三市无法确定应该由哪个部门协调处理，造成了严重后果也最多采取行政手段。《条例》实施后，三市区域规划程序上升到法律层面。《条例》从立法宗旨、区域规划的法律地位、实施的事权划分、区域规划的编制和调整、具有区域性影响的建设项目的管理、空间管治、法律责任等方面进行了系统的规定，明确了长株潭城市群区域内的各项建设应当符合长株潭城市群区域规划，界定了省市各级各部门的职责和基本工作程序，有力地提高了长株潭城市群开发建设水平，为长株潭城市群资源节约型和环境友好型社会建设提供法制保障。

三、重要行动

1. "一江五区"启动探索，提供示范

"一江"，就是湘江生态经济带，北起长沙月亮岛，南至株洲空洲岛，全长128公里，是城市群的核心生态轴线。加强湘江污染治理，建设长沙综合枢纽工程，重点抓新河三角洲、南湖片、滨江新城和株洲东岸、湘潭西岸等片区整体改造，整治岳麓山、昭山、法华山、金霞山和空洲岛景观，精心打造一条集生态、文化、居住功能于一体的百里长廊。"五区"包括大河西、云龙、昭山、天易、滨湖五大示范区。

——大河西示范区。以长沙河西先导区为主体，纵向自长沙岳麓高新区、高校区至坪塘，打造引领"两型"产业和技术发展的"硅谷"；横向自长沙开福区霞凝、岳麓区麓谷经宁乡玉潭镇、菁华铺乡至益阳沧水铺镇，沿金洲大道和319国道两侧布局，构筑以长沙高新、金州，益阳高新，常德德山等为核心区域的先进制造业走廊，重点发展机械制造、新能源、电子信息等产业，辐射带动益阳、常德等地区发展。

——云龙示范区。包括株洲云龙和清水塘两个板块，云龙重点发展先进制造业、临空产业，打造内陆城市国际化平台，积极配合老城区改造提质，着力提升城镇功能；清水塘依托循环经济试点，加速污染治理、土地置换、提质改造，5~8年根本改变面貌，成为发展新型产业、改造老城区和循环经济发展的示范区。

——昭山示范区。自长沙暮云，沿芙蓉南路至湘潭昭山、易家湾，往西至湘潭九华。低密度、高品位、保护性开发，保留自然山体、植被、稻田，建设生态宜居新城，引进国际组织分支机构、地区总部，举办国际论坛和博览会，打造生态经济区。九华建成先进制造业基地。

——天易示范区。位于株洲天元区和湘潭县易俗河之间，沿着天易公路两侧布局。发挥株—潭两市的绿色空间隔离和交通通道的作用，防止两市城区空间连绵发展。重点发展机电制造、食品加工、环保、现代物流等产业，培育生态示范功能，建设成为株—潭协同发展的标志区和引领区。

——滨湖示范区。包括岳阳湘阴、汨罗、长沙望城的部分区域和城陵矶临港产业新区。发挥水运、港口优势，在保护生态环境的基础上，建设长株潭产业转移承接基地、再生资源产业基地、绿色农产品生产加工基地、健康休闲服务基地。

2. 实施五大工程

一是以"两型"为主导的产业支撑工程。按照战略性、先导性、传统性、限制性分类发展的思路，实施大项目、大企业、大产业战略。突出产业的"两型"化，加快促进新型工业化和信息化的融合，着力推进传统产业的改造升级。二是以交通为先导的基础设施工程。把交通作为缩短城市群时空距离，提高运行效率的重要环节，全面完善长株潭同城交通能力，大幅拓宽周边五市城际走廊，加快构建以轨道交通为核心、陆域通道畅通无阻、水能充分利用、各种交通方式协调发展的"两型"综合交通体系。路网方面：核心区域重点建设"七纵七横"的城际主干道，形成以城市主干道相连的格局；"3+5"城市群重点建设"二环六射"的高速公路网。铁路方面：核心区三市与周边五市统筹规划，建设连通八市的城际轨道交通；航空港努力建设成中部地区的国际航空中心。港口方面：重点建设湘江长沙综合枢纽等"五港—枢纽"，打通对接长三角的江海联运通道。同时，加强能源、水利、市政、社会设施建设。三是以湘江治理为重点的生态修复工程。把湘江流域生态治理作为试验区建设的标志和突破口，以湘江重金属污染治理为切入点，坚持上下游联动、水陆联动、江湖联动，集中解决长株潭面临的突出环境问题。加强湘江治理，争取国家将湘江治理列入全国重点流域治理范围。加强株洲清水塘等重点地区的治理，集中实施沿江截污治污、工业源头治理、农村面源污染治理、生态建设等工程，把环境同治推广到湘江流域和洞庭湖区，积极探索流域综合治理的长效机制。四是以城镇为节点的城乡统筹工程。着力消除城乡二元结构，使城乡居民共享改革发展成果。建设"3+5"城市群，带动全省发展。五是以创新为核心的示范区建设工程。规划设立大河西、云龙、昭山、天易、滨湖五大示范区，目的是通过在农村土地流转、投融资创新、"两型"产业引导、生态环境保护等方面开展各具特色、主题集中的改革试验，快速积累"两型"改革建设经验，打造湖南发展的"经济特区"、新型工业化"先导区"、新型城镇化"展示区"、改革创新"先行区"，争取到2020年在经济上再造一个长株潭。

3. 推进十项改革

一是创新资源节约体制机制。构建城市群循环经济体系，探索建立和完善资源产权制度，推进资源性产品价格改革，完善节能减排激励约束机制，创新资源开发管理机制。二是创新生态环境保护体制机制。建立湘江流域综合治理体制机制、区域性生态环境补偿机制、城市群环境治理一体化体制机制。三是创新产业结构优化升级的体制机制。建立优化产业布局的协调促进机制、分类引导的产业发展导向机制，健全促进国有经济战略性调整机制，改善非公有制经济发展的体制环境。四是创新科技和人才管理体制机制。建设产学研结合的自主创新体系，完善区域创新体系，创新科技成果转化机制、人才开发与配置的体制机制。五是创新土地管理体制机制。创新节约集约用地管理制度、耕地保护模式，完善征地制度，健全土地市场机制。六是创新投融资体制机制。推进投融资主体建设，完善金融市场体系，改善金融生态环境，推进农村金融改革，深化投资体制改革。七是创新对外经济体制机制。转变对外资外贸发展方式，完善"大通关"体系，营造承接产业转移和发展服务外包的体制环境，探索内陆地区发展空港经济新模式，加强湘台两岸产业合作。八是创新财税体制机制。创新城市群财税管理体制，构筑"两型社会"建设的财政支持体系，完善政府"绿色采购"制度。九是创新统筹城乡发展体制机制。建立健全区域统筹规划和管理体制机制，健全支持"三农"的体制机制，探索建立基础设施共建共享机制，完善覆盖城乡的公共服务体系，深化户籍制度改革，完善就业制度，建立覆盖城乡社会保障体系。十是创新行政管理体制机制。加快转变政府职能，建立城市高效协调机制，健全符合科学发展观的政绩考核体系和干部考核制度。

第四章 湖南"两型综改区"建设之产业"两型化"探索

第一节 产业"两型化"的思路与方式

一、把建设"两型社会"与构建现代产业体系结合起来

湖南省在"两型社会"建设中将构建产业体系作为一项重要的内容推进，具体表现在：

一是高新化发展传统产业。大力促进信息化与工业化深度融合，广泛应用先进适用技术、信息技术和"两型"技术改造提升传统产业，增强新产品开发能力和品牌创建能力，促进传统产业的"两型"化发展。以推广农业现代化为目标，大力发展节约型农业、生态型农业、效益型农业和科技型农业，加快转变农业发展方式。

二是规模化发展战略性新兴产业。围绕先进装备制造、节能环保、电子信息等战略性新兴产业，突破一批先进适用的新技术、新产品、新工艺；培育一批成长性好、科技含量高、竞争能力强的"两型"产业龙头企业；建设一批创新能力强、创业环境优、特点突出、集聚发展的"两型"产业基地；加快形成先导性、支柱性"两型"产业，使之成为带动经济结构调整和发展方式转变的先导力量。

三是集约化发展现代服务业。坚持生产性服务业和生活性服务业发展并重，拓展新领域、发展新业态。

二、制定和完善产业规划和标准体系

为加快调整产业结构，进一步提升优势产业地位，湖南省政府出台了一系列产业发展规划。出台了《湖南省环境保护产业发展规划（2009~2015 年)》，重点建设六大园区，打造千亿元规模产业；制定了《湖南省原材料行业结构调整和优化升级方案》，起草了支持株洲清水塘循环经济工业区试点优惠政策文件；发布了《2013 年湖南省工业行业淘汰落后产能目标任务和企业名单》，引导企业淘汰落后产业和转型升级；加强能耗、物耗标准体系建设，推行节能评估和审查制度；以长株潭地区为重点，编制实施了电子信息产业、新材料产业、物流产业等十多个产业发展规划，编制了《长株潭城市群产业发展体制改革专项方案》和《长株潭城市群资源节约体制改革专项方案》；编制了《长株潭城市群工业布局规划》，与湘江流域重金属污染治理等相关规划衔接。

为加快现代服务业的发展，湖南省修改提升了《长株潭现代物流业发展规划》。湖南省出台了《关于支持衡阳市加快推进服务业综合改革试点的意见》，推动衡阳市加快推进服务业综合改革试点。长沙市制定了《关于切实推进长沙市现代服务业综合试点项目建设的通知》，首批 28 个试点项目投资总额超过了 300 亿元。

此外，湖南省积极开展"两型"系列标准研究工作。"两型"产业、"两型"企业、"两型"园区、"两型"技术和产品等标准，已经通过专家最终评审，并作为规范性指南发布。

三、增强自主创新能力

长株潭三市加快企业技术中心的布局，研发聚集效应日益凸显。山河智能、隆平高科、华联瓷业三家省级技术中心晋升为国家级技术中心；省茶叶公司、中铁轨道等七家企业技术中心被认定为省级企业技术中心。加大了对企业技术创新支持力度，企业自主创新能力稳步提高。2013 年，全省完成工业技术改造投资 6969.9 亿元，同比增长 23.8%。全省技改项目新开工 7424 个、全投产 4891 个，湘潭吉利二期、巴陵石化年产 20 万吨 SBS 装置、中联重科大吨位汽车起重机生产基地等一批重点项目建成投产。三一重工、中联重科、山河智能、隆平高科等一批企业纷纷在发达国家设立研发机构，追赶国际先进技术。三一重工 72 米臂架泵车、湘潭电机 220 吨电动轮自卸车等一批具有行业领先水平的新产品顺利投产。

湖南省重点推进了一批关键零部件技术改造和华菱集团技改等优势产业技改项目，推动钢铁、石化、有色、建材等传统优势产业向"资源节约型、环境友好型"方向发展。加大技术创新力度，通过深入重点行业和重点企业开展调研，梳理提出了"大吨位起重机专用车桥技术"等15项需要重点突破的关键技术，在全省开展产业共性关键技术攻关。同时，以省级重点新产品鉴定为抓手，进一步规范新产品鉴定程序并创新资金补贴制度，将项目立项的前端补贴调整为完成鉴定的后端补贴，进一步加大对企业新技术、新产品开发的支持力度。

四、产业集聚化发展

湖南省在城市群内进行产业分工，建立长株潭国家高技术产业基地，以长沙、益阳、常德等七个高新区为载体，促进优势产业的集聚式发展态势。长沙以电子信息为主的高新技术产业发展，依托电视湘军、出版湘军、文学湘军、"蓝猫"等一批知名品牌驰名全国，形成传媒、文化旅游、卡通动画等文化支柱产业，发展以金融、文化、旅游等为代表的第三产业。长沙国家软件产业基地成为中部地区最大的国家软件产业基地，株洲交通设备制造、有色冶金等传统工业产业优势明显，湘潭逐步成为试验区内新型制造工业中心和新兴的科教基地。

五、加大资金政策扶持力度

试验区积极争取资金扶持，推进产业结构改革。南车时代、中联重科、株冶、湘钢、圣得西等长株潭城市群重点企业技改项目列入国家新增中央投资计划，获中央预算内资金补助近4亿元，省内技改专项资金、中小企业专项资金、节能专项资金以及省新型工业化引导资金等均安排了近40%的资金支持长株潭地区重点企业技术改造项目建设。加强对重点企业的政策指导和支持：三一重工、中联重科、湘潭电机等14家企业和园区申报国家机电产品再制造试点；湘潭电机、三一重工、中联重科等七家企业申报国家重大装备进口关键零部件免税资格；长株潭地区13家物流企业纳入营业税差额纳税试点范围，享受相关税收优惠政策；加大对长株潭地区创业项目和创业示范基地的支持，将发展较好的长沙高新区创业基地及株洲高新区创业基地作为典型示范；选择长沙同升湖通程山庄酒店空气源热泵等一批项目，积极推进节电示范工程建设，并在长株潭地区积极推广使用纯电动汽车、电动快速服务抢修车和电力工程维护车等。

六、大力改善非公有制经济与中小企业发展的体制环境

推进金融体制改革和国有企业改革，非公有制经济比重不断上升。2013年，经初步核算，湖南非公有制经济增加值14186.06亿元，同比增长11.5%，增速比全省GDP增速高1.4个百分点；非公有制经济对全省经济增长贡献率达65.7%，较上年提高1.5个百分点。2013年，全省非公有制经济增加值占GDP比重达57.9%，较上年提高1.4个百分点。

大力推进中小企业的发展。一是推进全民创业，安排专项资金完善重点创业基地建设，举办全民创业巡回报告会。二是完善服务平台，推进中小企业信用担保体系建设。做好湖南担保有限公司的筹备组建，推动各市州组建注册资本金1亿元以上的中小企业信用担保公司，全省担保机构有较快发展。三是鼓励中小企业直接融资。友阿股份、博云新材、爱尔眼科、中科电气等企业先后在中小企业板和创业板上市。

第二节 产业"两型化"的具体措施与成效

在全面促进经济发展方式转变，推进"两型社会"建设的背景下，围绕构建资源节约型和环境友好型产业体系的目标，试验区高度重视"两型"产业发展，积极推进产业"两型化"转型，着力构建支撑"两型社会"建设的"两型"产业体系，"两型"产业逐渐发展壮大，牵引作用显著。

2013年，湖南省三次产业结构由2008年的18.0：44.2：37.8调整为12.7：47.0：40.3。与2008年相比，第一产业的比重下降了5.3个百分点，第二产业和第三产业分别上升了2.8个百分点和2.5个百分点。三次产业比例向高级化提升。

一、发展现代农业

湖南省各市、各部门全面落实支农惠农政策，不断加强农业生产综合能力建设，努力推进农业结构调整，确保了农业增产、农民增收、农村经济发展的良好势头。

1. 依靠科技发展现代农业

2012年，湖南省农业科技成果转化率达70%以上，主要农作物良种覆盖率达95%以上，农业科技进步贡献率达51.3%。农业标准养殖广泛推广，2012年新创建省级以上畜禽标准化示范场157个、部级水产健康养殖示范场45个；湖南省生猪调出大县增加到62个，生猪规模养殖化比例达68.3%；改造精养水面25万亩，创建国家级休闲渔业示范点5个、省级休闲渔业示范点60个。

2. 不断提升农业产业化水平

2012年，湖南省农产品加工企业达到5.1万家，较2008年增长了5000家；实现销售收入4800亿元，为2008年的2.4倍。湖南省规模以上农产品加工企业增加到3120家，比2008年增加460家；农产品附加值不断提升，大宗农产品加工转化率达到35%。

3. 创新农业体制机制

实行领导联系产业制度、完善专业合作组织、强化部门服务等工作机制，加强对农业产业化工作的领导，建立龙头企业与农户之间稳定的利益联结机制、完善"公司+基地+农户"、"经营大户+农户"等多种联结方式，大力培育专业合作经济组织，提高农民的组织化程度，形成了齐抓共管的工作格局，促进了农业产业化的快速发展。推进农业标准化，特色农产品绿色食品认证大提速。全省建立50多个绿色食品标准化生产示范区，示范面积达450多万亩。加快绿色食品认证工作的推进力度，着力推动"湘味"浓厚的特色农产品发展，涌现出唐人神、舜华鸭业等一批行业龙头企业。深化产业结构调整，推动农业规模化、集约化生产。长沙市近年来集中打造花卉、水产、茶叶、优质稻规模生产优势，打造了四大百里优势产业走廊。其中，百里花卉苗木走廊实现年经营收入20多亿元，产生了一大批资产达几十万元、上百万元的经营户。麻阳苗族自治县发展冰糖橙特色产业，全县柑橘常年产量35万吨，产值3.5亿元。

此外，连续举办的中国中部（湖南）国际农博会，成为湖南重要的品牌展会之一，有力地促进了湖南省农业结构调整和农业产业化发展，已成为湖南省农业现代化的重要信息平台，为城乡统筹发展、农民增收做出了贡献。

二、发展工业"两型化"

湖南省委、省政府密集出台湘政发〔2009〕1号等多个文件，落实结构性减税、缓缴相关费用、部分产品临时收储、暂停检查评比等一系列措施。试验区加快推进工业结构转型升级，工业经济增长迅速，一些重要指标取得历史性突破，实现了又好又快发展。

1. 工业对经济增长的贡献不断增强

2013年，湖南省工业增加值首次突破亿万元大关，达到10001亿元，是2008年的2.3倍；工业增加值占地区生产总值的比重为40.8%，比2008年提升了2.4个百分点；工业对经济增长的贡献率达到46.4%。

工业结构显著改善。2013年，湖南省战略性新兴产业增加值占地区生产总值的比重上升至10.7%；高新技术产业增加值占地区生产总值的比重为16.3%，较2008年提高了6.5个百分点。规模以上工业中，高加工度工业增加值占规模以上工业的35.6%，与2008年相比提高了11.5个百分点；高新技术产业增加值占全部规模以上工业的比重达到9%；六大高耗能产业增加值占规模以上工业增加值的比值为31.6%，比2008年下降了8.3个百分点。

另外，企业竞争力也持续增强。2012年，湖南有8家企业入围中国500强，比2008年增加了1家。

2. 积极培育和发展战略性新兴产业和高新技术产业

湖南省出台加快培育和发展战略性新兴产业总体规划纲要以及七大产业专项规划，促进战略性新兴产业加速崛起，初步形成新能源、新材料、生物医药、电子信息、节能环保、航空航天等新兴产业集群。坚持立足产业基础和科技支撑，大力推进新能源产业发展，形成从原材料、零部件到整机的完整产业链，形成装备与材料配套的产业集群。提高电动汽车等产品研发和生产能力，攻克一批核心技术难题，形成了从电池、电机、电控、电动空调到整车的完整产业链，试验区获批国家节能与新能源汽车示范推广试点。积极发展环保装备制造业、资源综合利用产业、洁净产品制造业和环境服务业，扶持发展一批环保骨干企业。2013年，战略性新兴产业产值占GDP的比重达到10.7%，战略性新兴产业投资额突破 4200 亿元。此外，试验区先后建立了电动汽车、轨道交通、风力发电、轻型飞机等一批产学研结合的技术创新战略联盟，组织实施了一批科技重大专项，引进长沙航天科技园、比亚迪新能源汽车、湘潭台湾 LED 光电产业基地等重大项目。中电集团四十八所旗下太阳能光伏产业基地在国内则具有优势垄断地位。

围绕科教兴湘、建设创新型湖南等战略，先后出台了促进高新技术产业发展的政策法规、专项规划 20 多个，初步营造了有利于新兴产业发展的政策环境。试验区把发展战略性新兴产业、建设高技术产业基地、引进战略投资者作为率先转方式、调结构、建"两型"的重点工作，初步培育形成了先进装备制造、新材料、文化创意等特色产业。在装备制造业领域，工程机械、轨道交通、输变电设备、新能源装备等在全国范围内具有一定影响力和知名度，其中工程机械产业在国内市场占有率达到 26%。在新材料领域，以先进储能材料、先进复合材料、先进硬质材料为特色，销售收入居全国第三。试验区高新技术产业发展成效卓越，高新技术产业发展平台优势明显，巩固了战略性新兴产业的发展基础。作为战略性新兴产业的主体，高新技术产业快速成长，成为试验区经济发展最活跃的因素。

2013 年，高新技术产业增加值占地区生产总值的比重为 16.3%，比 2012 年提高 1.3 个百分点，比 2007 年的 8.4% 上升 7.9 个百分点，形成了信息、生物、民用航空航天、新材料、新能源等优势产业为主体的高新技术产业发展格局。2007~2013 年湖南省高新技术产业、高能耗产业增加值占比和技术改造投资总额情况如表 4-1 所示。

表 4-1　2007~2013 年湖南省高新技术产业、高能耗产业增加值占比和技改投资总额

年份	高新技术产业占地区生产总值比重（%）	技术改造投资（亿元）	高耗能产业增加值占规模以上工业比重（%）
2007	8.4	1008.50	38.1
2008	9.8	1382.43	39.9
2009	10.9	2036.43	35.5
2010	12.3	3052.88	—
2011	14.7	4135.59	35.0
2012	15.0	—	31.5
2013	16.3	6969.90	31.6

资料来源：各年湖南统计公报。

3. 提质改造传统产业

第一，大力实施产业振兴。试验区积极落实国家产业调整和振兴规划，制定并实施全省"9+3"重点产业振兴规划，为巩固传统产业的优势，快速做大做强新兴产业奠定了坚实的基础。积极支持长丰集团、湖南有色控股集团等企业开展战略重组和战略合作。安排专项资金奖励汽车整车、工程机械主机企业，扩大省内配套。

第二，加速推进产业重组。先后出台加快引进战略投资者的指导意见等文件，建立引进战略投资者"一事一议"的联席会议制度和"一项一策"的个性化服务，普遍推行"一家受理，全程代办"的服务模式，支持重大产业项目建设，成功引进比亚迪、菲亚特、克莱斯勒等重要战略投资者。中联重科收购意大利CIFA公司，成为世界混凝土工程机械第一强；南车时代收购英国丹尼斯公司，跻身世界铁路电气设备制造商前列；三一重工引进德国技术，成为全球高速铁路路面铺轨设备主要供应厂商；广汽集团收购长丰汽车股份，比亚迪、北汽、陕汽重卡、菲亚特、克莱斯勒等积极入湘，提升了湖南汽车产业在全国的地位。

"两型社会"建设推动了长株潭城市群的产业并购重组。通过并购重组，整合优势，致力形成以高新技术产业为先导，技术产业和先进制造业为支撑的产业格局，促进了产业整体素质的提升，积极推进内联外合，促进优势企业与世界500强、港澳台地区大企业，尤其是中央企业和国内大型民营企业对接合作，鼓励私募基金、风险投资来投资新材料以及航空航天等领域，重点培育了太阳能光能产业、风力汽车、发电装备等优势产业，坚持大集团融资、大集团整合、大集团发展，集中力量培育发展了华菱钢铁、有色控股、香梅等大型集团。

通过大规模引进战略投资者和并购重组，不断改造升级本地优势传统产业，试验区成功引进广汽菲亚特、长沙航天科技园、比亚迪新能源汽车、湘潭台湾LED光电产业基地等一批战略投资者和重大项目，聚合了发展能量，推动了产业的高端化、高新化、"两型化"。长株潭获批进入全国七大综合性高技术产业基地，电子、生物、新材料、新能源、民用航空航天五大领域同时获得支持。

第三，加大对落后产能的改造或退出实施力度。集中运用政策引导、倒逼机制、合理补偿等手段，对落后产能和污染企业分批次实行关、停、并、转和产业整体退出。长沙整合国家淘汰落后产能奖励资金、污染物削减补偿、土地出让金返还等资金渠道，用于坪塘13家企业整体退出。同时，制定"绿色信贷"目录，以企业环保信用作为贷款标准。2013年，初步核算全省规模工业综合能源消费量为6733.9万吨标准煤，比上年增长2.4%。其中，六大高耗能行业综合能源消费量为5313.3万吨标准煤，同比增长3.9%。规模工业中，原煤消费量增长2.5%，原油消费量增长2.2%，天然气消费量增长10.6%，焦炭消费量下降1.7%。化学需氧量、二氧化硫、氨氮、氮氧化物排放量分别比上年削减1.1%、0.6%、2.2%和3.1%。2013年六大高耗能产业增加值占规模以上工业增加值的比重达到31.6%，比2007年下降6.5个百分点。

4. 加快"两型"产业向园区及示范区聚集

2009年湖南省做出了以壮大一批千亿产业、发展一批千亿产业集群、打造一批千亿园区、培育一批千亿企业为内容的"四千工程"战略决策。2010年出台了《关于加快推进"四千工程"实施的意见》，全力推进"四千工程"建设。在壮大千亿产业方面，推动冶金行业以及工程机械、精品钢材、有色金属材料、信息通信产业四个子产业工业总产值迈上1000亿元台阶。在发展千亿产业集群方面，将长沙工程机械打造成千亿产业集群，推动岳阳石油化工等五个优势产业集群主营业务收入达500亿元以上。在打造千亿园区方面，积极组织园区创建国家新型工业化产业示范基地，力争长沙经开区技工贸总收入过1000亿元。在培育千亿企业方面，力促中联重科、三一重工等企业主营业务收入突破500亿元。

试验区发挥知名企业的作用，通过"龙头企业—产业链—产业集群—产业基地"的发展思路，以主导产业龙头企业为重点，促进产业链横向融合、纵向延伸、高端提升，提升企业群体集聚优势，形成专业化分工、上下游产品衔接配套的产业体系。打造较为完整的工业体系和优势产业集群，培育了如华菱钢铁、中联重科、三一重工等一批具有较强竞争力并在全国同行业处于领先地位的龙头企业，使重点企业迅速成长，优势产业不断壮大。

通过加快园区集聚效应，试验区在形成产业集群、推进新型工业化及促进科技创新等方面发挥了"领头羊"作用，园区工业生产快速增长，对全省工业经济增长的贡献不断提高。长株潭试验区进入全国六大综合性高技术产业基地，长沙高新区获批国家级创新型科技园区，湘潭高新区升级为国家级高新区，汨罗循环经济园纳入国家"城市矿山"示范基地项目，湖南成为国家级高新区数量最多的中部省份。

三、发展现代服务业

1. 服务业继续保持了平稳较快发展

试验区认真实践科学发展观，深入贯彻落实国务院关于加快服务业发展的政策精神，加快转变经济发展方式，推动产业结构优化升级，服务业继续保持了平稳较快发展。一方面，生产性服务业比重持续上升。2012 年，湖南省生产性服务业实现增加值 3835.21 亿元，是 2008 年的 2.4 倍；生产性服务业对地区生产总值的贡献率达到 19.1%，比 2008 年提高了 1.3 个百分点。另一方面，文化、旅游等特色产业快速发展。2012 年，湖南省文化和创意产业增加值占地区生产总值的比重上升至 5.2%，文化产业已成为湖南省经济发展的新的支柱产业；2013 年，湖南省旅游总收入占地区生产总值的比重为 11%，比 2008 年提高了 3.4 个百分点。

2. 大力发展战略性新兴服务业

大力发展服务外包、电子商务、家政服务、新媒体等新兴服务业。以三辰、山猫、宏梦等公司为代表的影视动漫企业，成为在全国最具竞争力的外包企业集群。服务出口的国家（地区）由 2007 年仅有日本等少数国家，扩增至美国、新加坡、韩国、日本、加拿大、意大利、英国、德国、中国香港等国家和地区。以计算机、手机和新型电视为显示终端的新媒体产业来势良好。金鹰网作为"湖南卫视新媒体"及"第一网络娱乐生活平台"的品牌印象深入人心；体坛网跃居国内体育网站/频道前列。

此外，长株潭城市群"三网融合"试点工作于 2010 年 8 月 16 日在长沙正式拉开大幕。长株潭城市群将打造成湖南省乃至全国电信、广电技术和业务发展的先导区，成为相关产业链的创新基地和示范基地。2010 年 11 月 5 日，湖南广播电视台与中国网络电视台 IPTV 项目合作签约，迅速、优质地推进湖南省 IPTV 集成播控分平台的建设，这一崭新平台在长株潭城市群所开展的 IPTV 业务，将向用户提供高质量的电视直播、点播、时移、回放以及实用性增值业务服务，让观众对电视掌握更多自主性，标志着试验区"三网融合"取得重大进展。

3. 增强试验区服务业集聚效应

2007 年，湖南省委、省政府出台《关于促进生产性服务业加快发展的指导意见》，将促进生产性服务业的发展作为积极应对国际服务业转型升级，加快推进经济结构调整和经济增长方式转变的战略举措，全省生产性服务业呈持续快速发展态势，为促进经济增长、扩大就业、增强财力做出了贡献。

4.强化文化特色产业主导地位

在文化创意领域，基本形成了广电、出版、动漫、演艺娱乐四大优势板块，拥有中国文化发展20多个第一，湖南卫视、快乐购等品牌效应不断提升，原创动漫产量连续五年居全国第一。

第五章　湖南"两型综改区"建设之生态环境治理探索

随着经济发展水平的不断提高，与人类可持续发展密切相关的生态环境问题日益受到重视。2007年中共十七大报告首次提出了建设生态文明的要求，之后十七届四中、五中全会对生态文明建设进一步做出战略部署；2012年中共十八大更是把生态文明建设放在突出地位，把生态文明与经济、政治、文化、社会建设一起纳入中国特色社会主义事业五位一体总布局；2013年中共十八届三中全会进一步提出紧紧围绕建设美丽中国深化生态文明体制改革，加快建立生态文明制度，健全国土空间开发、资源节约利用、生态环境保护的体制机制，推动形成人与自然和谐发展现代化建设新格局。[1]

湖南省作为生态、农业大省，加强生态环境治理、推进生态文明和"两型建设"意义重大。湖南省委十届四次全会指出要坚持把生态文明建设摆在更加突出的位置，加快建设绿色湖南。党中央和湖南省委关于生态文明建设的重大战略部署充分体现了生态环境治理工作的重要性、紧迫性和艰巨性。基于此背景，湖南省"两型综改区"建设围绕生态环境治理进行了大胆探索，取得了一定成效。

第一节　生态环境治理的思路与方式

生态环境是一种公共物品，是政府必须确保的公共服务。加强生态环境治理是湖南省"两型社会"建设不可忽视的重要内容。由于历史的原因，湖南省仍然

---

[1]《中共中央关于全面深化改革若干重大问题的决定》，2013年11月。

存在很多积累性的环境污染问题，生态系统呈退化趋势。在建设"两型社会"目标导向下，湖南省"两型综改区"结合省情实际积极探索生态环境治理问题，形成了治理生态环境的大致思路并提出了实现方式。

一、总体思路

1. 湖南省生态环境概况

湖南省生态环境良好，境内水系发达、植物资源丰富，山清水秀，景色宜人。近年来，在各级政府的积极倡导和支持下，湖南生态文明建设稳步推进，以环境保护优化经济增长，生态环境进一步改善。在经济保持稳定增长的同时，主要污染物减排工作顺利推进，化学需氧量、氨氮、二氧化硫和氮氧化物减排效果明显。长株潭"两型社会"试验区建设过程中积极创新环境保护管理的机制体制，环境污染责任险在全国处于领先位置，已有112家企业入险。全省环境质量状况在总体保持平稳的基础上有所改善。

但是由于历史的原因，湖南省仍然存在许多环境污染问题。湖南省是有名的"有色金属之乡"、"非金属矿之乡"，历史上曾经为国家做出过巨大贡献，但是也留下了一些积累性的环境污染问题。一是有色金属企业多。郴州三十六湾、衡阳水口山、株洲清水塘区、湘潭竹埠港、湘西"锰三角"等，既是湖南有色矿产及加工区的"集中区"，也是重金属污染的重灾区。二是湘江重金属污染程度深。湘江流域集中了湖南60%的人口、70%的经济总量，也承载了60%以上的污染，一度被称为"全国污染最严重的河流之一"。三是农村面源污染广。2010年，湖南由农业污染源排入水体的总氮、总磷和化学需氧量分别占同期水体主要污染物的82%、96%和56%。生态系统呈退化趋势，据统计，全省现有和潜在石漠化面积达2.9万平方公里，居全国第四。水土流失面积占全省面积的19%以上，超过26%的耕地受到不同程度的面源污染和重金属污染。

2. 湖南省生态环境治理总体思路

湖南省当前正处于工业化、城镇化加速时期，面临着发展不足和发展不优的双重矛盾、资源与环境的双重约束、加快发展与加快转型的双重压力。2007年底长株潭城市群获批全国"两型社会"建设综合配套改革实验区给湖南省生态环境治理带来了难得的发展机遇，从中央到省委对生态文明建设的重视更是增加了促进湖南省生态环境治理的重要的外部政策推动力。

在上述背景下，湖南省深入贯彻落实中共十八届三中全会和湖南省委十届四次全会精神，确立了全力加强生态环境治理的总体思路：紧密围绕"两个加快、[①]两个率先"[②]总任务和"四化两型"[③]总战略，坚持以建设"两型社会"作为转变经济发展方式的方向和目标，把绿色湖南建设作为实践载体，围绕绿色发展、循环发展、低碳发展的主题，以提高能源资源利用效率、改善生态环境质量为核心，以节能节水、循环经济和污染防治为重点，落实目标责任，加强法制建设，完善政策机制，推进重大项目，突出示范试点，强化宣传教育，确保完成节能减排任务，加快全省生态文明建设步伐。坚决摒弃"先污染后治理，先破坏后修复"的老路，绝不以牺牲生态环境为代价、以牺牲人民群众的根本利益为代价，换取一时的发展，坚定不移地走生产发展、生活富裕、生态良好的文明发展之路。

二、实现方式

为了实现生态环境治理的目标，推进全省"四化两型"和生态文明建设，要继续在以下几个方面下功夫。

1. 深入推进节能减排

落实节约优先战略，推进节能、节水、节地、节材，提高能源资源利用效率，推行绿色、低碳、循环型生产和生产方式，研究非居民超计划、超定额用水、用电、用气应对办法，促进资源循环利用、再生利用产业化。综合运用总量替代、标准提升、区域限批、建设项目管理等手段，继续淘汰一批落后产能和生产装置。加快推进燃煤电厂、水泥行业的脱硝，加快启动机动车尾气治理，实施黄标车淘汰和环保认证措施。大力发展合同能源管理，扩大排污权有偿使用和交易范围，促进节能服务业发展。加快推进节能减排全覆盖工程，在全省推广节能减排在线监测，争取形成市场化、信息化、标准化的节能减排体制机制。

2. 全面加强城乡环境综合治理

重视由于公共资源分布的不均衡造成的城乡之间生态环境方面的差异，着力解决农村"脏、乱、差"现象。密切关注当前农村环境生活面源、禽畜养殖、乡

---

① "加快建设全面小康"、"加快建设'两型社会'"。
② "努力在中部地区率先实现全面小康目标"、"在全国率先走出一条'两型社会'建设的路子"。
③ "推进新型工业化、农业现代化、新型城镇化、信息化，建设资源节约型、环境友好型社会"。

镇企业污染严重的趋势和动向，统筹做好城市和农村生态建设和环境保护工作，合理分配城市和农村的投入和力量。全面加强城乡环境综合治理，进一步提升生态建设水平，营造优美的城乡环境，避免农村成为制约"两型社会"发展的短板。下大力度推进农村环境污染综合治理，继续实施农村"四洁"示范工程，做好农村环境连片整治，推进农村生活污染、禽畜养殖污染治理及土壤污染修复试点、示范工作。大力推广长沙县、攸县农村环境治理经验，扩大农村连片整治范围。加大宣传创建力度，倡导绿色消费、低碳出行，扩展生态创建面，使生态创建真正进社区、进学校、进家庭。

3. 全面加强生态保护

改变片面追求经济发展速度，靠山吃山、靠水吃水，过度消耗资源、能源和生态环境的发展模式，树立生态文明理念，全面加强生态保护工作。加强以湘江为核心的水资源保护与治理，推进湘江生态经济带建设，把湘江生态经济带建设成为具有明显的生态"两型"循环特征、生态经济城乡一体化、景观环境优美、适宜人类休闲和居住的生态经济发展走廊；落实《洞庭湖国家级生态功能保护区建设规划》；加强生态绿心地区保护，提高森林覆盖率和绿化覆盖率；逐步进行林相调整、林分改造，加快生态修复提质，大力提升生态绿心地区生态服务功能；在全省加强重点生态功能区保护和管理，着力抓好封山育林、退耕还林、退耕还湖等生态环境恢复工程和生态林工程建设，提高森林碳汇功能，加强对生态风景名胜区、饮用水源、生态敏感区的保护，以生态创建带动城乡绿化，构建区域生态环境安全体系、区域环境保护联动机制，生物入侵预警预防机制、"四水"流域治理问责机制。

4. 组织实施好十大环保工程

为集中解决影响经济社会发展的突出环境问题，做好生态环境治理工作，要加强力度组织实施好湘江流域重金属污染治理工程、氮氧化物减排工程、湘江长沙综合枢纽库区清污工程、城镇污水生活垃圾处理设施配套工程、农村环境综合整治工程、环保产业发展千亿工程、长株潭新型化工循环经济产业园建设工程、环境监管能力建设工程等十大环保工程。要突出重点，着力抓好湘江流域重金属污染治理工程这个重中之重，完成好产业结构调整、工业污染源治理、历史遗留污染治理三大重点任务；突出重点区域，重点整治和保护污染严重的老工业基地、重要饮用水源保护地、重要自然生态保护区，突出农村重点地区环境综合整治；

突出重点行业，把高能耗、重污染行业作为治理重点，促进其整体优化升级。

按照"一个工程、一套政策"的原则，分年度制定工程和项目实施方案，积极落实国家相关渠道的资金支持，有效整合环保、节能减排、新型工业化、水利建设、新农村建设等多方面资金，支持工程建设和实施，加强对工程的监督管理，落实考核奖惩措施。

第二节　全面推进节能减排

湖南省自身能源资源禀赋不足，缺电、少煤、无油、无气，一次能源对外依存度近 50%。由于现发展阶段正处于工业化和城镇化加速时期，能源总体消耗较高，使得能源供需缺口较大。[①] 能源利用效率低，2012 年全省万元 GDP 能耗达到 0.83 吨标准煤，高出全国平均水平，[②] 居全国第 17 位。低效率的城镇化空耗了土地资源，省国土资源部门数据显示，省内约有 1/3 的园区因土地资源不足需要调区扩区。如张家界经开区、郴州经开区已经面临工业项目"无地可用"的尴尬局面。

同时，由于湖南省能源消费结构不合理，以煤炭为主的能源消费结构引起了大气污染和温室效应，环境容量透支。大气污染形势非常严峻，在全国 113 个大气污染防治重点城市中，湖南有 6 个，[③] PM2.5 是影响空气质量的元凶；湘江流域重金属污染严重；超过 26% 的耕地受到不同程度面源污染和重金属污染。基于湖南省面临的能源、资源约束日益严峻，大气污染等问题愈发突出的背景，湖南省采取了一系列举措大力推进节能减排，取得了一定成效。

一、主要举措

节能减排工作是一项民心工程，也是一项民生工程。为实现节能减排的目

---

① 2012 年，湖南省一次能源生产总量为 10017.64 万吨标准煤，而一次能源消费总量则达到 16744.08 万吨标准煤，缺口达 6726.44 万吨标准煤。

② 全国平均水平为 0.697 吨标准煤。

③ 即长沙、株洲、湘潭、岳阳、常德、张家界。

标，湖南省"两型综改区"采取了诸多行之有效的措施，使节能减排工作取得了较大进展，环境质量得到有效改善。

1. 体制机制创新

（1）资源型产品价格改革。湖南省从 2008 年开始围绕水、电、气、成品油四大类资源性产品价格进行改革。电价改革方面，对高耗能、高污染行业，实行专项加价的差别电价和惩罚性电价政策，2012 年 7 月开始在长株潭地区实施居民阶梯电价；水价改革方面，2012 年 2 月 1 日长沙率先实行了阶梯水价，2013年常德也开始实行，现在已经扩展到株洲、湘潭、怀化等市州，实现工商用水同价的市州 2013 年增加到 10 个；① 民用天然气价格方面，2012 年 12 月开始长株潭三市推行居民生活用气阶梯式气价改革试点，市区内居民生活用管道天然气，分为优先类和允许类，实行阶梯式气价。目前湖南是全国唯一一个全面推进居民用水、电、气阶梯价格改革的省份。

（2）发挥市场在资源配置中的决定性作用。引入市场机制，使排污权成为有价商品。对矿产资源、土地资源实行"招拍挂"，建立集企业产权、物权、债权、排污权、非公众公司股权于一体的区域性联合产权交易平台。2012 年，湖南省联合产权交易所累计成交项目 1045 宗，成交金额 207.8 亿元。

湖南省是全国开展排污权有偿使用和交易试点的省份之一，在排污权初始分配和有偿使用、排污权市场交易机制等方面进行了积极的探索。2008 年底湖南省在长沙先期试水排污权交易，10 余家企业参加了交易所首场排污权拍卖会，长沙矿冶研究院以 11.648 万元的总价，获得长沙造纸厂委托拍卖的 2009 年的 52吨化学需氧量排污权指标。2011 年 4 月，湖南省正式启动排污权交易试点工作，选择在长株潭区域内的化工、石化、火电、钢铁、有色、医药、造纸、食品、建材行业推行排污权交易试点。2012 年 11 月，省政府下发《关于扩大排污权交易试点范围的通知》，2013 年开始，湖南省将排污权交易拓展至湘江流域 8 市② 的所有工业企业，以及全省范围内的火电、钢铁企业，交易内容在现有化学需氧量、二氧化硫基础上，增加氨氮、氮氧化物、铅、镉、砷五项。按照规划，自2015 年 1 月 1 日起，湖南省将在全省范围内的所有工业企业实施排污权有偿使

---

① 即长沙、株洲、湘潭、娄底、岳阳、益阳、郴州、常德、永州、邵阳。
② 即长沙、株洲、湘潭、衡阳、郴州、永州、岳阳、娄底。

用和交易。

2. 推行绿色、低碳和循环型生产生活方式

（1）发展绿色交通。普及绿色出行理念，强化绿色出行意识，完善基础设施建设，打造绿色出行交通网络，形成绿色出行模式。出台《长株潭城市公交客运行业清洁能源、节能与新能源汽车推广方案（2012~2015 年）》，提出 2015 年底前，长株潭三市实现城区 100%的公交、出租车清洁、新能源化的目标。三市累计投运新能源公交车、CNG 天然气清洁能源公交车、出租车分别达 1816 辆、492 辆和 2500 辆。①公共自行车租赁系统覆盖面不断扩大，2013 年已有长沙、株洲、湘潭、常德、岳阳、郴州六个城市建有公共自行车租赁系统。推进长株潭城区公交车全面实现清洁、新能源化。长沙 100 辆纯电动出租车投入使用，一天减少碳排放 27 吨。

（2）推广绿色建筑。绿色建筑是城市环境治理的一个重要内容。2012 年，湖南全省绿色建筑创建面积 326 万平方米，2 个项目列入国家绿色建筑示范项目，3 个项目获住建部绿色建筑评价标识；长株潭出台民用建筑节能条例，实施大型公共建筑节能监控和改造。2013 年全省着手开展绿色建筑行动，出台《绿色建筑行动实施方案》，推广建筑节能，要求到 2015 年底，全省城镇新建建筑 20%以上要达到绿色建筑标准要求，这意味着每年必须有 2000 万平方米的绿色建筑。《湖南省政府绿色建筑实施规划》明确提出到 2015 年，长株潭三市和有条件的地区、非财政投资的居住和公共建筑，执行绿色建筑比例要超过 20%。

为了进一步做好全省绿色建筑的推广工作，2014 年 7 月湖南省建设科技与建筑节能协会绿色建筑专业委员会在长沙成立，专业委员会由高校、科研、设计、施工、房产、建材等八家委员单位及 41 家会员单位组成，增强了推广绿色建筑的组织力量。

（3）发展循环经济。"十一五"以来，在省委、省政府的高度重视、强力推进下，湖南全省上下通过强化政策措施，积极开展试点示范，努力推进企业、园区、产业、社会四个层次的循环经济体系建设，取得明显成效。在资源能源消耗高、污染排放量大的钢铁、化工、有色、煤炭、电力、建材、电器和汽车制造等行业，以泰格林纸集团、智成化工、株冶集团三家国家循环经济试点单

---

① 来自 2012 年统计数据。

位为重点，大力推进企业内部循环发展；着力推进"城市矿产"示范基地建设、再制造产业示范基地建设、园区循环化改造，着力打造循环型产业园区；注重湖南特色，着力发展现代循环农业；注重体系建设，推进社会层面的循环。湖南省政府印发的《循环经济发展战略及近期行动计划》提出到"十二五"时期末资源循环利用产业总产值达到1800亿元，到2020年，初步建立循环经济型产业体系。

（4）淘汰落后产能和生产装置。落后产能是造成污染物排放的重要源头。湖南省积极推进落后产能的淘汰工作，发布《2013年湖南省工业行业淘汰落后产能目标任务和企业名单》，引导企业淘汰落后产能和转型升级。坚持按照国家淘汰落后产能政策的要求，加大对钢铁、水泥、有色金属、化工、造纸等行业中严重浪费资源、污染环境的落后生产工艺的淘汰力度，为先进产能腾出环境容量和市场空间。出台长株潭三市共同的产业环境准入标准，制定11大类产品能耗限额，综合运用政策引导、倒逼、补偿等手段淘汰落后产能。2013年全省淘汰工业落后产能企业249家。

3.纵深推进节能降耗

一是开展万家企业节能行动。[①] 出台了《湖南省万家企业节能低碳行动考核方案》、《能源利用状况报告工作方案》，组织开展业务培训。

二是推进和规范能评工作。制定了114项主要耗能产品能耗限额指导目录，起草了《湖南省固定资产投资项目节能评估与审查若干规定》，2012年全年省级节能评估累计净核减用能总量折合67.3万吨标准煤，占审查项目总能耗的7.4%。

三是推广节能新技术、新产品。全省有2324个型号的高效电机、节能家电产品列入国家推广目录，[②] 发布了第一批和第二批《湖南省节能新技术新产品推广目录》，正在组织第三批湖南省节能新技术新产品申报工作。

四是推广合同能源管理。[③] 组织召开了节能服务产业座谈会，与北京银行长沙分行开展了"以国家奖励资金质押担保提供信贷支持"试点。

---

① "万家企业"是指年综合能源消费量1万吨标准煤以上，以及有关部门指定的年综合能源消费量5000吨标准煤以上的重点用能单位。2011年底国家发改委等12个部门制定了《万家企业节能低碳行动实施方案》，明确"十二五"期间，全国1.7万家企业要实现节约能源2.5亿吨标准煤。
② 2012年统计数据。
③ 合同能源管理的实质是把"节能"当作投资，项目实施后节省的能源费用成为投资回报，投资各方根据事先协议从中分享利润，合同期满后，节能设备及长期收益全部归耗能企业所有。

五是加强节能宣传教育。举办了 2012 年湖南省节能宣传周和中国（长沙）第四届节能科技产品交易博览会，组织开展了建筑节能体验活动。

4. 明晰路径，狠抓落实，推进污染物减排

2013 年，湖南省政府相继批复了《湖南省"十二五"主要污染物总量控制规划》、《湖南省"十二五"城镇污水处理及再生利用设施建设规划》、《湖南省湘江污染防治第一个"三年行动计划"实施方案》，提出"若毁绿水青山，宁弃金山银山"的发展理念。全省 14 个市州政府对污染减排工作也高度重视，严格按照污染减排分解任务，认真履行职责，落实减排措施，确保完成年度减排任务和重点项目。

在各级政府的重视和领导下，湖南省以总量减排考核为抓手，以"六厂（场）一车"①为重点，以总量指标管理和排污权交易为基础，以科技创新为支撑，下大力度抓好减排工作。突出总量减排工作的责任主体，强化地方政府责任，建立完善考核评估机制，将减排工作落实情况作为各级政府和有关部门考核的重要内容，将减排指标纳入市州党委政府绩效评估和新型工业化考核体系，与奖优评先、项目审批密切联系，并严格奖惩制度；按照国家环保部的要求，制定了《湖南省建设项目主要污染物排放总量指标管理办法》，从 2013 年起把污染物排放总量指标作为环评审批的前置条件，提高新建项目的环境准入门槛，从源头上减少主要污染物新增排放量的有效控制；针对污染减排的突出问题和环境质量改善的应用需求，将科技创新与技术进步作为推动减排工作成效的重要手段，如支持建设株洲华新水泥"城市生活垃圾预处理及水泥窑资源综合利用一体化项目"、国电益阳电厂采用高频电源加柔性电极烟气深度净化技术对 1 号机组锅炉烟气治理设施进行改造等，大大减少污染物排放量。

二、取得成效

1. 成就与效果

（1）能源资源消耗和污染物排放大幅下降。"十一五"期间，湖南节能减排约束性指标全面完成，以年均 8.8% 的能耗增速支撑了年均 14% 的经济增长。2012 年，长株潭万元 GDP 能耗比 2007 年累计下降 23%。2012 年全省万元 GDP

---

① 污水处理厂、造纸厂、畜禽养殖场、火电厂、钢铁厂、水泥厂和机动车。

能耗同比下降 6.87%。2011 年、2012 年累计下降 10.24%，完成"十二五"规划进度的 62.27%，两年完成了三年的任务。"十二五"以来，湖南省的化学需氧量排放总量下降 5.79%，二氧化碳排放量减少 9.15%，单位 GDP 碳排放量下降13.77%。截止到 2013 年底，湖南省主要污染物总量减排四项指标中化学需氧量完成目标任务的 95%，氨氮完成目标任务的 71%，二氧化硫完成目标任务的116%，氮氧化物完成目标任务的 29%。预计到 2015 年能全面完成减排任务。

（2）资源利用率提升，资源循环利用产业发展迅速。通过发展循环经济，扭转了湖南工业化、城镇化加快发展阶段能源消耗强度和污染排放量大幅度上升的势头，主要资源产出率有所提高，资源利用效率稳步提升，促进了全省经济结构优化升级和发展方式转变。被誉为"湖南模式"的再生资源产业发展迅速，再制造产业、农业循环经济等循环经济产业发展势头良好，初步形成了符合湖南省情、具有湖南特色的循环经济发展模式。汨罗和永兴工业园循环经济发展模式成为全国循环经济典型模式。据不完全统计，2013 年全省资源循环利用产业产值超过千亿元，近年来年均增长 25%以上；部分稀贵金属综合回收工艺达到国际先进水平，机床、机械及汽车零部件再制造技术达到国内领先水平，废旧家电和报废汽车回收拆解、废电池资源化利用、共伴生矿和尾矿资源回收利用等一批技术和装备取得突破。

2. 仍然面临的压力与挑战

虽然节能减排工作取得了一定成效，污染减排工作基本上实现了预期目标，但是湖南作为有色金属之乡和后发省，在能源资源约束日益严峻、大气污染问题愈发突出的背景下，发展经济和保护环境的压力仍然很大，节能减排工作仍然面临着新的挑战：

一是经济社会快速发展对主要污染物削减的压力持续加大。湖南产业结构以有色、化工等重污染行业为主，污染物排放总量偏大。2013 年湖南省 GDP 同比增长 10%，高出全国 7.7%的平均水平，火电、水泥、十种有色金属、机制纸及纸板产量均保持快速增长态势，污染减排压力很大。

二是部分减排项目建设进度滞后。受宏观经济不景气、污水处理厂建设规划调整等因素的影响，2013 年的国家重点项目进展情况不理想。从近期调度的情况来看，还有少数污水处理厂仍在进行前期工作。

三是机动车尾气治理难度大。全省大部分市州机动车减排和配套措施进展还比较滞后，还需要进一步推进机动车环保检验和环保标志管理工作，加大黄标车的淘汰工作力度。

第三节　全面加强城乡环境综合治理

在二元社会结构下，环境治理方面的投资大部分投到了工业和城市，城市环境基础设施相对完善，垃圾处置、污水管网收集、污水处理等基本配套建成，但农村环保形势依然严峻，很多乡镇尚未建立配套的环境基础设施，污水直接排放、垃圾随便丢弃等"脏、乱、差"现象仍然存在。必须统筹城乡环境保护，全面加强城乡环境综合治理，营造优美的城乡环境，否则农村将成为制约"两型社会"发展的短板。只有城市和农村共同发展，"两条腿走路"才能切实实现城乡环境标本兼治。

良好的城乡环境是人民群众的共同愿望，也是区域经济社会发展的重要依托。在充分认识全面开展城乡环境综合治理的重大意义的基础上，湖南省"两型综改区"把加快营造清洁、整齐、优美的城乡环境作为一项重要内容来抓，改善了城乡环境质量。

一、主要举措

城乡环境综合治理是实现城市与农村、人与人、人与自然可持续和谐发展的科学路径，也是加强生态环境治理的关键内容。近年来，湖南省坚持城市和农村环保统筹规划，工业和农业污染防治齐抓并重，城乡环境综合治理取得了一定成效。

1. 统筹城市和农村环境保护工作，合理分配城市和农村的投入和力量

统筹城市农村环境治理，在加强城市和工业环境治理的同时也加大农村环保资金投入，激励社会力量参与支持农村环境保护。在财力并不充裕的情况下，拿出174亿元用三年时间根治湘江污染，优化生态环境。长沙创建"政府各级配套投入、污染企业约束性投入"和有奖有惩的投入机制，确保农村环保的资金投入。长沙县2012年以来每年投入3亿元治理农村环境，这些钱主要用于长沙县

范围内河流治理、农村环境整治等方面。长沙县以中国第一个农村环境建设投资有限公司为载体，建立财政预算与市场融资、村民出资与政府"以奖促治"相结合的投入机制，通过财政带动吸引社会环保投资近 10 亿元。

2. 建立健全城乡环保自治模式

近年来，湖南省在创新城乡环境治理工作机制方面进行了有益探索。长沙县以"两型社会"建设为契机，制订了以"新农村、新环保、新生活"为主题的农村环保工作三年行动方案，着力建设农村生产生活的"三区二体系"，①探索农村环保自治新思路。组织环保专家、环保部门干部职工和大学生环保义工组成工作组，进驻 107 个示范村，开展环保宣传教育和培训，帮助农村编制村级环保规划，进行农村污染的自我治理。试点示范村的环保工作从"被动管理"逐渐转变为村民的自觉行动和自治行为，以广大农民为主体的农村环保自治模式初步形成。常德市石门县子良乡廖家冲村老干部、老党员及保洁员自发成立环卫协会，制定《村规民约》，将全村环境卫生划片管理，明确奖惩机制。湖南许多乡镇逐渐形成了以村民自治为主体的农村垃圾收集、清运和处理模式，使农村垃圾整治工作由政府推动变成了村民自我约束、自主治理。

3. 从连片整治到整县推进，加大农村环境综合整治力度

2010 年，湖南被确定为全国第一批农村环境连片整治示范试点省，全省共投入资金 10 亿多元实施农村环境连片整治示范项目。2013 年开始，农村环境综合整治由以往的整村连片推进转为整县推进。整治重点包括饮用水源地保护、生活污水和垃圾治理、畜禽水产养殖污染治理等方面。精心划定集中式饮用水源保护区，优先治理集镇和中心村的生活污水、统一转运处理生活垃圾、科学划定禁养区，鼓励引导发展生态农业，加大农业面源污染治理。当年有长沙县、攸县、韶山市、北塔区、君山区、津市市、武陵源区、安仁县、冷水江市、吉首市 10 个县（市、区）获得省里支持。2014 年通过竞争立项，娄星区等 18 个县（市、区）获得省里支持，长株潭城市群生态绿心范围内的农村也被纳入。开展环境综合整治的农村有具体的考核指标：农户参与率达到 90% 以上、垃圾分类减量达到 75% 以上、垃圾无害化处理率达到 70% 以上、农户污水处理率达到 70% 以上、饮用水卫生合格率达到 100%，力争用 2~3 年的时间，使纳入支持的农村生态环境

---

① 三区：生态居住区、生态养殖区、生态种植区；二体系：废水处理体系、废物处理体系。

得到明显改善，生活质量得到提高。

4. 开展"四分模式"，实现城乡同治

"四分模式"是株洲攸县环境治理的一个独特的模式，让攸县实现了农村环境卫生治理由点到面、由突击向常态的转变。自2009年以来，攸县加快推进"四化两型"建设和社会管理创新，以"清洁攸县大行动"为抓手，先县城、后镇区、再乡村，逐年梯次推进城乡环境卫生治理，形成"城乡共建、城乡互动、城乡同治"的格局，走出了一条城乡同治、科学发展的好路子。针对农村环境卫生习惯改变难、垃圾处理难、长期坚持难、经费保障难等问题，探索了农村垃圾"四分"处理模式。

一是分区包干，将村级环境卫生区划分为村级公共区和农户责任区。村级公共区包括主干道、主水系、村民集中活动场所和集贸市场等，由村集体出资，聘用专人进行日常保洁维护；农户责任区指各家各户房前屋后的晒坪、水沟、绿化区等，各农户按照要求落实包卫生、包秩序、包绿化的"三包责任"，保持日常整洁。

二是分类减量。每家农户原则上配备一个垃圾池，按照可回收垃圾、不可回收垃圾分户分类收集，并通过"回收、堆肥、焚烧、填埋"等方法分类减量、化整为零。厨余垃圾就地堆肥还土、可回收利用废旧物资集中回收、回收难度较大的"白色垃圾"焚烧填埋处理。目前，全县农户配备垃圾池13万多个，普及率超过了80%，垃圾基本上做到了入池处理。

三是分级投入。攸县财政每年预算洁净行动专项工作经费1000万元，其中500万元用于支持镇区创建，500万元按每个村平均1万元的标准补贴到村，用于洁净行动。各乡镇根据实际情况，配套一定的工作经费，对重点村、中心村、贫困村给予适当支持，弥补村级经费不足；各镇区村民自筹一部分资金，负责镇区和村级公共卫生区的日常保洁，形成财政下拨、部门支持、乡镇配套、村组自筹的多元投入模式。

四是分期考核，强化激励措施，实行月抽查、季考核，具体考核方式为县考核乡镇镇区并抽检到村，考核结果通过县电视台向全县公布；乡镇参照县考核办法考核村，并抽查到组，考核结果向全镇进行公开；村考核组，并延伸到户，各村对各组的卫生情况进行交叉检查评比，考核结果在全村进行公示，在此基础上进行奖优罚劣。

5. 做好农村禽畜养殖污染治理工作

根据环境容量，合理调整、优化畜禽水产养殖结构、布局及规模，科学划定禁养区、限养区和适养区，做好禁养区畜禽规模养殖退养、限养工作。落实农业源污染减排要求，严格执行环境影响评价和"三同时"制度，①有效控制养殖总量，推行清洁生产方式。严格动物防疫条件合格证审批发放标准。推进畜禽规模养殖排污备案登记。对现有湘江流域养殖污染进行综合整治，加快推进畜禽水产养殖废弃物减量化排放、无害化处理和资源化利用，促进生态环境持续向好。

近年来，长沙县采取综合防控措施治理养殖污染，逐步探索适宜的畜禽污染治理模式。该县以中国科学院亚热带农业生态研究所和中国环境科学院为技术依托，采用循环农业技术和源分离—生态耦合技术，针对不同规模、不同区域，因地制宜，逐步达到大型养殖公司农场化、中型养殖户农庄化、小型养殖户清洁化要求，实现养殖业标准化生产。为了解决农村污水及畜禽废水的排放对河道水环境的污染问题，长沙县在已开展农村四池净化系统建设的基础上，建设污水收集系统及处理设施，对直排污废水进行处理达标后排放。为了防控城乡范围内水和土壤污染，从 2008 年起，长沙县采取停、禁、转、治等综合措施，率先在全省划定了畜禽养殖禁养区和限养区，降低了畜禽污染。湘潭积极推广"发酵床"生态养殖模式，累计建成农村户用沼气池 12.2 万口。浏阳市枨冲镇率先在全国实施散户养殖密集区合同环境服务污染治理试点，其经验得到国家环保部的肯定。

6. 以市场驱动为引领建立长效机制

城乡环境综合治理成果要巩固，建立长效机制是关键。但长效机制涉及许多方面，如工作机制、政策机制、监管机制等。城乡环境综合治理长效机制的建立要坚持经济效益与环境效益相结合，湖南省积极运用市场机制破解资金瓶颈、拓宽资金渠道，全省不少区县、乡镇成立了环保合作社，积极探索农村生活垃圾处置市场运作、循环利用的路子。如攸县通过市场化运营，成立资源回收公司，建立回收站点网络和再生资源产业园，以"六定"法（定地点、定时间、定种类、定价格、定规划、定职责）有效回收利用生产、生活垃圾，变废为宝，化害为安，使再生资源产业化。2013 年 6 月环保部专门下发通知，专题推荐攸县的

① 我国《环境保护法》第二十六条：建设项目中防治污染的措施，必须与主体工程同时设计、同时施工、同时投产使用，通称为"三同时"制度。

"市场主导模式",要求各地学习借鉴该县的融资渠道和管理模式。

长沙县在创建生态县过程中同样认识到市场化运作的价值。为解决大项目资金不足的问题,该县专门成立了"环境保护投资有限公司",将 BOT 模式引入到乡镇污水处理厂建设中,有效地解决了污水处理厂项目所需资金 3 亿余元,建成了 19 个乡镇污水处理厂,率先实现乡镇污水处理设施全覆盖。

二、取得成效

通过城乡环境综合治理取得了一定的成效,体现了"三大效益":

一是生态效益。村庄变美、城镇变靓、环境变优,饮水干净了,蚊蝇减少了,生活舒适了,疾病减少了。全省城乡生态环境不断改善。2012 年全省县城污水和垃圾处理全覆盖,城镇污水处理率和生活垃圾无害化处理率达到 85%和82.3%。湘江沿岸各市加大污染治理力度,整个湘江流域 Ⅰ~Ⅲ 类水质断面占87.5%,比 2007 年提高 5 个百分点。

二是经济效益。由于环境的改善,促进了产业转型升级和经济发展,资产得到增值,市场效益增加,客商投资明显增加。通过农村清洁工程的实施,示范村大都取得了"2215"的效果,即每亩可节省化肥 20 公斤、农药 200 克,节支增收 100 元,畜禽粪便、作物秸秆等废弃物资源化利用率提高 50%。

三是社会效益。随着环境的改善,农村发生了可喜变化:改善了人居环境,改进了生产方式,促进了农村消费,提升了农民素质。干群关系变好了,政府威信变高了,湖南省"两型社会"建设的知名度和美誉度也得到提升。通过开展"清洁家园,清洁田园,清洁水源,清洁能源"为主要内容的农村环境治理,农村环境污染治理取得可喜成就,涌现了长沙县、攸县等一批农村环境治理先进典型。在市场的驱动下,攸县全县年产生生活生产性废旧物资约 20 万吨,85%以上农村生活垃圾得到了就地处理,垃圾无害化处理率达到 100%,可回收垃圾潜在价值 5 亿元,通过精细化处理,可实现产值约 10 亿元,将产生良好的环境、社会和经济效益。

尽管全省城乡特别是农村地区的环境卫生状况有了明显改善,但地区之间差距明显,仍有部分农村地区的生活垃圾、污水、粪便处理等环卫基础设施缺乏,粪便、污水直排现象较为严重,不少镇、村有毒有害垃圾随意丢弃在水边、山林或收集后无法处置,对农村环境卫生、群众身体健康造成极大的危害。城乡环境综合治理不能局限于已有成效，仍需要进一步在全省范围内推进。

第四节　全面加强生态保护

加强生态保护，维护生态安全是关系到湖南可持续发展的根本大计。建设生态湖南，是促进湖南经济社会可持续发展的战略举措，其目标是实现资源的可持续利用、社会经济可持续发展、人与自然的协调统一。

湖南省生态系统呈退化趋势，据统计，湖南全省现有和潜在石漠化面积达2.9万平方公里，居全国第四。水土流失面积占全省面积的19%以上，超过26%的耕地受到不同程度的面源污染和重金属污染。只有全面加强生态保护才能实现湖南省可持续发展和"两型社会"的创建。湖南省在全面加强生态保护方面也在加大力度，为"两型社会"建设创造良好的生态环境。

一、主要举措

1. 做好生态保护的体制机制创新

（1）做好环境规划，完善主体功能区制度。坚持"规划先行"的原则，完善主体功能区制度，优化国土空间布局，探索划定耕地、森林、湿地、水体等生态保护红线，[①]建立生态环境损害责任终身追究制。近年来，湖南省国土资源系统在省委、省政府和国土资源部的坚强领导下，紧紧围绕全省改革发展大局，坚持最严格的耕地保护制度和节约用地制度，牢牢守住耕地红线，切实保障了发展用地。补充耕地12.3万亩，连续14年实现耕地占补平衡。建成高标准农田400万亩，超额完成国家规定的任务。永久基本农田划定工作基本完成。在全国省级政府耕地保护目标责任考核中，湖南省初评结果排名第一。湘潭、怀化、湘西、常德、永州、长沙、株洲等地耕地保护富有成效。全省林地保有量稳定在1.9亿亩以上，达1.937亿亩；森林覆盖率稳定在57%以上，活立木总蓄积量4.45亿立方

---

① 生态保护红线是指在自然生态服务功能、环境质量安全、自然资源利用等方面，需要实行严格保护的空间边界与管理限值，以维护国家和区域生态安全及经济社会可持续发展，保障人民群众健康。

米。全省自然保护区、国有林场、森林公园、国家湿地公园等分别占国土总面积的 5.9%、5.2%、2.2% 和 0.9%。湘江新区率先在全国实施生态控制线规划，全面落实禁建区 610 平方公里、限建区 150 平方公里，开发建设区 380 平方公里，生态涵养用地、农村农业用地、城市建设用地各占 1/3 的城市总体空间布局。

（2）生态补偿机制。生态补偿机制改革方面，开展生态补偿配套监测方法与资金管理办法修订工作。在湘江流域试行"上游对下游超标排放或环境事故责任赔偿，下游对上游水质优于目标值补偿"双向担责，对流域内 67 个县市区生态公益林实施生态补偿。提高森林生态效益补偿标准，集体和个人生态林每年每亩由以前的 8.5 元增至 12 元，国有生态林由 5 元增至 7 元。启动湿地生态效益补助省级试点。

（3）湖南省生态红线制度框架。2012 年 4 月，湖南省委、省政府出台了《绿色湖南建设纲要》，明确了湖南生态红线的基本框架：

一是规划了至 2015 年必须实现的绿色环境发展具体目标。要求森林覆盖率稳定在 57% 以上，森林蓄积量 4.74 亿立方米以上，湿地保护率 70% 以上，水土流失面积比例低于 16%。

二是明确了提升生态系统整体功能的主要措施。其一，构建生态安全屏障。建设以洞庭湖为中心，以武陵—雪峰、南岭、罗霄—幕阜山脉为构架，以湘、资、沅、澧水系为脉络的"一湖三山四水"生态安全屏障。其二，治理和恢复湿地。禁止围垦湖泊湿地，推进河湖清淤、退田还湖、平垸行洪、移民建镇、季节性休渔和血防等工作，恢复扩大湿地。其三，保护森林和物种资源。禁止可能导致生态功能退化的资源开发活动，保护森林植被、濒危珍稀物种，丰富生物多样性。抓好自然保护区建设和野生动植物保护，恢复常绿阔叶林群落和珍稀物种栖息地。

三是明确了更为严格的土地资源节约利用制度。包括建设用地总量控制、林地占补平衡、闲置土地清理等制度。

2. 加强水、土、大气三大污染防治

（1）大气污染防治。根据国务院《关于印发大气污染防治行动计划的通知》和环境保护部等三部委《关于印发重点区域大气污染防治"十二五"规划的通知》，湖南省制定出台了《湖南省落实〈大气污染防治行动计划〉实施细则》、《湖南省人民政府关于推进长株潭大气污染联防联控工作的意见》，各市州政府出台了相应的大气污染防治实施方案。同时将大气污染联防联控工作与污染减排相结合，进一步完善污染源整治的政策标准体系，相继出台《湖南省"十二五"节能减排综合性工作方案》、《关于加快推进储油库、加油站和油罐车油气污染治理工作的通知》、《关于加强排污许可证管理推进淘汰立窑水泥落后产能的通知》、《关于对全省水泥工业氮氧化物排放执行 400 毫克/立方米排放限值的通知》、《关于全省建筑施工扬尘污染综合治理工作的实施意见》等文件。

2013 年开始，长株潭三市按照国家新的环境空气质量标准，将 PM2.5 纳入空气质量评价并向公众公布了监测数据。长株潭三市建成 62 条机动车尾气排放简易工况法检测线，实施了机动车环保标志管理制度。为了治理大气污染，湖南省建立了全省环境质量发布平台，长沙、株洲、湘潭、常德、岳阳、张家界六个重点城市按照修订的《环境空气质量标准》检测空气质量，公众可随时查阅空气质量。加强大气检测能力基础设施建设，投入使用湖南省首辆环境空气质量监测车，可对环境空气质量六个参数进行实时监测。建立重度污染应急机制，长沙市出台《长沙市空气重污染应急预案（试行）》，有效应对空气污染。

（2）水污染防治与资源保护。水是生命之源、生产之要、生态之基，加强水资源生态保护、防治水体污染是生态环境治理的重要内容。2013 年，湖南省人民政府出台了《湖南省最严格水资源管理制度实施方案》（湘政发〔2013〕32 号）和《湖南省实行最严格水资源管理制度考核办法》（湘政发〔2013〕62 号），确立了三条红线、[①] 四项制度，[②] 实行水资源管理地方行政首长负责制。2013 年，湖南省政府常务会议把湘江治理保护确定为湖南省"一号重点工程"，提出九年内实施三个三年行动计划，实现湘江干流水质稳定保持在Ⅲ类以上，从湘江率先探索实行"环保终身责任追究"制度。制定出台《湖南省湘江污染防治第一个"三年行动计划"实施方案》及考核办法，使湘江治理有了具体的操作指南。关停污染企业 1019 家，削减重金属排放 50% 以上。在资金支持方面，规划的 389 个重金属污染治理项目有 280 个获中央资金支持，已获得中央补助金 38 亿元。衡阳、株洲、湘潭、郴州等市成功发行重金属污染治理专项债券，共计 50 亿元。2013 年全省完成污染源综合治理项目共计 150 个，淘汰退出涉重金属企业 1018 家；

---

① 即水资源开发利用控制、用水效率控制、水功能区限制纳污三条红线。
② 即用水总量控制制度、用水效率控制制度、水功能区限制纳污制度、水资源管理责任和考核制度。

主要污染物排放大幅削减，湘江流域废水中汞、镉、铅、砷、铬等重金属排放量比 2008 年下降 20.5%；湘江环境质量有所提高，2012 年湘江干支流镉、砷的浓度分别比 2007 年下降 26.6%、38.9%，2013 年湘江流域 42 个省控监测断面中Ⅰ~Ⅲ类水质断面 39 个，监测断面达标率达 92.8%。

（3）土壤污染防治与土壤生态保护。湖南省土壤受重金属污染严重，根据湖南省农业厅多年来的定位监测，截至 2013 年，湖南将近 1/3 的耕地被不同程度污染，重度污染和轻度污染的面积分别在 470 万亩和 950 万亩。目前，湖南已开始在技术水平、资金筹措等多个方面进行土壤环境污染探索治理，并取得一定成效。

2013 年，湖南省有关部门编制了《湖南省耕地质量普查实施方案》，启动对 180 万亩重点区域水稻产地土壤—稻米点对点调查检测，并着手搭建耕地重金属污染信息平台。根据目前湖南省农产品产地主要遭受到铅、砷、镉、汞等污染的现状，湖南省环保部门投入大量资金鼓励治污企业、科研院所探索适合湖南本地情况的重金属污染耕地治理的适用技术。在全国率先发行重金属污染治理专项债券以鼓励社会资本积极参与治理，主要用于区域综合治理、土壤修复等项目。

长沙市出台《长沙市人民政府关于加强土壤污染防治工作的意见》(2013)，规定自 2013 年起对种植农产品的土壤实施环保认证，开展土壤环境质量评估，建立土壤环境和农产品质量综合数据库；严格控制主要粮食产地和蔬菜基地的污水灌溉、污泥农用，农业灌溉用水水质要达到国家有关标准；未经检验和安全处理的污水处理厂污泥、底泥、尾矿等固体废弃物，禁止用于农业生产。长沙还将实施农用土壤生态修复工程，在望城区、长沙县、浏阳市和宁乡县每年选择 1 个 100 亩以上的受污染耕地作为试点项目，实施土壤污染治理与生态修复工程。

3. 做好生态修复工程

（1）绿化湘江。对湘江流域 9022.66 万亩林业用地实施严格保护，对流域内 67 个县市区 3475 万亩生态公益林实施生态补偿，补偿资金达 16.3 亿元，有力提升了流域生态功能。积极推进湘江风光带建设，湘潭出台《湘江风光带修建性详细规划》，提出将湘江风光带打造成为体现湖湘文化特色的生态文明走廊和文化传承带。

（2）保护绿心。长株潭生态绿心是指长沙市、株洲市、湘潭市三市交会区的绿心地带。省人大制定了《湖南省长株潭城市群生态绿心地区保护条例》，按照国家"两型社会"的建设要求明确了保护范围，设定了绿心地区规划和空间管制制度；提高了征占用林地成本，在确定征占用林地基准地价时，必须将生态条件作为依据之一，当地人民政府必须按规定收取生态效益补偿费；加大了生态修复力度，近三年来，落实生态工程 30 多项，新造林 20 多万亩，划定森林公园 2 个、自然保护区 1 个、湿地公园 1 个，长沙县将公益林补偿标准提高到 30 元/亩。

（3）打造绿城。统筹推进城市绿化，让森林走进城市，让城市拥抱森林，张家界、株洲、长沙先后使城市绿化覆盖率近 5 年增长 4.43 个百分点，达 36.59%，人均公共绿地面积增长 1.94 个百分点，达 8.47 平方米。在继长沙市建成国家森林城市之后，株洲市进行了国家森林城市和全国绿化模范城市创建冲刺，湘潭市正在逐步实现由工业大市向绿化大市迈进。

4. 加强林地、湿地和物种保护

（1）划定生态红线。林地方面，全省和各县市区林地保护利用规划都已经同级政府批准实施，到 2020 年全省林地保有量为 1.905 亿亩。湿地方面，2014 年 4 月，湖南省林业厅制定了《美丽湿地建设三年行动方案》，划定湿地生态保护红线为 1530 万亩，并将保护任务分解落实到了市县。物种方面，在稳步推进野生动物、野生植物普查的同时，提出了野生动植物物种不减少、珍稀濒危物种零灭绝的红线。

（2）扎实推进生态红线保护。林地保护方面，严格控制林地转为建设用地和其他农用地，严禁擅自修改林地红线，确需修改的需报原批准机关批准。实施林地年度变更调查制度，每年对林地保护利用数据库进行更新，确保林地保护利用"一张图"。严格保护公益林地，严禁擅自改变公益林的性质、面积和保护等级。积极实施退耕还林、石漠化治理、宜林闲置地整治等林地补充规划，确保林地占补平衡。2013 年查处违法用地项目 622 宗、835 公顷，刑事处罚 32 宗，有力地维护了林地红线的严肃性。

湿地保护方面，出台了《湖南省湿地保护条例》和《湖南省湘江保护条例》等湿地保护地方性法规，组织开展了湿地专项整治行动，省政府将湘江流域保护列为省一号重点工程，启动了为期五年的"碧水潇湘"环境整治行动。

物种保护方面，出台了《湖南省植物园条例》，成立了湖南省野生植物极小种群保护中心，安排专款对极小种群进行就地保护和人工培育。开展了候鸟等野生动物保护百日行动，野生动物致害补偿办法正在制定之中。

二、取得成效

全面加强生态保护工作取得了一定成效。湖南省 2012 年 14 个市州空气质量均达到国家二级标准；全省 98 个主要江河省控检测断面中Ⅰ~Ⅲ类水质断面占 92.9%，水质达标率比上年提高 2.1 个百分点；林业产业实现又好又快发展，集体林权制度改革不断推向深入，林业科技创新取得丰硕成果，林业生态效益、社会效益和经济效益同步提升。全省森林火灾受害率控制在国家规定的 1‰目标以下。全省林业有害生物成灾率控制在国家规定的 41‰目标以下。候鸟等野生动物保护专项行动取得明显成效，野生动物疫源疫病监测防控能力明显提高。全省 1.2 亿亩森林被纳入森林保险，保额达到 478 亿元；湿地保护率达到 60.98%，较上年增长 10.9 个百分点。

尽管如此，湖南生态保护问题仍然需要进一步全面加强。如尽管森林覆盖率是全国平均水平的近 3 倍，但亩均蓄积量只有全国平均水平的 3/5，加强森林经营任重道远；林业治理和生态修复的任务比较艰巨。湖南省还有 2000 多万亩的石漠化地和 200 多万亩重金属污染地需要治理，900 多万亩坡耕地需要退耕还林。

第五节　加快实施十大环保工程

为集中解决影响经济社会发展的突出环境问题，加强主要污染物减排，湖南省委、省政府决定"十二五"期间在全省实施湘江流域重金属污染治理等十大环保工程，促进"两型社会"建设，推动科学发展。

实施十大环保工程是"两型综改区"将生态环境治理工作落到实处的具体行动，是在建设"两型社会"的过程中，通过具体化、工程化的方式，集中力量解决一批突出的重大环境问题，是湖南省环保工作思维与方式的重大创新。十大环保工程涵盖了湖南省生态环境治理的所有重点领域，是加大环保力度、提升环保水平、推进生态环境治理工作的重要切入点，具有非常重要的意义。

一、实施规划

为集中解决影响经济社会发展的突出环境问题，加强主要污染物减排，2012年8月，湖南省正式启动以湘江流域重金属污染治理工程为首的十大环保工程。十大环保工程包括湘江流域重金属污染治理工程、氮氧化物减排工程、重点湖库水环境保护工程、长株潭大气污染联防联控工程、湘江长沙综合枢纽库区清污工程、城镇污水生活垃圾处理设施配套工程、农村环境综合整治工程、环保产业发展千亿工程、长株潭新型化工循环经济产业园建设工程、环境监管能力建设工程等。从2012年开始，每年安排一定资金用于实施十大环保工程的奖励。对考核不合格单位视情况给予通报批评、停止安排专项资金、对主要领导诚勉谈话和区域限批等相应处罚；将十大环保工程实施情况纳入全省为民办实事和绩效考核内容，作为评价各级政府省直有关部门工作绩效的重要依据之一。

（一）湘江流域重金属污染治理工程

1. 工程背景及目标任务

湘江流域累积形成的重金属污染问题非常突出，重金属污染仍未得到有效缓解，影响人民群众身体健康和社会和谐稳定。2011年3月，国务院正式批准《湘江流域重金属污染治理实施方案》，全面开展湘江流域重金属污染治理。2011~2015年大力推动湘江流域重金属污染治理工程，目标是到2015年湘江流域涉重金属企业数量比2008年减少50%，重金属排放量比2008年减少50%，环境质量得到改善，重金属污染的环境风险降低，重金属污染事故得到有效遏制。

2. 工程内容

2011~2013年，以产业结构调整为重点，开展涉重金属企业取缔关闭、淘汰退出和改造升级，涉重金属企业数量比2008年减少50%；2012~2014年，重点开展工业污染源控制，提升企业清洁生产水平，从源头减少重金属污染物排放量，启动治理条件成熟的历史遗留污染治理及土壤底泥治理试点示范、科技攻关等项目；2013~2015年重点开展历史遗留污染治理试点示范、科技攻关及能力建设、农产品产地土壤重金属污染治理，启动重点治理区的搬迁项目。

3. 责任单位

各市人民政府是本辖区重金属污染治理项目责任主体。省重金属污染和湘江流域水污染综合防治委员会省直成员单位由省环保厅牵头,省发改委、省经信委、省科技厅、省监察厅、省财政厅、省国土资源厅、省水利厅、省农业厅、省安监局、省"两型办"等单位配合。

(二) 氮氧化物减排工程

1. 工程背景及目标任务

国家下达湖南省"十二五"期间氮氧化物减排任务是下降9%,2011年湖南省氮氧化物排放比2010年增长了10.26%,减排任务艰巨。2012~2015年实施氮氧化物减排工程,以完成氮氧化物减排9%的任务。

2. 工程内容

(1) 火电机组脱硝。2014年底以前未建脱硝设施的火电机组全部建成脱硝设施,已建成脱硝设施的进行升级改造。

(2) 新型干法水泥窑脱硝。2013年底前所有新型干法水泥生产线建成脱硝设施。

(3) 机动车减排。实施机动车环保标志管理,实行"黄标车"限行;"十二五"期间淘汰23万辆高排放车辆,在2012年、2013年、2014年和2015年分别淘汰"黄标车"1.91万辆、5.15万辆、7.37万辆和8.57万辆;提升车用燃油品质;推行城市公交清洁能源改造。

3. 责任单位

属地人民政府为责任主体,省直部门由省环保厅、省公安厅牵头,省经信委、省商务厅、省监察厅、省财政厅、省交通运输厅、省质监局、省物价局配合。

(三) 重点湖库水环境保护工程

1. 工程背景及目标任务

按水质在Ⅲ类、水面在40平方公里以上的条件,第一期筛选出东江湖、水府庙水库、铁山水库、毛里湖、大通湖五个湖库作为重点保护对象。2012~2015年实施重点湖库水环境保护工程,通过对湖库纳雨区工业污染、生活污染和农村面源污染治理,减少入湖污染物排放,改善湖库水质,确保水质稳定在地表水环境质量Ⅲ类标准及以上,部分水域达到Ⅱ类标准。

2. 工程内容

(1) 工业污染源治理。完成湖库纳雨区工业污染源治理,实现污染物稳定达标排放,削减入湖污染物。对无法稳定达标排放的企业予以关停。

（2）城镇污水处理和垃圾处理设施建设。完善湖库纳雨区内现有城镇污水处理厂管网建设，建制镇全部建成污水处理设施，县城建成垃圾处理设施，污水处理率达到85%以上，生活垃圾无害化处理率达到100%。

（3）农村环境综合整治。控制农村农业面源污染，完成农村环境综合整治、养殖业污染治理。划定畜禽养殖禁养区，对禁养区内养殖场进行清理、搬迁或关闭，对禁养区外规模化畜禽养殖场进行治理。划定网箱养殖范围，取缔范围外网箱养殖，合理控制养殖规模，科学确定养殖密度，控制水产养殖污染。

（4）控制旅游业和船舶污染。科学规划和严格规范湖库周边旅游业，防止超环境容量过度发展。湖库周边宾馆饭店必须建设或安装污水处置设施，确保达标排放。入湖机动船舶都要按标准配备相应防污设备和污染物集中收集、存储设施，船舶集中停泊区域要设置污染物接收与处理设施。

3. 责任单位

所在地市县人民政府为责任主体，省直部门由省环保厅牵头，省发改委、省经信委、省监察厅、省财政厅、省国土资源厅、省住建厅、省交通运输厅、省水利厅、省农业厅、省林业厅等单位配合。

（四）长株潭大气污染联防联控工程

1. 工程背景及目标任务

2010年5月，国务院办公厅转发了环保部等九部委《关于推进大气污染联防联控工作改善区域空气质量指导意见的通知》，明确要求长株潭城市群尽快解决区域大气污染问题，并纳入国家"三区十群"①联防联控重点区域，要求通过采取联防联控措施，加大污染防治。2012~2015年实施长株潭大气污染联防联控工程，目标为到2015年区域二氧化硫、氮氧化物、烟粉尘排放量较2010年分别削减10%、10%和12%；酸雨、灰霾和光化学烟雾污染得到有效控制。

2. 工程内容

（1）重点行业企业二氧化硫、氮氧化物治理。确保火电、钢铁等行业企业已投运脱硫设施高效运转。

（2）工业粉尘治理。工业锅炉和工业窑炉采用高效除尘技术，提高除尘效率。

---

① "三区十群"包括京津冀、长三角、珠三角地区，辽宁中部、山东、武汉及其周边、长株潭、成渝、海峡西岸、山西中北部、陕西关中、甘宁、新疆乌鲁木齐城市群。

（3）挥发性有机污染物治理。2014年底以前，对化工、医药、印刷、喷漆、涂料以及服装干洗等行业完成挥发性有机废气整治。推进加油站油气污染治理，2014年底以前，完成现有储油库、油罐车和主城区加油站的油气回收改造工作；新增储油库、油罐车和加油站必须采取油气回收措施。

（4）城市综合整治。严格控制燃煤污染，加大天然气、太阳能等清洁能源推广，实施清洁能源改造。加强城市工程施工、建筑物拆除、道路交通管理，控制扬尘污染。

（5）机动车尾气污染防治。严格执行国家机动车排放标准，推进机动车排气检测体系建设，实施环保标志管理，2013年底前完成环保标志的初次核发。出台黄标车限行管理办法，严格黄标车限行。加快黄标车淘汰，2015年底前，分年度淘汰一定数量的黄标车。

3. 责任单位

长株潭三市人民政府为责任主体，省直部门由省环保厅牵头，省发改委、省商务厅、省经信委、省科技厅、省公安厅、省财政厅、省住建厅、省交通运输厅、省质监局、省物价局、省气象局等单位配合。

（五）湘江长沙综合枢纽库区清污工程

1. 工程背景及目标任务

湘江长沙综合枢纽工程蓄水后，库区水流减缓，水环境容量相对降低。为确保蓄水后水环境安全，必须及时清除库区污染隐患。2012~2015年实施湘江长沙综合枢纽库区清污工程，达到正式蓄水前，消除库区突出环境隐患，保障长株潭人民饮用水源安全的目标。

2. 工程内容

包括生活污水截污和处理、饮用水源保护区排污口清理、岳麓污水处理厂、长沙污水处理厂排污口调整、城市生活垃圾填埋场污染治理、库区废渣治理、水上餐饮整治、工业园污水集中处理。

3. 责任单位

长株潭三市人民政府为责任主体，省环保厅、省住建厅、省交通运输厅配合。

（六）城镇污水生活垃圾处理设施配套工程

1. 工程背景及目标任务

"十二五"期间，国家要求湖南省化学需氧量、氨氮排放总量分别比"十一五"时期下降7.2%、9.8%。完成这一任务主要依靠城镇生活污染源减排。2012~2015年实施城镇污水生活垃圾处理设施配套工程,以达到减排目的。

2. 工程内容

(1)污水处理。增加污水处理规模。适当增加发达地区、污染严重地区、环境容量较低地区及环境影响较大的重点流域地区的污水处理设施建设规模。新建污水处理厂33座,新增污水处理规模88.35万立方米/天;加快配套管网建设。科学确定新增配套管网规模,优先解决补建配套管网,对现有无法满足使用要求的雨污合流管网进行改造,提高处理能力。全省设市城市和县城计划新增污水管网5607.29千米。

(2)垃圾处理。加快垃圾处理设施建设。加快推进在建项目建设进度,合理布局新建城镇生活垃圾处理设施,促进各地区城镇生活垃圾处理设施协调发展。加快简易垃圾堆放场改造,解决遗留环境问题。全省在建及续建项目80个,新增无害化处理能力2.29万吨/天。推进餐厨垃圾处理试点建设。积极推进餐厨垃圾资源化利用和无害化处理设施建设。继续推动餐厨垃圾单独收集与密闭运输,推广成熟稳定资源化技术,鼓励餐厨垃圾与其他有机可降解垃圾联合处理,加强餐厨垃圾处置监管能力建设。加快推进衡阳市和长沙市餐厨垃圾处理工程建设,新增处理能力425吨/天。

3. 责任单位

设立省城镇污水垃圾处理设施建设领导小组和领导小组办公室,由省住建厅牵头,省发改委、省监察厅、省财政厅、省人社厅、省国土资源厅、省环保厅、省水利厅、省物价局等单位配合。各市州、县市区也相应加强领导协调。

(七)农村环境综合整治工程

1. 工程背景及目标任务

农村环境问题日益凸显。根据环保部、财政部的相关要求,实施农村环境综合整治工程。实施时间为2012~2015年,目标是到2015年末,通过实施农村环境综合整治工程,使重点区域行政村突出环境问题得到有效解决,环境质量得到明显改善。

2. 工程内容

农村饮用水水源地保护、农村生活污水处理、农村生活垃圾处理、畜禽养殖场污染综合整治。

3. 责任单位

各县（市、区）人民政府是本辖区农村环境综合整治工程的责任主体。省农村环境连片整治示范工作领导小组省直成员单位由省环保厅牵头，省发改委、省卫生厅、省财政厅、省国土资源厅、省住建厅、省交通运输厅、省水利厅、省农业厅、省林业厅、省旅游局、省农办等单位配合。

（八）环保产业发展千亿工程

1. 工程背景及目标任务

湖南省环保产业在全国处于中等水平，当前经济社会的快速发展对环保产业的支撑能力提出了更高要求，实施环保产业发展千亿工程，有一定基础，也是"十二五"时期的重要任务。2012~2015 年实施环保产业发展千亿工程，目标为"十二五"期间，全省环保产业年产值增长率在 25% 以上。

2. 工程内容

（1）园区发展。抓好湖南环保产业示范园、长沙经济技术开发区、湘潭九华环保产业基地和株洲清水塘环保产业基地的建设，集聚环保装备制造、环境服务企业。抓好汨罗循环经济工业园、永兴循环经济工业园的建设，推进资源综合利用，规模不断扩大和向深加工产业延伸。

（2）企业培育。做大做强现有装备制造、资源综合利用、城市矿山、环境服务企业，打造一批年产值过 50 亿元的企业。

（3）品牌培育。提高市场占有率，打造一批技术含量高、市场前景好、单个产品年产值过 5 亿元的品牌产品。

（4）科技示范。重点抓好"国家水专项"示范工程、国家和省级环保新技术新工艺示范工程、先进适用环保技术推广应用工程以及重点环保科技招标项目成果的推广应用。

3. 责任单位

各市州人民政府为责任单位，省直部门由省环保厅牵头，省发改委、省经信委、"两型办"、省科技厅、省财政厅、省国土资源厅、省住建厅、省国资委、省国税局、省地税局、省统计局、省质监局、省知识产权局配合。

（九）长株潭新型化工循环经济产业园建设工程

1. 工程背景及目标任务

长株潭区域现有主要化工企业多数建厂较早，普遍面临设备老化、工艺落后、产品结构低端等制约，呈现高能耗、高污染特征。随着湘江长沙综合枢纽工程蓄水，沿江化工企业和集群区将对长株潭地区饮水安全造成严重威胁。2012~2020年实施长株潭新型化工循环经济产业园建设工程，目标是将长株潭城区和长株潭区域湘江沿岸的化工企业引导搬迁至长株潭新型化工循环经济产业园区，进行产业优化整合和污染集中控制，减少环境污染和环境风险隐患，提升化工行业规模效益和清洁生产水平。

2. 工程内容

2012年启动产业园前期工作论证，年内初步确定园区选址；组建产业园管理委员会；产业园规划、可研、环评等技术文件编制和报批；产业园征地、立项工作；配套建设园区基础设施；承接产业转移、搬迁项目。按照园区产业发展规划和循环经济发展原则，沿产业链有计划地引入项目承接落地。到2020年，全面完成长株潭城区及湘江沿岸的化工企业产业转移升级工作，建成新型化工循环经济产业园。

3. 责任单位

省发改委牵头，省环保厅、省经信委、省国土资源厅、省住建厅、省石化行管办、省国资委、省"两型办"及长株潭等市人民政府配合。

（十）环境监管能力建设工程

1. 工程背景及目标任务

湖南省的环境监管能力建设虽取得了一定成效，但与国家建设标准、严峻的环境现状以及繁重的监管任务相比还有较大差距。2012~2015年实施环境监管能力建设工程，目标是到2015年全省基本建成先进的环境监测预警体系、完备的环境监督执法体系、快速反应的环境应急处置体系、安全的核与辐射监管体系、科学的数字环保体系和全民参与的环境宣教体系，形成覆盖全省的省、市、县、乡镇的四级环境监管网络，环境监管能力整体达到中部地区先进水平。

2. 工程内容

包括环境监测能力建设项目、环境监察和应急能力建设项目以及湖南"数字环保"项目。规划2013年底前，省、市、县三级环保部门达到相应的环境监察建设标准，并通过达标验收，全面完成"数字环保"项目建设。

3. 责任单位

各市州、县市人民政府为责任主体，省环保厅、省财政厅、省经信委配合。

二、实施进展

十大环保工程于 2012 年 8 月启动，概算总投资 557 亿元。十大环保工程都于初期制订了详细方案，明确了十大工程的组织领导、目标任务、投融资渠道、责任单位和考核奖惩政策等方面的具体内容。建立了十大环保工程办公室，建立环保联席会议制度。湘江重金属污染治理已经启动项目 125 个，2012 年淘汰推出项目全面完成。2013 年，湖南省十大环保工程完成项目 129 个、总投资 35.3 亿元，核心是推进湘江流域治理与保护。省政府常务会议把湘江治理保护确定为湖南省"一号重点工程"，提出九年内实施三个三年行动计划，实现湘江干流水质稳定保持在Ⅲ类以上，从湘江率先探索实行"环保终身责任追究"制度。并已经制订出台《湖南省湘江污染防治第一个"三年行动计划"实施方案》及考核办法，使湘江治理有了具体操作指南。资金支持方面，规划的 389 个重金属污染治理项目有 280 个获中央资金支持，已获得中央补助资金 38 亿元。衡阳、株洲、湘潭、郴州等市成功发行重金属污染治理专项债券，共计 50 亿元。

氨氮化物减排工程的火力发电、水泥生产线脱硝等项目多数启动。2013 年支持并完成九台火电机组脱硝项目建设，截至 2013 年底，全省 39 台火电机组中已有 25 台建成脱硝设施；2013 年全省完成 39 条新型干法水泥生产线的脱硝建设，截至 2013 年底全省 63 条新型干法水泥生产线全部建成脱硝设施；加强汽车尾气排放治理，淘汰注销老旧机动车、黄标车 5.28 万辆。

水府庙水库、东江水库等重点湖库水环境保护工程已经启动，西毛里湖、铁山水库等已制订实施方案；湘江长沙综合枢纽库区清污工程全面推进，水上餐饮治理已经完成；攸县、长沙县农村环境治理经验在全省推广；环保产业千亿元工程加快推进，全省环保产值增幅在 45% 以上。长沙市高新区正式出台《长沙高新区加快发展节能环保产业的扶持政策》，提出自 2014 年起，长沙市高新区将连续五年每年安排 1 亿元设立节能环保产业发展专项基金，从资金、人才、服务等多方面支持节能环保产业的发展。

三、实施成效

十大环保工程自 2012 年启动以来，取得了初步成效，综合环境状况总体向好的趋势发展。通过实施火电、水泥脱硝工程，2012 年全省氮氧化物排放量比

2011 年下降 8.87%，扭转了不降反升的局面；湘江流域共削减铅、砷等五种重金属污染物 15.71 吨。2013 年，全省完成污染源综合治理项目共计 150 个，淘汰退出涉重金属企业 1018 家，涉重金属污染企业"散、小、乱"的格局得到有效改变；主要污染物排放量大幅削减，湘江流域废水中汞、镉、铅、砷、铬等重金属排放量削减 359.03 吨，2012 年排放量较 2008 年下降 20.5%；湘江环境质量有所提高，2012 年湘江干支流镉、砷的浓度分别比 2007 年下降 26.6%、38.9%，2013 年湘江流域 42 个省控监测断面中，Ⅰ~Ⅲ类水质断面 39 个，监测断面达标率达 92.8%。

全省水环境质量总体略有改善，14 个城市的 31 个饮用水水源地水质达标率为 99.8%（按单因子方法评价，粪大肠菌群不参与评价）。其中，郴州市饮用水水源地水质达标率为 95.3%，主要污染物为锰，其他 13 个城市的达标率均为 100%，未出现汞、铅、镉、铬、砷超标现象。2013 年全省共命名 214 个省级生态乡镇、577 个生态村，进一步推动了农村环境保护工作。同年 10 月，长沙县通过国家生态县建设的考核验收。

尽管十大环保工程已经初见成效，但十大环保工程的推动仍然是进行时，未来还面临着很多的挑战，需要长期为之努力。十大环保工程是个系统工程，每一个工程都由很多的具体项目来支撑。每一个工程都是一个复杂的系统，抓好非常不容易。大型企业搬迁困难、土壤修复标准仍是空白、资金短缺等都是推进十大环保工程需要解决的难题。十大环保工程项目都是硬任务、硬骨头，必须做好攻坚克难的思想准备，继续加大力度，要在树立"两型"环保理念的基础上通过全社会的共同努力形成合力，推动生态环境建设。

参考文献

[1] 长株潭两型网 [EB/OL]. http://www.hunan.gov.cn/cztlxsh/.

[2] 湖南省发改委网站 [EB/OL]. http://www.hnfgw.gov.cn/Index.html.

[3] 湖南省人民政府经济研究信息中心网站 [EB/OL]. http://xxzx.hunan.gov.cn/.

[4] 湖南省人民政府网站 [EB/OL]. http://www.hunan.gov.cn/.

[5] 梁志峰，唐宇文. 湖南蓝皮书：2011 年湖南两型社会发展报告 [M]. 北京：社会科学文献出版社，2011.

[6] 梁志峰，唐宇文. 湖南蓝皮书：2012 年湖南两型社会发展报告 [M]. 北京：社会科学文献出版社，2012.

［7］梁志峰，唐宇文. 湖南蓝皮书：2013 年湖南两型社会发展报告 ［M］. 北京：社会科学文献出版社，2013.

［8］梁志峰，唐宇文. 湖南蓝皮书：2014 年湖南两型社会发展报告 ［M］. 北京：社会科学文献出版社，2014.

［9］两型社会建设网 ［EB/OL］. http：//www.lxshjs.com/Infor/default.asp.

［10］湘潭两型社会网 ［EB/OL］. http：//www.xtlxsh.com/.

［11］株洲两型网 ［EB/OL］. http：//www.zzlx.gov.cn/.

第六章　湖南"两型综改区"建设之体制机制改革探索

第一节　"两型"体制机制改革的思路与内容

一、主要思路

以邓小平理论和"三个代表"重要思想为指导，深入贯彻落实科学发展观，积极推进生态文明建设，根据资源节约型和环境友好型社会建设的要求，全面贯彻落实中共十八大和中央、省委经济工作会议精神，以加快转变经济发展方式、构建科学发展的体制机制为主线，从长株潭城市群实际出发，坚持生产发展、生活富裕、生态良好的文明发展道路，用改革的办法解决发展中的资源环境问题，推进体制创新、机制创新、技术创新和管理创新，加快环境保护历史性转变，加快经济发展方式转变，力求速度和结构质量效益相统一、经济发展与人口资源环境相协调，实现长株潭城市群经济社会又好又快与可持续发展。坚持改革创新、先行先试；坚持全面统筹、协调发展；坚持统一规划、同步治理；坚持因地制宜、区域特色；坚持政府引导、市场推动。实现资源低消耗高利用、低污染高效益，降低自然资源系统进入社会经济系统的物质流强度、能量流通强度，实现社会经济发展所消耗的物质减量化；将生产和消费活动规制在生态环境承载力、环境容量限度内，通过对生产、流通、分配、消费全过程的有效监控，降低社会经济系统对生态环境系统的不利影响。注重改革目标与发展目标相结合。紧紧围绕解决影响湖南科学发展的深层次矛盾和问题，突出重点、点面结合、分类推进，既注重改革的系统性、整体性、协调性，又注重措施的针对性、可操作性、实效性。注重增量改革与存量优化相结合。积极推进增量改革，稳妥推进存量优化，以增量改革带动存量改革，形成增量改革和存量改革全面推进的格局。注重政府调控与市场配置相结合。处理好政府与市场的关系，加强和改善宏观调控，减少微观事务管理，充分发挥市场在资源配置中的决定性作用。注重改革创新与依法行政相结合。更好地处理改革创新和依法行政的关系，积极运用法治思维和法治方式规范改革程序，巩固改革成果。

二、重点内容

湖南根据国家"十二五"规划的部署和要求，参考发达国家资源节约和环境保护体制机制改革创新的经验，结合长株潭试验区实际，深化"两型社会"建设体制机制改革创新。"综改区"以体制机制改革创新为重要抓手，将"两型社会"建设的目标任务加以科学化、系统化，在一些重点领域和关键环节取得明显进展，形成了推进"两型社会"建设的合力。①以项目化管理、资金配套、政策支持为基本动力。以项目化管理狠抓落实，对改革创新的试点和示范工程按照项目化的要求进行立项、指导、监督，努力做到内容清晰、责任明确、风险可控；以资金配套等手段支持改革创新，设立专项资金，对符合条件的改革创新项目给予支持；以政策体系保障改革创新，构建省、市政策支持体系。②以标准化为重要手段。在全国率先构建包括"两型"标准、节能减排标准、绿色建筑评价标准以及设计导则等地方标准在内的"两型"标准体系，以标准规范和促进能源资源可持续利用，保障生态环境可持续发展，并以"两型"标准为依据在全社会深入开展"两型社会"示范创建活动。③以规划体系建设为重要保障。将改革创新理念融入各类规划体系，形成符合国家要求和本地实际的实施办法；通过规划落实改革创新目标，建立经济社会发展规划、城市总体规划等"四规合一"的规划编制机制，把改革创新目标分解、细化到各级政府部门，同时强化规划权威，通过规划协调统一各市的改革试验。

规划体制改革。按照统一、分级、协调、高效原则，在不削弱现有三市和省直有关部门规划职能的前提下，理顺各级各类规划部门之间、各专项规划和城乡建设规划之间，以及规划编制、审核、修正和实施过程各环节、各方面的管理关系，形成统一协调、分级有序、保障有力的规划管理组织机构体系。对于重大框架性、统领性规划，实行统一管理体制，对于具体性、个体性较强的规划，实行分级管理体制。按照科学化、民主化、法制化要求，建立健全规划运行机制。建立规划协商编制机制，对各类规划编制进行协商编制；建立规划联合审核机制，对各类规划进行联合审核；建立规划执行监管机制，定期对规划执行情况进行检查监督，对未能依法执行规划的，提请有关机关进行责任追究；建立执行部门信息反馈制度，明确其权责、反馈渠道和方式；建立规划修编制度，确需对规划进行修改调整的，修编部门应充分论证修改调整理由，在按规划管理办法审议通过后，按照法定程序进行修改调整。制定长株潭城市群规划编制管理办法，对长株潭城市群各类规划的地位、性质、体系、内容、功能、时间、编制程序、编制主体、审批、颁布、实施、评估、调整以及各规划之间的关系等做出明确规定。各类共建共享规划应报请省人民政府批准，运用法律手段保障规划的执行和实施，提高规划的权威性和约束力。

深化行政审批制度改革。最大限度减少和下放投资项目审批、生产经营活动和资质资格许可等事项。最大限度减少审批环节，对确需审批、核准、备案的项目，要简化程序、优化流程、限时办结相关手续。在行政许可法的框架内严格控制新增审批项目。以企业注册登记、投资立项、工程报建和竣工验收为突破口，推行并联审批。稳步推进政府机构改革和事业单位分类改革。拟定政府机构改革和职能转变实施方案。组织协调、分级实施全省事业单位分类工作，积极推进事业单位法人治理结构建设试点工作。

完善法治型政府治理机制。认真贯彻实施《湖南省法治政府建设"十二五"规划》、《湖南省行政程序规定》、《湖南省政府服务规定》等"一规划两规定六办法"为主要内容的依法行政制度体系，深化行政执法体制改革，在全省各市县全面完成城市管理领域相对集中的行政处罚权工作。

形成社会组织健康发展机制。对行业协会商会类、科技类、公益慈善类、城乡社区服务类社会组织实行民政部门直接登记制度，依法加强登记审查和监督管理。在医疗、教育、养老、文化等公共服务领域，采取购买服务、特许经营、合同委托等方式，构建多层次多样化的公共服务供给体系。

深化社会信用体系建设。落实国家实施信用体系建设总体规划，着力推进食品药品、环境保护、工程建设、债券申报和融资担保等重点行业、重点领域信用建设。加强价格诚信体系建设。加强省信用信息系统建设，加大对企业和个人违法、违规等严重失信行为的披露力度，推动守信激励失信惩戒机制在司法、行政和社会管理工作中的联动作用，营造良好的社会信用环境。

深化财税体制改革创新，构建公共服务型财税体制。全面评估并整体提升省以下财政体制和省直管县运行绩效。强化财政对国库集中支付资金流向、使用的管理和监督，稳步推进预决算公开，加强预算绩效管理，扩大政府采购范围和规模。健全财政投资体制，促进财政投资向基本公共服务倾斜。争取尽快开展营业税改征增值税试点，逐步扩大增值税征收范围，相应调减营业税等税收；探索对企业节能环保技改投资实施税收抵减优惠政策；争取尽快开展征收环境保护税试点；探索进行资源税改革，适当提高资源税税负，完善计征方式；争取尽快设立财政支持"两型社会"建设的专项资金。构建灵活高效、可持续的公共融资机制。完善财政投入保证机制，保证公益性投入增长与财政增长成正比上升。建立三市城市群统一的财政投融资平台，用于长株潭城市群间共建共享。完善公共融资机制，争取政策开展长株潭市政债券融资。

深化金融体制改革创新。推进场外交易市场建设，争取开展证券公司柜台交易试点，建立场外交易市场，支持试验区非上市股份公司进入统一监管的全国性场外交易市场，推动区域内产权交易所、股权交易所与全国性场外交易市场对接；完善金融市场体系，鼓励发展小额贷款担保公司和村镇银行，争取给予长株潭试验区小额贷款担保公司与村镇银行、农村信用社同等优惠政策，争取先行先试规范民间借贷、缓解中小微型企业融资困难方面的金融改革；申请发行"两型社会"彩票，突破环境保护、生态建设方面的资金瓶颈。深化融资机制改革，积极构建多元化投融资主体结构。积极鼓励和引导非公有资本和各类社会资本以独资、合资、合作、联营、项目融资等国家允许的方式投资产业，构建以市场为主，政府为辅的多元化投融资主体结构。对部分收费不能弥补其建设运营成本的项目采取财政补贴或权益补偿等方式提高其可经营性。建立项目周边土地溢价征收机制，对项目进行外部性溢价补偿融资。

推进扶持实体经济发展的投融资体制改革。认真落实鼓励引导民间投资健康发展的实施细则，扩大民间投资准入领域，降低准入门槛，进一步简化民间投资项目审批程序，促进民间投资进入能源、金融服务、公用事业、保障性住房、节能环保等领域。建立健全政府预算内投资项目公示制度和专家评议制度，继续扩大政府投资项目"代建制"范围。做实做强政府融资平台，提高融资能力，加强政府性债务全过程管理的机制建设。加强企业直接融资体系建设，促进股权投资和债权投资健康发展，探索股权投资在社会养老保险服务发展中的积极作用。规范发展私募基金市场。完善金融服务体系，稳妥开展小额贷款公司试点，加强中小企业信用担保体系建设，规范融资性担保机构发展，支持符合条件的农村合作金融机构改制为农村商业银行，推进组建村镇银行，积极培育面向小型微型企业和"三农"的金融机构。在风险可控前提下，支持企业开展多样化融资。鼓励和支持有条件的基础设施企业进入资本市场直接融资，通过上市融资、企业债券、中期票据、短期融资券、保险资金、项目融资、融资租赁、资产重组、股权置换、资产证券化等方式筹措发展资金。鼓励金融机构开发基础设施金融产品，开展集合融资。建立长株潭产业投资基金。

深化统筹城乡发展体制机制改革创新。建立城乡公共资源均衡配置机制，推进新型农村社会养老保险制度和城镇居民社会养老保险制度全覆盖，实现城乡养老保险制度有效衔接；建立城乡义务教育均衡发展机制，缩小硬件和教学水平等方面的差距；完善覆盖城乡的公共卫生体系和医疗服务体系，推行城乡卫生一体化管理机制，逐步推进新型农村合作医疗和城镇居民医疗保险制度衔接；建立城乡环境同治机制，建立健全农村垃圾和污水处理系统，调动政府、市场、社会组织等多方面积极性，加快建立全覆盖的农村生态环境治理工作机制和服务网络；建立城乡基础设施建设一体化机制，以加快农村土地综合整治示范为重点，加快推行整村、整镇、整县土地整治模式，改善农村居住条件，建立城市道路、供水、污水垃圾处理设施、园林绿化等基础设施向农村延伸机制；推动农民工市民化，探索户籍制度突破。

逐步推进城乡基本公共服务均等化。加快推进户籍制度改革，落实《湖南省人民政府办公厅关于积极稳妥推进户籍管理制度改革的实施意见》（湘政办发〔2012〕38号），引导农业转移人口有序向城镇转移。开展城乡居民大病保险试点，整合城乡基本医疗保险管理职能，逐步统一城乡居民基本医疗保险制度。积极推进统筹城乡就业，完善促进农业转移人口就业创业的政策体系，加强农业转移人口技能培训，完善公共就业服务平台。多渠道改善农业转移人口居住条件，鼓励将符合条件的农业转移人口全面纳入城镇住房保障体系。探索保障性住房管理和分配新机制，促进保障性住房信息公开。研究推动教育、医疗等基本公共服务逐步覆盖全部城镇常住人口。

推进农村土地管理制度改革。加快推进农村集体土地所有权确权登记发证，扩大农村土地承包经营权登记试点工作，积极稳步推进农村土地承包经营权流转，依法维护农民土地承包经营权、宅基地使用权、集体收益分配权。稳妥推进征地制度改革，规范征地拆迁管理，尊重和保护农民以土地为核心的财产权利。积极对接国家即将修订的《土地管理法》和即将出台的《农村集体土地征收补偿条例》，及时修订和出台湖南省贯彻实施的办法和细则，提高农民在土地增值收益中的分配比例。在坚持和完善农村基本经营制度的基础上，创新农村生产经营体制机制，加快培养新型农业经营主体。继续开展集体建设用地基准地价评估试点，稳妥开展农村集体经营型建设用地使用权流转试点工作。

共建共享机制改革。建立统筹机制，实现项目建设中的城乡、部门、行业、地区统筹。根据各类项目的不同经济社会属性和行政隶属关系，以遵循国家相关法律法规为基础，以利益机制为纽带，以统一协调管理为保证，构建互惠互利、互助互赢的共建共享机制，形成持续稳定的共建共享关系。在具有收费机制的区际性经营性和准经营性领域，创造条件，积极推进经营主体一体化，以市场一体化经营机制推进共建共享。经营性项目建立合理的财税分成机制；准经营性项目建立合理的财政补贴分摊机制，促使经营主体获得行业平均利润率；在不具有收费机制的区际性非经营性领域和其他难以市场化经营的领域，积极探索"分建、共享、分管"和"共建、共享、共管"相结合的多元化机制。在大型科学仪器、数字资源、教育设施、医疗设备、文化体育设施等资源性基础设施领域，积极打破地域、行业和单位界限，建立规划统筹化、建设一体化、资源社会化的建设和使用制度，并建立投资者受益、使用者付费和管理者获补偿的利益共享机制。

价费机制改革。以市场调节为主导，市场调节和政府调控相结合，建立和完善公用事业价格形成机制，对自然垄断、技术垄断和行政性垄断公用事业业务，根据"公平合理、切实可行"的要求，建立由政府、企业、消费者共同参加的价格协调机制，实行政府定价或者政府指导价，并充分尊重市场调节的主导，发挥市场调节价格的决定性作用。积极创新价格监管方式，加强对公用事业产品和服务价格及成本的有效监管，尤其是要加强对垄断行业的价格监管，强化成本约束，促进公平竞争。以有利于促进资源节约和环境保护，有利于提高社会分配效率，有利于以提高企业效益和经营效率为目标，统筹兼顾，形成能够反映资源稀缺程度、资源成长、资源枯竭后退出成本和环境治理成本的价格体系。对国家限制发展的高耗能、高污染企业，依法实行约束型的价格政策。以推进城乡统筹、三市统筹为目标，建立价格统一、管理统一的公用产品和服务价格体系。

积极稳妥推进收入分配制度改革。认真落实国家关于收入分配制度改革相关部署，研究湖南省收入倍增行动方案，及时出台湖南省收入分配制度改革实施意见，积极推进相关领域改革先行先试，出台配套措施和实施细则，促进收入分配结构和制度逐步完善。

深化医疗卫生体制改革。健全全民医保体系，探索建立重特大疾病保障和救助机制。巩固完善基本药物制度和基层运行新机制。加快推进县级公立医院综合改革试点，改革补偿机制、人事分配制度，建立现代医院管理制度，提升县级医院服务能力。加强基层医疗卫生服务体系建设。促进基本公共卫生服务均等化。加强基层卫生人才队伍建设。推进医疗卫生信息化建设。

深化教育体制改革。加大对教育体制改革试点工作的统筹力度，重点推进长株潭城市群教育综合改革。着力加快学前教育普及步伐。积极探索义务教育均衡发展新机制。深入推进职业教育办学模式改革。建立健全高校服务经济社会建设的新机制。优化教师培养配置机制。加快推进教育信息化。

深化文化体制改革。抓紧完成第二批非时政类报刊出版单位体制改革，继续深化国有文艺院团体制改革，完善法人治理结构，探索股份制改造。积极组建省管文化产业集团，加快推进文化企业上市融资。完善公共文化服务体系，健全投入保障机制，创新公共文化提供方式。

第二节 "两型"管理体制的改革

一、管理架构

（1）加强领导，建立高位协调机制。成立市城市管理委员会（以下简称"市城管委"），由市委书记任顾问，市长任主任，分管副市长任副主任，市直相关部门（单位）负责人和高新区管委会主任、各区县（市）长为成员。市城管委下设办公室，办公室设在市城管局。将城市管理提升为党政"一把手"工程，明确市城管委负责全市城市管理工作的宏观决策、统筹规划、组织协调，市城管委办公室负责协调、监督、考核各成员单位的城市管理工作。

（2）重心下移，明确属地管理责任。进一步明确高新区管委会、各区人民政府为辖区内城市管理工作的责任主体，加大简政放权力度，将部分城市管理行政审批权限、职能职责及各区城管执法大队下放至各区，实行属地管理。进一步明确市、区、街道、社区在城市管理中的职责定位和事权划分，形成"两级政府、三级管理、四级网络"的城市管理格局。

（3）强化领导协调机构的职能作用。探索以试验区党工委和管委会协调各市的机制；注重发挥立法机构的作用，通过地方立法、执法检查等方式强化"两型社会"改革的地位，促进体制机制改革创新的推进；进一步探索促进示范区和中心小城镇发展的行政管理体制机制，将行政管理、审批权等进一步下放。

二、运行机制

（1）监管分离，实现责权利相统一。厘清"裁判员"和"运动员"的关系，从监管合一的模式向监管分离模式转变，促进监督考核和日常管理分开。进一步明确市、区两级事权划分，落实区级城市管理责任，强化市级监督、考核职能。

（2）理顺职能，明确部门职责分工。一是严格落实建管分开，实行"规划、建设、管理"分立并重，市城管局不再承担具体项目建设，集中精力抓好对市直相关部门和各区市政设施维护管理工作的监督考核。二是进一步明确市直相关部门在城市管理方面的职责权限，集中解决城市管理中存在的职能交叉和关系不顺等问题，建立健全部门协调配合机制，形成城市管理工作合力。

（3）创新机制，建立健全保障措施。建立健全考核奖惩、责任追究、城市网格化管理、数字化城管、严管重罚等工作机制。根据城市发展需要，逐年增加城市管理经费的投入，完善事权与财权相匹配的经费核拨制度。按照政企分开、管办分离的原则，加大城市管理购买公共服务力度，积极推行养护作业市场化。

（4）按照"小政府，大社会"的发展要求，推进基础设施领域政企、政资、政事、事企、政府与中介机构分开，转变政府职能，从根本上改革不合理的政府管理模式，逐步实现政府角色由基础设施的直接提供者转向促进者。确需政府投资提供的公益项目与服务，以政府有偿委托为主进行市场化运作。

（5）按照精简、统一、效能和决策、执行、监督相协调的要求，以"同一管理对象的同一事项交由一个部门管理，同一性质的不同事项交由一个机构协调处理"为原则，科学规范基础设施领域行政管理部门职能，理顺分工，推进政府机构改革，实现机构职责的科学化、规范化和法定化。

（6）按照现代企业制度要求，分类改造基础设施公用企业，建立富有活力的、符合现代企业制度要求的企业经营机制。按照分类改革原则，改革公用事业单位管理体制。除非营利的公益性单位仍保留事业单位体制外，对其他公用事业单位根据其职能和营利性质分别改革为政府部门、企业和市场中介组织，或予以撤销。以有利于促进经济一体化、提高管理效率、调动各方积极性为目标，打破行政区划限制，积极探索以经济区域为对象的管理新体制，率先在基础设施领域实现行政管理一体化。

第三节 重点领域体制机制改革

一、资源性产品价格机制改革

（1）加快推进资源性产品价格改革。对居民生活用水和用电实行阶梯价格政策，逐步推行阶梯气价；对非居民用水实行超定额累进加价政策，研究推进非居民用电超定额加价机制。进一步完善水、火电上网价格形成机制，加快推进大用户直购电试点。加快燃煤电厂脱硝设施验收，全面落实脱硝电价政策，建立脱硝电价考核、监管机制。跟踪评估资源性产品价格改革实施效果，调整差别价格合理区间。推进水资源、污水处理和垃圾处理收费制度改革。加快推行阶梯式计量水价等有利于节水的计价制度，对国家产业政策明确的限制类、淘汰类高耗水企业实施惩罚性水价，制定支持再生水、雨水开发利用的价格政策，合理确定各类用水的水资源费征收标准，加大征收管理力度，在审核供水企业运营成本、强化成本约束基础上，合理调整城市供水价格，认真落实全省统一的污水处理费征收标准；按照"污染者付费"原则，推进垃圾处理收费制度建设，促进生活垃圾处理设施项目的市场化运作，探索以价格机制引导可回收和不可回收垃圾的分类收集。

（2）深化资源节约体制机制改革创新。推进水价改革，健全城市居民生活用水阶梯价格制度和非居民用水累进加价制度，实行分质供水，制定鼓励生产和使用再生水的价格和财税政策，探索完善水权制度、建立水权交易市场；推进电价改革，稳妥扩大居民用电阶梯价格制度实施范围，进一步加大实行惩罚性电价政策的力度，制定鼓励可再生能源发电、垃圾焚烧发电和填埋气体发电的价格及收费政策；建立能源消费总量控制制度，推动形成节能管理、服务和督察制度；探索建立绿色建筑、可再生能源建筑应用的推广机制；探索完善绿色消费促进机制，加大节能家电、新能源汽车的推广力度。

二、产业转型升级机制改革

（1）建立创新驱动机制，认真实施《创新型湖南建设纲要》。构建以企业为主体、市场为导向、产学研相结合的技术创新体系，构建科技成果转化市场激励机制。探索市场经济条件下产学研用合作的投入和利益分配机制，积极探索开展专利权质押贷款。健全科技创新评价标准、激励机制、转化机制。

（2）推进国有企业改革，完成省属国企改革扫尾任务，加快解决国有企业办社会负担和历史遗留问题。稳步推进市州所属国企改革。理顺国有资产管理体制，完善国有资产监管制度。推进国有经济战略性调整和国有企业并购重组。

（3）加快构建开放型产业体系。加快口岸大通关建设，充分发挥海关特殊监管区域政策功能优势。推进长沙、衡阳、郴州、永州"内陆无水港"建设。推进岳阳城陵矶临港新区和长沙临空产业园建设。支持国家级园区承载能力和配套能力建设，推动条件成熟的园区升级为国家级园区。支持信息技术、第三方物流等传统领域的服务外包，以及金融服务、供应链管理等新型服务外包业态发展。强力推进承接产业转移。

三、PM2.5 监测与防治体制改革

（1）推进"两型社会"体制机制创新。深化"两型"工业准入提升、联合产权交易平台、资源性产品价格、排污权交易、生态补偿、大气监测与联防联治、绿色 GDP 评价等十大重点改革。

（2）实施差异化产业和考核政策。开展以县级行政区为单位的资源环境承载能力评价，出台差异化区域发展产业、财政政策和绩效考核体系。对自然生

态空间和矿产资源进行统一确权登记，开展划定生态红线试点，实行资源有偿使用。

（3）推广清洁低碳技术。落实最严格的耕地和水资源保护制度，加快建立资源能源节约集约和循环利用体系，完善清洁低碳技术创新推广应用体系。

（4）建立市场化环保机制。着力推进以长株潭为重点的大气污染防治、以湘江流域为重点的重金属治理、以畜禽及渔业养殖为重点的农村面源污染治理，建立市场化的生态环境保护新机制。

（5）终身追究责任。以完善监管体系为重点，探索建立生态环境损害责任终身追究制和环境污染事故责任追究制，实施严格的生态环境损害赔偿和刑事责任追究制度，启动研究生态环境损害责任终身追究办法。

四、排污权交易机制改革

健全排污权有偿使用和交易制度，完善初始排污权分配和管理制度，加快形成能够反映环境容量和环境影响程度的排污权指标交易价格体系；继续推进排污权抵押贷款工作，完善城市污水和固体废弃物处理费征管办法；建立重度污染区域产业整体退出机制，探索对重度污染区产业整体退出给予用地保障、税费返还、职工安置等政策支持；建立湘江流域环境治理支持机制，探索发行湘江流域治理债券，筹措治理资金，制定湘江流域重金属污染防治关键技术研发和转化应用支持政策；完善重点流域和区域的生态补偿机制，探索建立跨市河流生态补偿、生态环境资源补偿、污染损害赔偿等制度；开展环境经济政策试点，探索开展节能量交易、碳交易试点，率先开展区域性环境资源交易平台试点。深化环境保护和治理体制机制改革创新，加快建立环境保护市场化机制。探索建立城乡垃圾分类、收集、运输、处理体系，建立大气污染联防联控机制。开展企业环境行为信用评价。在涉重金属企业和石油化工等环境风险行业进一步推进环境污染强制责任保险试点。深化集体林权制度配套改革，创新林业金融服务，完善林权抵押贷款和森林保险机制。

五、农村环境污染治理体制改革

1. 基本措施

（1）用大环保的理念，理顺环境保护执法监督管理体系，建立完善责、权、利相统一的环境保护综合部门，减少部门之间行政摩擦、行政扯皮，解决环境保护多头执法、执法重叠的问题；以提高行政效率、降低行政成本为宗旨，构建省、市、县（区）三级环境保护行政领导和执法监督体制，形成合力，减少区域之间利益摩擦、相互扯皮，解决执法标准不一、执法力度不一的问题。

（2）建立先进的环境监测预警体系。整合环保系统资源和社会资源，依托省、市、县三级环境监测站，建设环境质量监测、污染源监测、应急监测与核辐射环境监测相统一，常规监测与自动在线监测相统一的功能监测机构，解决环境监测监控功能分散、数出多门、重复建设、资源共享度低等问题，达到"体制顺畅、数据准确、方法科学、管理规范、网络健全、传输及时、人员精干"的要求，做到全面反映生态环境质量状况和变化趋势，及时跟踪污染物排放的变化情况，准确预警和及时响应各类环境突发事件，满足长株潭城市群"两型社会"建设的需要。建立环境质量报告和发布制度，及时发布各类环境监测信息。

（3）建立完备的环境执法监督体系。突破环境执法障碍，强化执法效能，形成程序规范、监管有力的环境监察机制。完善排污申报登记制度，全面实施排污许可证制度，逐步实现依证监管、持证排污、按证交费。全面掌握危险化学品使用单位、一类污染物产生排放单位等可能突发环境风险的企业情况，建立"黑名单"。在环境监测机构健全环境监测网络，实现实时监控的基础上，建立统一领导、分级管理、功能全面、反应灵敏、运转高效的环境应急综合指挥系统。对违反环境影响评价和"三同时"制度的建设项目和超标排污企业，由环境保护行政主管部门责令停止建设或停产。把环境诚信记录纳入商业、外贸、金融机构等综合诚信体系之中，使企业的环境行为接受社会监督。

（4）探索建立环境友好型社会法规政策标准体系。在遵循国家法律法规基本原则的前提下，因地制宜，改革创新，围绕生产、流通、分配、消费经济发展全过程，在产业准入退出、污染治理、循环经济、生态补偿、环境标识、价格、税收、贸易、设备折旧、政府采购等方面，探索试验有利于环境友好型社会建设的地方法规、政策和标准，并在试验中总结、提高、完善。

2. 具体办法

（1）探索建立环境优化经济增长机制。以守住"四条底线"、加快经济结构由"三高一低"型向环境友好型转变为主线，促进经济又好又快发展。根据资源禀赋和环境容量，将国土划分为优化开发、重点开发、限制开发和禁止开发区，以此为依据制定区域产业发展规划，实施有区别的环境政策，优化产业布局。以环境承载力为依据，把主要污染物排放总量控制在环境容量以内，实行严格的环境准入和退出政策，规范"区域限批"、"企业限批"措施。禁止建设高能耗、高物耗、高污染的项目，限制现有"三高"产业外延扩张，鼓励发展资源能源消耗低、环境污染少的高效益产业，大力发展第三产业，实现增产不增污或增产减污。综合运用技术、经济、法律和必要的行政手段，做好污染企业的取缔、关停、淘汰、并转等退出工作，为发展腾出环境容量。大力发展循环经济，抓好循环经济企业和循环经济产业园的示范和推广，推动产业形成循环链条，完善再生资源回收利用和安全处置体系，促进生产方式转变。做大做强环保产业，大力发展环保制造业、环保服务业，建设环保产业大省，使环保产业成为湖南省新的经济增长点。发展低碳经济，大力推广核能、太阳能、生物质能、风能等低碳新能源，倡导低碳生活，开展低碳消费、低碳社区、低碳产业试点。

（2）建立和完善环境保护市场化机制。改变以往主要用行政手段保护环境的方式，更多地运用经济手段、通过市场化机制解决环境问题。创新环境经济政策，开展湘江流域生态补偿、排污权交易和环境污染责任险试点。完善政府、企业和社会多元化的环境保护投融资机制，建立污染治理市场化运营机制，实现谁污染谁治理，谁排污谁付费，谁破坏谁恢复，谁受益谁补偿，谁治污谁得利，解决"违法成本低、守法成本高"的问题。制定鼓励政策和优惠政策，吸引国内外企业、金融机构和民间资本投入到环境保护事业中来。盘活现有环境基础设施和企业治污设施存量，以资本为纽带，培育环保设施建设与运营体系，培育一批守信用、懂技术、会管理的专业化污染治理服务企业，提高治理设施的利用效率运行质量，实现污染治理的市场化。发行湘江流域综合治理项目收益债券，创新投融资模式。建立和完善绿色采购制度，各级政府机关带头实行绿色采购，引导社会公众积极参与绿色采购。

（3）探索建立环境资源问责机制。发挥绩效考核的导向作用和推动作用，引导领导干部树立科学的发展观和正确的政绩观。将资源消耗强度和污染排放强度纳入发展评价体系，纳入领导班子、领导干部政绩考核的重要内容，健全评价考核指标体系。对资源环境主要指标实行目标管理，定期进行考核，公布考核结果。领导班子、领导干部实绩考核实行资源环境一票否决，对资源环境工作做出突出贡献的单位和个人给予表彰和奖励。建立资源环境问责制，对因决策失误造成重大资源浪费和环境事故、严重干扰正常资源环境执法的领导干部和公职人员，严肃追究责任。

(4)建立完善长株潭城市群环境同治协调机制。编制长株潭城市群环境同治规划，以湘江污染防治为中心，以重金属污染防治为重点，建立长株潭城市群环境同治机制。做到"五个统一协调"：制定统一协调的产业准入退出政策，把好新建项目环境准入关，做好技术落后、污染严重、浪费资源企业的取缔、关闭、淘汰等退出工作；制定统一协调的治污目标，突出湘江保护，重点抓好辖区内超标污染物、特征污染物、城镇生活污水和生活垃圾治理；制定统一协调的环境功能区划，以保护上下游饮用水源安全为最高标准，优化排污总量分配与组合，解决区域之间环境功能不衔接、不协调的问题；建立统一协调的环保联动机制，区域之间统一执法标准、执法程序和执法力度，共同遏制区域内污染转移和违法排污，实现环境政务公开和信息资源共享；建设统一协调的环保共享设施，不重复投资建设。

(5)建立完善公众参与和社会监督机制。建立公众参与环保的知情、表达、监督及诉讼机制。完善环境信息平台，及时发布环境政务信息，推进环境政务公开。稳步推进企业环境行为信息公开，鼓励和引导公众和社会团体有序地参与环境保护。建立完善环保决策听证制度、环保信访制度、公众参与环保监督机制和制度，建立完善公众参与环境保护影响评价有效性的评价体系。健全环保举报奖励制度，保障"12369"电话等举报渠道畅通。加强环境宣传和生态文化建设，提高全社会的资源环境保护意识，倡导绿色消费方式。

3.保障措施

(1)加强组织领导。省环境保护厅成立长株潭城市群"两型社会"建设综合配套改革试验区环境保护体制改革领导小组，全面负责改革试验工作。对改革的进展情况和改革中遇到的重大问题，领导小组及时向省人民政府、省长株潭城市群综合配套改革试验区领导协调委员会办公室报告。建立环境保护部和省政府之间的部省合作机制，研究"两型社会"建设中环境保护重大问题，总结经验，指导改革试验工作。

(2)明确职责分工。改革方案由省环境保护厅牵头实施，省直相关部门、长株潭城市群各市人民政府共同参与，改革任务分解落实到相关部门、相关市，省市联动，各负其责。长株潭三市作为改革实验主体，制定相应具体的实施方案，负责组织实施。周边五个城市要围绕"两型社会"建设改革试验的主要内容，结合本地实际，选择重点领域和关键环节，主动改革，大胆试验，做好与长株潭的衔接互动。加大部门协调，形成改革合力，共同推进改革。建立考核制度，定期对改革任务完成情况进行考核。

（3）加大环保投入。完善环保投入机制，各级财政要把环境保护投入作为各级财政支出的重点内容，视财力状况逐年加大环保资金投入力度，建立环保投入的长效机制。积极争取国家对长株潭城市群"两型社会"建设环保工作的支持。推动形成全社会的多元化环保投入格局，拓宽环保投融资渠道，鼓励企业增加环保投入，积极引导外资和社会资金参加环保建设。

（4）加强法规政策保障。切实加强环境立法，制定《洞庭湖保护条例》，修订《湖南省湘江流域水污染防治条例》和《湖南省机动车排气污染防治办法》。根据改革方案出台湘江流域生态补偿、排污权交易等相关配套措施，统一试验区内产业准入退出政策、执法标准，逐步完善试验区污染物排放标准体系。

六、生态补偿机制改革

（1）探索建立区域生态环境补偿机制。建立完善生态效益补偿机制，实行区域补偿、流域补偿和要素补偿相结合的生态效益补偿机制。进一步完善重点生态功能区转移支付办法，研究建立湘江流域生态效益补偿机制，逐步完善公益林等要素补偿机制。以林地潜在经济价值为参照，建立覆盖全部生态公益林、森林生态效益补偿标准普遍提高的差别补偿制度。建立和完善公益林保护管理协议制度，促进森林绿地和生态环境保护。积极建设国家生态园林城市群。到2020年，城市建成区人均公园绿地面积、绿地率、绿化覆盖率、综合物种指数和本地植物指数、核心区森林覆盖率、退化土地恢复率、生态园区土地国有化率、交通附属设施绿化美化合格率、江河两岸宜绿化地段绿化率等指标达到规划目标。

（2）制定长株潭生态保护建设规划，且与城市群区域规划、土地利用规划相衔接。积极探索统一的生态建设管理体制。对分散在三市各职能部门的核心区郊野林业、水土保持、城市绿化、城市园林、风景名胜区、生态廊道、铁路公路及水系绿化等生态建设管理职能进行整合，形成职能统一、层级有序、精简有效的管理体制。清理和废止不符合生态建设发展要求的法规和政策，探索建立和完善生态建设专业技术服务和执法监管机制，为核心区生态建设提供专业技术支撑和服务,加强湿地和生态公益林保护。

(3)推进生态专用基地建设。以生态园区为重点,通过设立自然保护区、风景名胜区、森林公园等多种形式,切实加大对昭山绿心等特殊生态用地的保护力度,建设生态专用基地。对生态专用基地内的林业用地,除国家和省批准的交通、能源、水利、军事等重大工程项目建设外,任何部门不得办理林地占用、农用地转用等审批手续,任何单位和个人不得改变其用途,用于非林业建设。

(4)建立多元化生态建设投融资机制。通过加大公共财政投入、建立生态建设专项基金、提高生态收费标准、拓宽城市绿化收费渠道、提取生态廊道建设费、加强资源费征收、健全生态环境破坏经济赔偿制度、加强社会融资、发展生态旅游等方式,保证生态建设资金需要。严格实行城镇绿线绿章管理制度,制定实施城市异地绿化补偿收费办法,推进城市园林绿化发展。

七、绿色建筑推广机制改革

(一) 基本原则

(1)抢抓机遇,加快转型。紧扣"四化两型"发展战略,围绕建设"绿色湖南"发展目标,抓住国家全面推进绿色建筑行动、支持可再生能源建筑应用示范、建设绿色生态城区的有利时机,加大政策、资金扶持力度和配套能力建设,促进节能建筑向绿色建筑转型升级。

(2)突出重点,整体推进。以长株潭城市群和"两型社会"示范区为重点,逐步向其他地区延伸。重点推动绿色建筑集中示范区建设,重点推进政府投资公益性公共建筑、保障性住房及大型公共建筑率先执行绿色建筑标准,重点抓好新建建筑节能、既有居住建筑节能改造、大型公共建筑节能监管及节能改造、可再生能源建筑应用,重点推广绿色建筑材料、绿色照明、高效能建筑耗能设备,普及绿色施工,推进住宅产业化,严格建筑拆除管理,推广节水与建筑一体化。

(3)政府引导,市场推动。充分发挥政府的主导作用和市场配置资源的决定性作用,发动群众广泛参与,引导绿色建筑发展由政府主导向市场推动转变。加强宣传教育,培育市场需求;提高企业自主创新能力,加快新技术研发、转化和推广应用;培育咨询服务机构,引导新材料、新能源等战略性新型产业发展;加强监管和工作指导,促进市场有序发展。

(4)因地制宜,分类指导。充分考虑湖南省不同地区的经济社会发展水平、资源条件、气候特征、建筑特点及人民生活习惯，合理制定技术路线，实施有针对性的政策措施。

（5）质量第一，集约高效。坚持把确保人民生命财产安全放在首位，在确保建筑质量和安全的前提下，积极推广各种适宜、高效的绿色建筑技术和产品。树立建筑全生命周期理念，综合考虑投入产出效益，合理选择规划、建设方案和技术措施。

（二）总体目标

在进一步抓好建筑节能的基础上，促进建筑节能向绿色、低碳转型，提高绿色建筑在新建建筑中的比重。到 2015 年底，全省 20%以上城镇新建建筑达到绿色建筑标准要求，各县创建 1 个以上获得绿色建筑评价标识的居住小区，长沙、株洲、湘潭三市城区 25%以上新建建筑达到绿色建筑标准要求；全省创建 5 个以上示范作用明显的绿色建筑集中示范区，其中长沙、株洲、湘潭三市应分别创建 1 个以上绿色建筑集中示范区；到 2015 年底，全省城镇新（改、扩）建建筑严格执行节能强制性标准，设计阶段标准执行率达到 100%，施工阶段标准执行率全省设区城市达到 99%以上，县市和建制镇达到 95%以上；到 2020 年，全省 30%以上新建建筑达到绿色建筑标准要求，长沙、株洲、湘潭三市 50%以上新建建筑达到绿色建筑标准要求。建立并完善绿色建筑建设与评价的政策法规体系、建设监管体系、技术标准体系和咨询服务体系，基本建立政府引导、市场推动、社会参与的绿色建筑发展模式，绿色建筑理念成为全社会的广泛共识。

（三）工作重点

1. 积极推进绿色建筑区域化、规模化发展

科学编制城乡建设规划。各地城市规划编制应以绿色、节能、环保理念为指导，建立包括绿色建筑比例、生态环保、公共交通、可再生能源利用、土地集约利用、再生水利用、废弃物回收利用等内容的指标体系。以绿色指标体系为指引，制定土地综合利用规划、水资源利用规划、能源利用规划、固体废弃物利用规划、绿色交通规划、绿色建筑布局规划等绿色生态专项规划。

建立绿色建筑区域推广制度。建立规划管理中落实绿色建筑有关要求的制度，将绿色指标体系纳入总体规划、控制性详细规划、修建性详细规划、专项规划，并在下达地块的规划设计条件时落实到具体项目。建立土地招拍挂、项目立项过程中将绿色建筑有关要求落实到地块的制度。

开展绿色建筑区域示范。有条件的地区应结合城市规划新区、"两型社会"示范区、经济技术开发区、高新技术产业开发区、生态工业园区、旧城改造区建设,积极开展绿色建筑集中示范区创建工作。绿色建筑集中示范区应符合以下条件:建立绿色指标体系、制定绿色生态规划;起步区面积原则上不小于3平方公里,起步区内新建民用建筑绿色建筑评价标准执行率(按建筑面积)达90%以上,2年内绿色建筑开工建设规模不少于100万平方米;在制度创新、示范宣传及市场机制改革方面有突出的示范作用。鼓励有条件的示范区按国家绿色生态城区要求进行建设。

2. 大力推进新建建筑执行绿色建筑标准

推进公共建筑率先执行绿色建筑标准。以公共建筑为突破口,切实提高绿色建筑标准执行率。从2014年起,政府投资的公益性公共建筑全面执行绿色建筑标准。推动建筑面积2万平方米以上的大型公共建筑率先执行绿色建筑标准。积极引导其他类型的公共建筑按绿色建筑标准进行建设。

促进保障性住房按绿色建筑标准进行建设。促进保障性住房在科学控制增量成本的基础上执行绿色建筑标准。推进保障性住房的施工工厂化、部件产业化、装修一体化,因地制宜推广太阳能光热建筑一体化应用技术。绿色建筑集中示范区内的新建保障性住房全部执行绿色建筑评价标准。从2014年起,长沙市的保障性住房全面执行绿色建筑标准。

引导房地产项目执行绿色建筑标准。加大绿色建筑评价标识的工作力度,制定与绿色建筑标识制度配套的激励政策,引导房地产企业执行绿色建筑评价标准。因地制宜推广建筑物外遮阳、可再生能源建筑一体化、住房全装修、屋顶绿化及墙体绿化、雨水收集及中水回用等绿色适宜技术。

3. 加快推进绿色建筑有关具体工作

进一步加强新建建筑节能监管。加强以执行建筑节能强制性标准为主要内容的监督和执法,提高设计、施工阶段建筑节能强制性标准的执行率,在全省范围内严格落实新建建筑节能相关法律法规。在长沙、株洲、湘潭三市和有条件的城市组织开展更高能效标准的试点、示范工作。积极推进绿色农房建设,科学引导农房执行建筑节能标准。

积极开展既有居住建筑节能改造。重点开展门窗节能改造、建筑物遮阳改造,因地制宜开展屋面和外墙节能改造、用能设备节能改造,探索既有居住建筑节能改造的技术路线和推广机制。有条件的地区应结合旧城更新、城区环境综合整治、平改坡、房屋修缮维护、抗震加固等工作，实施整体综合节能改造。

抓好公共建筑节能监管及节能改造。重点推进国家机关办公建筑和建筑面积2万平方米以上大型公共建筑的节能监管及节能改造。建立国家机关办公建筑和大型公共建筑能耗监测平台。新建国家机关办公建筑和大型公共建筑，必须实施建筑用能分项计量，并应与能耗监测平台数据联网。研究制定各类公共建筑的能耗限额标准，积极开展能耗统计、能源审计、能耗公示、超定额加价、能效测评工作。开展高等学校节能监管体系建设，扩大节约型校园建设规模。开展重点用能单位办公楼节能改造试点，推广合同能源管理。

加快推进可再生能源建筑应用规模化发展。因地制宜地推广太阳能、浅层地能、生物质能在建筑中的应用。加强可再生能源建筑应用工程的全过程监管，完善可再生能源建筑应用施工、运行、维护标准，探索可再生能源运行管理、系统维护的有效模式。加快已获批可再生能源建筑应用示范项目的实施进度，确保按时完成示范任务。

推广绿色建材和高能效建筑耗能设备。因地制宜发展蒸压加气混凝土砌块墙体、轻骨料混凝土多孔砖墙体、陶粒混凝土砖与陶粒混凝土砌块墙体等自保温墙体材料及外墙自保温体系。大力推广高强度钢筋、高强度混凝土及商品混凝土。推广节能灯具、节能电梯、节电设备、节气设备、节油设备。积极建设建筑节能和绿色建筑技术产业化基地，培育规模化生产能力。

普及绿色施工。积极开展绿色施工示范，推广绿色施工的新技术、新设备、新材料、新工艺。加强对绿色施工组织设计及绿色施工方案的审查，加强对绿色施工全过程监管。到"十二五"期末，设区城市全面普及绿色施工。

推进建筑工业化。推广适合工业化生产的新型建筑体系。提高建筑工业化技术集成水平，加快建筑设计、施工、部品部件生产等环节的标准体系建设。积极推广住宅全装修和菜单式装修。

严格建筑拆除管理。符合城市规划和工程建设标准且在正常使用寿命内的建筑，除公共利益需要外，不得随意拆除。研究制定建筑拆除管理办法，推行建筑垃圾分类处理和分级利用，加快建筑垃圾资源化利用技术、装备的研发推广。

推广节水设施与建筑一体化。推广雨水收集和综合利用技术，景观用水应优先采用雨水收集回用方式。新建建筑项目应制定节水方案，配套建设节水设施。

节水设施要与主体工程同时设计、同时施工、同时投入使用。严格执行节水型生活用水器具标准，积极推广微灌、滴灌、渗灌等节水型灌溉技术。

(四) 主要措施

(1) 加强组织领导。各地要建立住房和城乡建设、发展改革、教育、科技、经济和信息化、财政、国土资源、城市规划、水利、商务、物价、税务、机关事务管理部门 (机构) 参加的推进绿色建筑行动的协调机制。各市州人民政府要结合本地实际，制定绿色建筑行动实施方案。省住房和城乡建设厅与各市州签订发展绿色建筑责任书，明确"十二五"时期工作目标和年度目标。目标完成情况纳入省人民政府对市州政府节能减排目标责任评价考核。

(2) 加大财政投入。省财政对符合条件的绿色建筑集中示范区给予资金补助，具体额度和补助办法由省财政厅会同省住房和城乡建设厅研究确定。优先推荐符合条件的绿色建筑集中示范区申请绿色生态城区中央财政补助资金。财政及科技部门在科技支撑计划中要加大对绿色建筑及绿色低碳宜居社区领域的支持力度。各级人民政府要加大对发展绿色建筑的资金投入，重点支持绿色建筑集中示范区、绿色建筑工程、绿色建筑科技创新以及新建建筑节能、既有居住建筑节能改造、大型公共建筑节能监管及节能改造、可再生能源建筑应用等绿色建筑相关重点工作。

(3) 落实扶持政策。对取得绿色建筑评价标识的项目，各地可在征收的城市基础设施配套费中安排一部分奖励开发商或消费者；对其中符合相关条件的项目优先纳入省重点工程项目；对其中的房地产开发项目，另给予容积率奖励。对采用地源热泵系统的项目，在水资源费征收时给予政策优惠。以上具体办法由住房和城乡建设部门会同财政、水利、物价等有关部门研究制定。引导金融机构加大对绿色建筑项目的信贷支持。对列入省绿色建筑创建计划的项目，纳入绿色审批通道。对因绿色建筑技术而增加的建筑面积，不纳入建筑容积率核算。在"鲁班奖"、"广厦奖"、"华夏奖"、"湖南省优秀勘察设计奖"、"芙蓉奖"等评优活动及各类示范工程评选中，将获得绿色建筑标识作为民用房屋建筑项目入选的必备条件。对实施绿色建筑的相关企业，在企业资质年检、企业资质升级中给予优先考虑或加分。

(4) 加强过程监管。加强规划管理、项目立项、土地出让、勘察设计、竣工验收、报废拆除等环节的过程管理。各级人民政府要因地制宜地制定绿色指标体系，在城市总体规划、分区规划、控制性详细规划中逐层次明确绿色建筑有关要求；住房和城乡建设部门要研究制定在规划审批、设计审查、竣工验收、运营管理、报废拆除过程中落实绿色建筑有关要求的具体办法；发展改革部门要在固定资产投资项目节能评审中执行绿色建筑有关要求；国土资源部门要会同城市规划部门建立土地绿色出让制度，在土地划拨及土地出让、转让过程中明确绿色建筑有关要求；物价部门要制定绿色建筑有关的收费政策，规范收费行为，促进绿色建筑收费制度的发展和完善。

（5）强化技术保障。省住房和城乡建设厅要进一步完善绿色建筑评价制度；发布并及时更新绿色建筑及建筑节能相关技术、工艺、材料、设备的推广使用、限制使用和禁止使用目录；制定并完善绿色建筑勘察、设计、施工、监理、验收、物业管理等环节和绿色建筑各专业领域的技术标准；建立建筑能耗统计、能效审计长效机制，组织开展建筑能效测评；积极培育市场，引导建立绿色建筑综合性技术服务平台，实现设计、建造、能效测评和诊断改造一条龙技术服务支撑。发展改革、经济和信息化工作部门要大力扶持绿色建筑技术产业化基地建设。鼓励大中专院校开设建筑节能与绿色建筑专业课程，培养专业技术人才。各地要加强建筑节能检测中心、能效测评机构能力建设，引导勘察设计单位建立绿色建筑设计专设机构。

（6）开展宣传培训。充分利用网络、电视、报纸、杂志等媒体，广泛开展形式多样的宣传教育，普及绿色建筑常识，提高社会公众对发展绿色建筑重要性的认识，引导全社会形成节约资源、保护环境的生产生活方式和消费模式，为发展绿色建筑营造良好氛围。积极开展标准宣传、技术培训等活动，将绿色建筑相关知识作为注册建筑师、结构师、建造师等继续教育的重要内容，提高设计、施工、安装、评估和物业管理等从业人员专业素质。加强绿色建筑领域的交流与合作，促进全省建筑节能与绿色建筑技术管理水平提高。

八、绿色 GDP 评价体系改革

一是服务发展原则。以有利于提升区域核心竞争力和环境竞争力、有利于促进基础设施体系从基本适应转向适度超前，从数量扩张转向量与质并重，从为经济发展配套服务转向引导促进经济发展转变为目标，推进改革。

二是资源节约原则。以有利于减少对水土等自然资源占用，有利于建设过程成本费用控制和有利于基础设施管理、维护成本降低为目标，推进改革。

三是环境友好原则。以有利于进一步增强基础设施对可持续发展能力的支撑作用，减少基础设施建设对生态环境造成的负效应、有利于建设生态园林城市群为目标，推进改革。

四是城乡统筹原则。以有利于加强农村地区基础设施的建设和完善、有利于网络化的城乡基础设施规划和布局、有利于城乡各类基础设施项目在"点、线、面"上有机结合为目标，推进改革。

绿色 GDP 评价体系采用绿色 GDP 的一系列指标，在现有的 GDP 核算中，融入资源、环境因素，将经济增长与资源节约、环境保护综合进行考评。湖南省这一有益尝试，走在全国前列。

通过一轮轮研究论证，结合全省 14 个市州 2008~2010 年的数据测算情况，这套绿色 GDP 评价指标体系包括经济发展、资源消耗、环境和生态三个层面的 22 个指标，分别是经济增长、人均地区生产总值、第三产业和高新技术产业增加值占 GDP 比重、城镇居民可支配收入、农村居民纯收入等；单位 GDP 的能耗、水耗、电耗、建设用地，以及单位规模工业增加值能耗等；工业三废排放量占 GDP 比重、环境保护费用占 GDP 比重、工业废水、二氧化硫排放达标率、绿化覆盖率、城市污水处理率、城市空气质量良好天数达标率等。

绿色 GDP 评价体系的实施，将分两步走。第一步是将评价指标纳入政府统计公报，第二步再将评价指标纳入省绩效考核，实施考评。根据省政府要求，长株潭三市及所属县市（区）将绿色 GDP 评价指标纳入 2012 年政府统计公报。到 2013 年，绿色 GDP 评价体系在长株潭三市试行。

九、绿色采购制度改革

1. 政府采购规模快速发展，经济和社会效益大幅提高

2002 年，全省政府采购规模为 28.91 亿元，2011 年增加到 260.98 亿元，规模扩大 9 倍，2012 年全省政府采购规模突破 300 亿元。十年来，通过政府采购，全省累计节约财政资金 169.69 亿元。

省政府授权省财政厅逐年制定并颁布全省政府集中采购目录，成为各级预算管理单位编制政府采购预算和使用财政性资金采购货物、工程和服务的依据。政府采购资金范围从改革初期的单纯预算资金，扩大到部门预算资金、非税收入资金和纳入财政管理的其他资金及使用以财政性资金作为还款来源的借（贷）款。

纳入政府采购管理的项目迅速增加，农家书屋建设、乡镇文化站群众文化设备购置、免疫规划疫苗采购、社区医疗设施购置、动物防疫体系建设、中小学远程教育系统、家电下乡、农机、良种补贴集中采购等一大批民生、惠农项目实行了政府采购，取得了10%以上的节支率。

2. 制度体系逐步完善，采购行为不断规范

在法制湖南引领下，湖南加强政府采购制度建设，规范管理水平居全国领先地位。

《政府采购法》颁布实施后，财政部相继出台《政府采购货物和服务招标投标管理办法》（财政部令第18号）、《政府采购信息公告管理办法》（财政部令第19号）、《政府采购供应商投诉处理办法》（财政部令第20号）、《政府采购代理机构资格认定办法》（财政部令第31号，该财政部令于2010年12月1日被财政部令第61号替代）。

湖南省财政厅依据《政府采购法》，以财政部令为框架，出台了一系列规范性文件作为补充，逐步构建和完善了湖南省政府采购制度体系，一些富有前瞻性的制度设计和创新性举措走在全国政府采购制度改革的前列。如：省财政厅2005年出台的《关于规范非公开招标采购方式有关事项的通知》，率先对单一来源采购方式实行审批前公示制度；省财政厅、省监察厅《关于进一步加强政府采购监管工作的通知》则明确了财政部门和纪检监察部门对政府采购活动的监督职责，强调各司其职、各尽其责的同时要形成合力，共同推动政府采购改革发展；2007年省财政厅印发的《关于加强对政府采购代理机构监督考核的通知》，参考交通法则扣分制度，对代理机构的违法违规行为按值扣分，在全国开量化考核之先河；省财政厅《关于规范政府采购供应商质疑处理工作的通知》不仅明确了质疑书的格式、法律要件和质疑的程序，还规定了质疑的受理、处理程序和质疑答复书的格式及内容，在政府采购供应商质疑规范管理方面走在了全国前列。

为系统构建湖南省政府采购制度规范大全，经过四次集中起草和修订，三次广泛征求意见，2012年6月25日，省财政厅正式出台《湖南省政府采购工作规范》，并经省政府法制办备案以规范性文件形式印发。其中，政府采购行为规范涵盖了政府采购监督管理部门、采购人、采购代理机构、评审专家、供应商等各方当事人的基本行为规范。政府采购通用程序及文本涵盖了从预算管理、计划申

报、项目委托、合同管理、信息公告、采购文件归档到质疑和投诉、举报执法等全部通用程序及文本，还对政府采购招标方式以及非招标方式采购操作规程及文本进行了详细、全面的规定。《湖南省政府采购工作规范》的推出，有利于进一步规范政府采购行为，严格政府采购程序，强化政府采购政策功能，加强政府采购文本标准化建设，实现政府采购工作科学化、精细化管理，成为湖南省政府采购制度改革史上的里程碑。

3. 政策功能不断拓展，宏观调控能力明显增强

发挥政府采购的政策功能，是《政府采购法》赋予政府采购制度的重要任务之一，也是政府采购制度的核心内容。《政府采购法》出台以来，政府采购制度初步发挥了应有的政策功能，已从单纯的财政支出管理手段向宏观经济调控工具转变，大大拓展了政府采购制度的作用面，提升了政府采购制度在经济社会发展中的地位，增强了制度的生命力。

特别是 2008 年全球金融危机以来，省财政厅认真贯彻落实国家扩大内需提振经济的决策思路，将政府采购工作重心向发挥政策功能支持地方经济平稳较快发展方向上转变。第一，严格执行国家节能、环保政策，对节能清单内强制采购品目的九大类产品实行政府强制采购，对其他节能和环保产品实行政府优先采购。第二，认真落实《湖南省人民政府关于促进工业企业平稳较快发展的若干意见》（湘政发〔2009〕1 号），对办公家具、服装加工、印刷、造纸等劳动密集型行业给予扶持，实行省内优先采购。第三，对省内重点企业给予政策倾斜或订单支持。对长丰汽车、众泰汽车、吉利汽车、北汽福田等汽车制造企业实行优先采购政策；近年来向中南传媒直接订购中小学免费教科书，总价值近 20 亿元；在 2011 年紧急抗旱设备采购中实行省内有限竞争，将价值 5400 万元的政府采购订单授予中联重科、山河智能、长丰汽车三家省内重点企业。第四，大力支持科技创新和节能环保产品政府采购。省财政厅下文明确，在卫生系统信息化建设中直接订购中科博华龙芯防火墙安全产品；对远大空调、恒润道路桥梁维护设备、元亨制冷设备、南车时代电动汽车等节能环保、科技创新产品给予订单支持，开启绿色通道协议采购或直接订货采购。第五，积极开展"两型"课题研究。省财政厅以"两型"产品采购作为切入点，积极探索发挥政府采购政策功能的实现途径。省财政厅与省社科院、省"两型办"成立了政府采购支持"两型社会"建设课题研究组，联合开展"政府采购支持两型社会建设"情况调查，起草完成了

《政府采购支持"两型社会"建设调研报告》。

4. 管采分离格局基本形成，自律管理取得新突破

围绕建立"管采分离、机构分设、政事分开、相互制约"的工作机制，省本级 2001 年实行管理与采购分离，原设省财政厅的"湖南省政府采购中心"更名为"湖南省政府采购管理办公室"（2010 年湘政办发〔2010〕30 号定编定员，将湖南省政府采购管理办公室改为湖南省财政厅政府采购处），专职从事政府采购的监督管理工作；同时在省机关事务局设立"省直机关政府采购中心"，负责省直部门通用目录范围内政府采购的具体操作。2003 年《政府采购法》实施以来，省财政厅加大了政府采购"管采分离"工作的实施力度。2005 年，省财政厅与省监察厅联合印发了《关于进一步加强政府采购监管工作的通知》，要求各级财政部门设立政府采购监督管理机构，退出政府采购具体操作，专门负责监督管理。2009 年，省财政厅与省监察厅联合开展全省政府采购管采分离专项检查，并将专项检查情况通报全省，此后又组织各地开展"回头看"自查和工作验收。验收结果显示，"管采分离、机构分设、政事分开、相互制约"的工作机制基本形成，建立了财政部门统一监管、集中采购机构和采购代理机构具体操作执行的采购管理体系。省、市、县三级财政部门均成立了政府采购监管机构，专门从事政府采购监督管理工作，财政部门不再集"裁判员"和"运动员"于一身。

与此同时，政府采购行业自律管理取得新突破。2009 年，湖南省政府采购协会成立，标志着湖南省政府采购从单一的行政监管模式向行业自律管理与行政监管并举的二元化模式转变。协会成立以来，围绕"协调、服务、诚信、自律"的办会宗旨开展工作，审议通过了协会章程和行业自律公约，按季编印了内部交流刊物《湖南政府采购》杂志，逐年开展"十佳"优秀代理机构评选活动，逐步完善代理机构、供应商诚信管理体系建设，为会员提供数字证书、信息查询等各种服务。

5. 队伍建设不断加强，服务能力明显提升

各级财政部门不断提升政府采购科学化精细化管理水平，监管队伍的服务意识、服务能力明显提升。2010 年，省财政厅出台《湖南省政府采购监督管理工作考核办法》（湘财购〔2010〕12 号），在全国率先建立对财政部门监管机构的绩效考核机制，将基础工作、规范管理、规模与效益、信息统计、宣传和调研以及工作特色和亮点六个方面内容纳入考核计分范围，实行量化考核，凭考核绩效排

名，对勤政、廉政提出新的更高的要求，促使监督管理工作朝依法、公正、严明和高效的方向上迈进。各级集中采购机构和中介代理机构自觉接受财政部门的监督和考核，不断加强自身建设，强化政府采购效率和服务意识，逐步建立了分工明确、责任明晰、相互制衡的内部控制制度，不断优化业务管理流程，采购运行的规范化程度和服务水平明显提高。

省财政厅大力开展宣传普法工作，先后两次组织省本级1000余家（一、二、三级）部门预算单位集中学习政府采购法规制度和电子化政府采购管理平台操作应用。省财政厅与湖南省政府采购协会联合组织在湘执业的127家中介代理机构2500余名从业人员进行集中培训和考试，对其中2246名考试合格的从业人员颁发了从业资格证书。为加强政府采购评审专家管理，提升评审专家法制意识和依法评审能力，2012年10月，省财政厅联合长沙市财政局组织省市共建专家库中2600余名评审专家进行了法制学习，对评审专家库信息进行了清理、核实和重新登记。

第七章 湖南"两型综改区"建设之 "两型"科技支撑

在经济高速发展的同时，人们开始反思工业化和城镇化等现代文明所带来的一些问题。生态文明、绿色发展将是人类发展的必然选择。湖南"两型社会"建设始终围绕"资源节约"和"环境友好"的主题，坚持走"新型工业化、新型城市化"的道路，在资源节约、环境保护等领域不断创新，重点发展清洁、低碳、循环、高效产业，走出一条生产发展、生活富裕、生态良好的"两型"发展之路。

以长株潭城市群为核心的湖南省"两型之美"体现在资源节约、生态环保、绿色城市、"两型"产业、新城实验等方面。目前，以"两型社会"建设为抓手，长沙市已经获批的国家级改革试点事项有国家节能减排财政政策综合示范城市、全国节水型社会建设试点城市、全国可再生能源建筑应用示范城市、节能与新能源汽车示范推广试点城市、再生资源回收体系建设试点城市等。无论资源节约还是环境友好，所有关于"两型社会"建设的创新行动都离不开科技创新体系的支撑。湖南省"两型社会"科技创新以"构建循环经济发展体系，完善环保基础设施建设，推进产业结构转型升级，创新科技和人才管理体制"为主要思路，通过构建"两型"科技创新体系，不断开发低碳清洁等绿色环保技术，培育和推动"两型"产业的发展。

此外，为了支撑"两型"产业的发展，湖南省迫切需要构建"两型社会"科技创新支撑体系，从构成要素上来看，"两型社会"科技创新支撑体系应该具备如下几点要素：一是有明确的技术开发方向和技术产出目标，并符合"两型社会"建设目标或者区域重点产业发展的需要；二是科技支撑体系的所有利益相关者要有共同投入，利益共享，风险公担。"两型社会"科技创新支撑体系的构建要充分运用市场机制，以影响产业或者企业长远发展的共性技术创新需求为基础，实现各种技术创新要素的优化组合。通过构建"两型社会"科技创新支撑体系，在创新科技和人才管理体制、投融资体制机制改革、财税体制机制改革等方面，长株潭城市群"两型社会"建设为全湖南省"两型社会"建设发挥了示范作用，为全国"两型社会"建设和加快发展方式转变探索了路径，积累了经验。

第一节　"两型"科技建设的思路与方式

建设"两型社会"是科学发展观的内在要求，是解决经济社会发展问题的必然选择。资源环境是人类生存发展的根本条件，是经济社会发展的基本支撑。随着我国经济的快速发展，经济发展与资源环境之间的矛盾日益突出，以牺牲资源环境为代价换取经济增长的模式已经难以延续，转变经济发展方式，促进经济发展与人口资源环境相协调，已成为实现可持续发展的核心问题。

自 2007 年获批成为国家"两型社会"建设综合配套改革试验区以来，长株潭城市群将加快发展方式转变与推进"两型社会"建设统一为科学发展观的实践，以推进新型工业化、新型城镇化、农业现代化、信息化为主导战略，全面推动"四化两型"，把增强自主创新能力作为加快经济增长方式转变和"两型社会"建设的中心环节，促进试验区实现科学跨越式发展。

一、主要思路

科技创新是实现产业科学发展、转型升级的关键所在，而推动科技创新的核心，就是要充分发挥和调动科技创新的全要素活力、全过程动力，构建和完善创新支撑体系，竭力发挥各方的比较优势，以需求为导向、以开放为取向，加强协同创新，全面提升"两型"科技支撑体系的功能优势。创新支撑体系范围涵盖企业的内部和外部，并且强调企业与外部资源的互动，是指为创新型企业研发活动提供支持的系统和网络，包括企业内部和外部的政策、法律、制度、文化、信息、融资机构、人力资源、中介机构、基础设施和实验场地、物资设备、信息系统、服务平台等，这些要素之间有着或紧密或松散的联系。

1."两型社会"科技体系建设主要思路

"两型"科技体系建设过程中，政府要发挥"政能量"，高校和科研院所要构建技术"策源地"，金融服务机构要释放"催化剂"，同时媒体要成为营造协同创新氛围的"显示屏"，努力探索服务于湖南省"两型社会"建设的科技创新模式。湖南省"两型社会"建设努力加快产业优化升级、促进节能减排、自主创新等方面的改革，探索有利于产业、市场、人才、技术聚集，促进原始创新、协同创新、集成创新等多样化的科研支撑体系，探索新型工业化和"两型社会"建设的新道路。湖南省"两型"科技体系构建集中优势资源，瞄准"四化两型"建设、实现"两个加快"中的支柱产业、战略性新兴产业和民生保障方面的核心技术瓶颈、共性技术瓶颈，实施开放式的协同创新。创新和调整科技项目计划管理，科学有效整合科技资源和社会资源，形成新的科技资源、政策资源、法律资源、市场资源、经济资源、社会资源整合的新优势、新力量，形成创新引领、科技支撑的新格局。

湖南省"两型社会"科技支撑体系建设的主要思路是，构建工作平台，以平台构筑、母体培育为手段，引导重点企业、行业联盟成为技术创新的主体。着力培育和提升促进"两型"产业发展的科技创新能力，优先支持企业对于"两型"产业发展的技术创新，加快推动产学研战略联盟，组建"两型"产业共性技术研究平台，联合攻克"两型"产业发展的关键技术。

"两型社会"科技支撑体系服务于新型工业化发展道路，以产业发展和优化升级为重要抓手，大胆突破，率先在产业发展领域加快探索"转方式、调结构"的机制体制，形成多主体参与的知识经济平台和创新生态系统，促进"两型社会"建设与新型工业化实现良性互动和深度融合。新型工业化发展，意味着坚持以信息化带动工业化，以工业化促进信息化，意味着发展模式中科技含量高、经济效益好、资源消耗低、环境污染少、人力资源优势得到充分发挥；在推动产业发展和优化升级过程中，强化以重大科技项目建设为载体，突破制约经济社会发展的关键技术和共性技术瓶颈；在体制机制创新方面，为了完善"两型社会"科技创新支撑体系，逐渐形成了创新资源节约体制机制、创新环境保护体制机制、创新产业结构优化升级体制机制、创新科技人才管理体制机制、创新投融资体制机制。

2. 以产业发展和优化升级为重要抓手

产业结构是经济结构的基础和核心，通过实施产业结构升级振兴规划等系列措施，"两型社会"产业结构升级体制机制改革创新取得显著成效，"两型"产业得以快速发展壮大。

完善产业规划和标准体系。湖南省政府出台了一批产业发展规划，以长株潭地区为重点编制实施了电子信息产业、新材料产业、物流业等12个产业振兴规划，加快调整产业结构，进一步提升优势产业地位。编制了《长株潭城市群产业发展体制改革专项方案》和《长株潭城市群资源节约体制改革专项方案》。出台了《湖南省环境保护产业发展规划（2009~2015年）》，重点建设六大园区，打造千亿产业。编制了《长株潭城市群工业布局规划》，与湘江流域重金属污染治理等相关规划衔接。对《长株潭现代物流业发展规划》进行了修改提升。同时，制定了《湖南省原材料行业结构调整和优化升级方案》，起草了支持株洲清水塘循环经济工业区试点优惠政策文件。此外，积极开展"两型"系列标准研究工作。"两型"产业、企业、园区、技术和产品等标准，已通过专家最终评审，并作为规范性指南发布。

加快推进产业重组。支持重大产业项目建设，试验区先后建立了电动汽车、轨道交通、风力发电、轻型飞机等一批产学研结合的技术创新战略联盟，组织实施了一批科技重大专项，引进长沙航天科技园、比亚迪新能源汽车、湘潭台湾LED光电产业基地等重大项目。实施"走出去"战略，2009年全省对外投资带动外贸出口超过3亿美元，一批大型企业到欧美实施并购，建立研发中心，获取资源、技术、市场。

积极培育战略性新兴产业。试验区出台加快培育和发展战略性新兴产业总体规划纲要以及七大产业专项规划，促进战略性新兴产业加速崛起，初步形成新能源、新材料、生物医药、电子信息、节能环保、航空航天等新兴产业集群。立足产业基础和科技支撑，大力推进新能源产业发展，形成从原材料、零部件到整机的完整产业链，形成装备与材料配套的产业集群。提高电动汽车等产品研发和生产能力，攻克一批核心技术难题，形成了从电池、电机、电控、电动空调到整车的完整产业链。积极发展环保装备制造业、资源综合利用产业、洁净产品制造业和环境服务业，扶持发展一批环保骨干企业。

自主创新能力进一步提升。出台促进产学研结合增强自主创新能力的意见，实施节能减排科技支撑行动方案。试验区成为全国七大综合性高技术产业基地之一，搭建了电动汽车、轨道交通等技术创新战略联盟，"十一五"时期以来在风电、轻型飞机等领域实施科技重大专项 36 个，集中突破 272 项关键技术瓶颈和共性技术难题，自主研发了污泥常温深度脱水、城市生活垃圾处理、餐厨垃圾处理、废旧冰箱无害化处理、非晶硅光电幕墙等一大批"两型"技术和产品。

2009 年，长株潭三市高新技术产业销售收入占全省 GDP 的 58%，"3+5"城市群收入占全省的 88%，7 个高新区收入占全省 GDP 的 48%。新材料、先进装备制造、生物医药等优势产业增加值占全省高新技术产业增加值接近 80%。

3. 以知识经济平台搭建为重要驱动力

逐步搭建知识经济平台，营造产、学、研、官、商、媒、盟的无缝合作机制，促进创新，把握第四次技术革命的发展机遇。"两型社会"建设给了我们一个从物质投入环节的资源开采到废物排放，对整个经济运行进行生命周期分析的机会。对于生产、交换、分配、消费的全过程，若以生态设计和系统工程理论为指导，采用新工艺、新技术，形成物质集成、能量集成和信息集成机制，可通过全球资源配置、产地配置、市场配置、循环再利用配置和替代配置，既从根本上解决资源和能源约束矛盾和环境压力，又满足不断增长的消费需求，生产力的发展可在新的高度上构建全球化的新的均衡态势，形成有利于"低投入、高产出、少排污、可循环"的政策环境和发展机制。以尽可能少的资源消耗和尽可能小的环境代价，取得最大的经济产出和最小的废物排放，实现经济、环境和社会效益相统一。依靠科技进步、技术创新和工艺水平的提高，由能源、资源消耗型向节约型转变，由数量扩张型向质量效益型转变，形成环境生态友好的产业链，加强与世界一流企业合作，尽快缩小与世界先进水平差距，提高工业竞争力，构建起科技创新机制和技术支持体系，实现跨越式发展。要从国家长远整体利益出发，站在中国乃至世界经济发展的高度，以国际、国内两个市场为基础，努力提高核心竞争力，追求生态环境和经济效益最佳化。构建结构合理、资源节约、生产高效、环境清洁的运行管理模式，实现可持续发展的战略目标，为实现资源节约型、环境友好型社会的建设做出贡献。

注重产业创新基地试点。推进服务新材料、环境保护、新能源等产业自主创新的公共技术平台建设。充分发挥部省合作平台的作用，促使更多的国家科技资源向省内聚集。加强产学研合作，建立工程机械、风电装备等一批国家级、省级产业技术创新联盟。加速推进创新型企业建设工作，重点支持创新型试点企业建立产学研合作研发平台、开展产学研协同创新，有效推动科技成果的产业化。加强以企业为主体的工程技术研究中心和企业重点实验室建设，争取 2~3 年内研究中心和实验室数量分别达到 100 家。加强工业设计平台建设，力争把湖南工业设计创新平台建设成为中部地区区域性工业设计技术创新中心。

推动科技成果转化试点机制。合作建设大学科技园、留学生创业服务中心、专业孵化器等科技成果转化基地。推广技术创新、产业培育、产业基地协调发展的"链式"模式，创新科技中介服务机构发展模式，建设以技术熟化为目标的孵化体系，完善政府投入、银行贷款和担保支持、风险投资与创新基金体系等有机结合的多层次的投融资机制。

4. 以"两型"体制机制创新为保障措施

全面推进体制机制改革创新。"两型"体制机制创新主要体现在资源节约体制机制、环境保护体制机制、科技人才管理体制机制、创新投融资体制机制等方面。

资源节约体制机制创新主要体现在"节能、节地、节水、节材"四个方面。第一，节能推向深入。长株潭城市群单位 GDP 能耗不断下降，带动 2009 年全省万元 GDP 能耗下降 5.1%，降幅创历史新高。一是探索节能减排价格机制；二是突出建筑节能重点；三是推动汽车节能。第二，节地形成模式。建立土地节约集约利用考核专项，将园区用地效率纳入新型工业化考核指标。开展土地综合整治。以长沙为代表，探索了五种节地新模式：城市建设节地模式、农民安置节地模式、开发园区节地模式、新农村建设节地模式和道路建设节地模式。第三，节水全面启动。试行分质供水和阶梯式水价制度，制定了具体实施办法，率先在长沙市进行阶梯式水价试点，在湘潭市试行非居民用水超定额累进加价制度。第四，节材广泛探索。株洲市正在建设新型墙体材料研发基地。

创新环境保护体制机制。促进生态文明建设，实现生态环境与经济社会发展"双赢"。探索环境治理市场化，实施流域生态环境补偿，采取上游对下游超标排放实施赔偿，水质优于目标值下游给上游补偿的办法。开展排污交易试点，出台了主要污染物排放权有偿使用和交易管理办法。加快城市生活垃圾无害化处理，建立城镇生活垃圾处理系统。开展环境污染责任强制性保险试点，将化工、采选、有色等高环境污染风险的企业作为环境污染责任险试点的重点目标。

创新科技人才管理体制机制。构建支撑"两型社会"建设的技术创新体系和人才保障体系，助推孵化系列"两型"技术与产品。激发科技人才的创新活力，努力推进"四个转变"：从以人才培养为主，向发现、培养、使用人才相结合转变；从以引进高端人才为主，向引进高端人才、高端技术、高端项目相结合转变；从以引进高端人才为主，向高端人才引进、本土人才培养使用、创新团队建设相结合转变；从以项目支持为主，向以项目支持、金融支持、政策支持相结合转变。

创新投融资体制机制。搭建投融资平台，创新投融资手段，改善金融环境，推进中小企业和农村金融改革，拓宽投融资渠道，丰富投融资产品，突破投融资瓶颈。

二、实现方式

与主要思路相对应，湖南省"两型"科技建设的实现方式包括，构建循环经济发展体系，完善环保基础设施建设，推进产业结构转型升级，科技和人才管理体制创新，投融资体制机制创新等方面。

1. 构建循环经济发展体系，加快推进"两型社会"建设

循环经济，是一种环境友好型的发展方式，通过建立反复利用自然界物质能源的循环机制，逐步实现以最小的代价获取更高效率和效益的目标。循环经济是"促进人与自然的协调与和谐"的经济发展模式，它要求以"减量、再用、循环"（3R）为社会经济活动的行为准则，运用生态学规律把经济活动组织成一个"资源—产品—再生资源"的反馈式流程，实现"低开采、高利用、低排放"，以最大限度利用进入系统的物质和能量，减少污染排放、提升经济运行质量和效益。循环经济的基本技术特征是物质的闭环流动，改善物质的自然循环时间和社会循环时间。长株潭城市群"两型社会"建设综合配套改革试验区为构建循环经济发展体系，把试点从单个企业推广到园区，乃至整个城市群，推进循环型企业、循环型园区试点建设，努力建设长株潭城市群循环经济发展体系，率先试点建设低碳城市群，走出一条以低碳为特征的新型工业化和新型城市化之路。

推进"两型"产业集群聚集。在长株潭城市群"两型社会"建设综合配套改革试验区，特别是在大河西先导区、昭山示范区、云龙示范区、天易示范区、滨湖示范区，重点突破资源节约、环境治理和生态建设关键技术，大力推进"两

型"产业集群发展和"两型社会"建设。在大湘南地区，围绕湘南国家级承接产业转移示范区建设，推进资源深加工、高端装备制造、电子信息等产业的发展。在大湘西地区，围绕国家武陵山片区区域发展与扶贫攻坚战略，以国家科技支撑计划项目"武陵山区特色资源高效综合利用关键技术研究与示范"等重大科技项目建设为载体，加快资源综合开发利用和生态环境保护等先进实用技术的推广应用，培育以武陵山区珍稀植物研究开发与利用为重点的绿色产业集群，为在武陵山区打造"绿色湖南"典型提供科技支撑。

开展循环型园区试点。积极探索发展循环经济的有效模式，树立了一批先进典型的循环经济园区，为全国发展循环经济提供了宝贵经验。长沙市为了推进循环经济发展，出台了发展循环经济试点工作方案，推动高新区、经开区建设国家生态工业园示范区和循环型园区，加快铜官循环经济工业基地建设，支持宁乡经开区等园区打造循环经济产业链。加快发展再制造业，组织实施浏阳制造产业基地、三一重工、中联重科等再制造试点工程。推进城市生活垃圾分选和综合利用，加强对源头分选模式的探索，着力建设静脉产业发展网络。作为国家循环经济试点，株洲清水塘和湘潭竹埠港工业区在短时间内完成从深度污染区到循环经济区改造。

长株潭综合实验区已有多个有利于发展再制造的产业集群，例如长沙工程机械集群、长沙汽车产业集群、株洲电气机车产业集群、湘潭钢铁冶炼和机械制造产业集群等。《湖南浏阳制造产业基地再制造产业发展规划》已经通过国内权威专家评审，全国首个再制造产业园有望在浏阳崛起。试验区还从规划建设再制造园区、发展再制造产业链、规范"两型"特色再制造法规体系及促进长株潭城市群加入国际资源大循环四个方面加大对再制造业的支持力度，开展新试点。

专栏7-1　绿色建筑技术——远大住工

远大住宅工业有限公司（简称"远大住工"）是国内第一家以"住宅工业"行业类别核准成立的新型住宅制造工业企业，是中国住宅产业事业的开拓者。在住建部授牌的"国家住宅产业化基地"中，远大住工是我国唯一一家综合性的"住宅整体解决方案"制造商。

作为目前国内最具规模和实力的绿色建筑制造商，远大住工承袭远大集团绿色节能的发展理念，以"技术的远大，制造的远大"为企业宗旨，顺应国际建筑业发展趋势，响应国家大力提倡绿色建筑的政策要求，以工业化制造的方式全面革新建筑生产方式，提升建筑品质和效率，践行资源节约与低碳减排，为客户提供集设计、制造、开发、施工、运营服务于一体的绿色建筑整体解决方案，致力于推动中国建筑业的全面革新和可持续发展。

远大住工同时是我国第一家具有完全自主知识产权、技术集成优势明显、装备制造能力世界领先的住宅工业龙头企业，在住建部授牌的国家级"国家住宅产业化基地"中，也是唯一一家综合性的绿色建筑整体解决方案提供商。公司总部位于湖南长沙，在湖南、沈阳、安徽、江苏等省拥有10家世界级的研发制造中心，年产能可达1000万建筑平方米，全面达产可实现产值约200亿元。

公司于1996年起步探索住宅部品产业化，用集成技术推出远铃整体浴室；至2006年正式成立长沙远大住宅工业有限公司，启程住宅工业化实践之路。历经17年发展，在充分吸纳美国、日本、德国、新加坡等国家先进理念与技术的基础上，研发出适应中国国情、符合现行设计规范要求且领先国际的预制装配整体式钢筋混凝土结构技术体系，解决了新技术与高成本的矛盾，并在实践中建立健全了自主建筑工业化研发体系、制造体系、施工体系、材料体系与产品体系，技术专利达50余项，PC（预制混凝土构件）生产制造和BIM设计建造技术领先世界，生产设备、工装模具、生产理念、生产工艺和产品质量均已达到国际领先水准，年产能达1000万平方米，建筑工业化率达85%以上。与传统建筑方式相比，具有质量可控、成本可控、进度可控等多项优势，施工周期仅为传统方式的1/3，同时用工量也大大减少，施工现场无粉尘、噪音、污水等污染，可以做到节水80%、节能70%、节时70%、节材20%、节地20%，真正实现了"五节一环保"，而且解决了保温、防水抗渗、隔音抗震等建筑难题。

从1999年推出钢结构体系创新发展到2012年以第五代集成技术推出的Discovery住宅产品，公司已应用工业化集成技术成功制造出超过500万平方米的绿色建筑，成功开发建设高层住宅、多层住宅、公寓酒店、度假酒店、别墅、办公楼等各类型绿色建筑项目数十个，与包括多地政府和设计单位、建筑商、开发商等在内的各界机构携手合作，凭借公司的现代制造技术的建筑品质、精确高效的建筑施工、大规模工业化的成本竞争优势和节能环保优势，得到了从国家到所在省市各级政府、建筑企业、开发商、设计院等的广泛认可和一致好评。其中湖南宁乡、张家界"蓝色港湾"项目获"国家康居示范工程"称号。未来公司将进一步优化建筑产品的设计、生产和施工，全面实现建筑全流程的标准化、可控化，推动中国建筑产业的工业化、现代化、标准化。

2013年，公司已全面启动市场战略，计划在北京、天津、上海、杭州、常州、成都等大中城市新建制造基地，新增产能1000万平方米。在省委省政府的支持指导下，还将拓展海外市场，当前南美第一个制造基地已在筹建中。未来，制造基地将增至30个，覆盖全国25个省会城市，实现5000万平方米的年产能。

2. 实施科技重大专项，加快推进"两型社会"建设

突出增强高新技术产业的科技支撑引领能力。组织实施好战略性新兴产业科技攻关和重大科技成果转化专项，重点突破现代工程机械关键零部件、新型轨道交通装备、风电装备、国防装备等高端装备制造、动力电池、高性能数字芯片、智能电网、新药创制、现代农业、种子科技等一批核心关键技术。加强传统产业的改造升级工作。围绕"两型"产业发展，在节能减排、重金属污染防治、冶化清洁生产和生态环境保护等领域开展关键技术和共性技术研发与集成示范。加强文化创意、动漫游戏等重点文化产业的关键共性技术研发，培育一批创新能力强的创新型文化科技企业，推动文化产业大发展。加强高新园区和产业化基地建设，推进长沙高新区国家创新型园区试点和株洲、湘潭高新区国家创新型特色产业园区建设，推动衡阳高新区升级为国家级高新区，加快推进省级高新区扩容工作。抓好湘潭先进矿山装备制造产业国家创新型产业集群试点工作。抓好高新技术企业认定和复审工作。

自2008年以来，长沙市科技局设立了长沙市科技重大专项，针对市重点领域、重点产业的重大科技需求和战略性新兴产业发展方向，加强组织协调，加大

支持力度，开展重大关键共性技术攻关、重大成果转化、重大战略产品开发、重大科技示范工程以及科技创新平台建设。着力提升一批优势企业的技术创新能力，增强企业核心竞争力和持续发展能力，着力突破制约产业升级和发展的技术瓶颈，促进市优势产业群的发展壮大；着力转化一批科技成果，扶持和培育一批未来战略性新兴产业的"领头羊"；着力攻克一批先进制造、新材料、新药创制、现代动漫、食品安全等方面的技术难题，促进长沙"两型社会"的快速发展和人民生活质量的不断提高。

3. 加快战略性新兴产业市场培育，推动"两型社会"建设

在战略性新兴产业发展初期，将面临技术和市场双重不成熟。从技术成果开发成功到实现产业化之间存在巨大的"鸿沟"，市场培育是跨越"鸿沟"的重要桥梁。技术的发展需要市场需求创造机会，需要在市场应用中不断得到完善，同时技术完善也进一步推动市场的成熟。市场培育既依赖重大示范工程的引导，还有赖于消费模式、商业模式的创新，有赖于市场配套基础设施、标准体系和市场准入制度的完善。

促进战略性新兴产业的发展。节能环保产业发展呈加速状态，初步形成规模。一些节能技术得到了推广和应用，污染治理装备能力不断增强，一些资源循环利用的新技术也得到了发展和应用。新一代信息技术产业方兴未艾。物联网产业发展步伐加快，"三网融合"试点持续推进，集成电路产业链不断向上延伸，软件业实现规模万亿元新突破。生物医药产业技术创新能力提升较快，生物育种领域已经建立了比较完善的转基因作物育种研发和管理体系。高端装备制造产业创新能力不断提升，在部分关键技术和零部件开发方面取得突破。清洁能源和可再生能源发展加快。新材料产业规模快速增长，初步形成较完备的新材料产业体系。新能源汽车产业呈现多元化发展格局，产业化和商业化步伐加快。

长株潭城市群在水电、太阳能、核能以及生物质能等能源技术开发方面基础扎实。2010年，兴业太阳能（湖南）产业园落户九华示范区。据了解，兴业太阳能（湖南）产业园总规划面积约375亩，计划在2015年内，完成总投资约15亿元，在九华建设国家级光伏建筑一体化生产基地、太阳能电池及组件生产基地、光伏光热联产基地等五个新能源项目，将实现年产值约40亿元，年创税收1.2亿元，必将有力推动湘潭乃至湖南光伏产业及新能源的快速发展。而大力推广光伏建筑一体化，有利于将长株潭城市群纳入国家节能建筑示范城市，探索出

资源节约和生态环境友好型城市发展的新模式，成为推动"两型社会"建设的重要支点。

4. 搭建引智政策平台，加快推动"两型社会"建设

在协同创新的过程中，充分利用国家重点实验室平台的优势，加强学校与企业的合作，推进产学研结合，加快科研成果转化步伐；要充分发挥自身优势，依靠人才和科技进步推动"两型社会"建设，要组织力量开展"两型社会"建设这一重大课题研究，通过研究了解全省现状，明确"两型社会"建设要达到的标准，这对湖南乃至全国"两型社会"建设都有重大意义。

面对湖南高精尖人才严重不足的现状，湖南省突出强调建设长株潭人才高地和长沙大河西人才创业示范区，提出要抓住"两型社会"建设的有利契机，按照先行先试的原则，在人才发展重点领域和关键环节率先突破，加强制度创新、政策创新，强化人才高地和创业示范区的引领示范作用。例如专设长株潭"两型社会"引智基金。重点支持节能环保、电子信息、生物技术与新医药、新材料、装备制造五个领域的引智项目，为创新资源节约、环境保护、产业结构优化升级等十大重点改革领域引进国外先进技术和高层次急需人才。

第二节　构建"两型"科技创新体系

湖南省"两型社会"科技创新体系的构建，一是构建区域协同创新体系，二是建立科技创新平台，三是以重大科技项目为战略基点。其运作模式则体现为推进低碳经济发展模式，突出高科技园区的引领示范作用，促进"两型"产业的提速发展。在此过程中，不断创新投融资体制机制，建设科技金融服务体系。

一、体系架构

1. 构建区域协同创新体系

区域创新体系包含两方面的内容：一是创新活力，它包括企业与"知识组织"，如大学、研究机构等的密切关系，这组成一个支撑性"知识基础设施"；二是区域作为一个政体，可以通过某种治理安排来促进和支持这些关系。为此，区

域可被视为地方性互动网络，它包括广泛的企业团体和治理结构，以促进创新。政府要发展区域创新系统，应从三个层面来制定政策：第一，以区域现有产业优势为基础，制定一个未来的发展战略；第二，对创新供给和创新需求进行系统而全面的分析，明确供需差距，从而设计具有长期连续性的创新战略；第三，在分析区域企业的创新需求时，政府要考虑企业创新活动发生的地域范围和运作空间，从而明确自己促进创新活动的职责。湖南省"两型社会"科技服务体系的构建，目标在于推进低碳经济发展模式，在此过程中突出高科技园区对于产业聚集和产业发展的引领作用，提速发展"两型"产业。区域协同创新体系的构建则通过实施一批产学研合作专项，推进创新战略联盟建设，加大创新型企业培育力度，加强国际和区域科技合作等产业政策的实施得以实现。

实施一批产学研结合专项。围绕产业发展需求，实施产学研结合创新项目，引导相关企业、高等院校、科研机构开展不同形式的产学研合作，带动产学研结合向纵深推进。扩大招投标范围，吸引聚集国内外一流高校、科研院所和优秀研发团队，与湖南省的企业和研发机构联合开展技术攻关，实现科技成果转化与产业化。建立省与部、全国高校、科研院所的联动机制，组织跨省域、跨部门、跨学科的优势力量开展"大兵团"的联合攻关。

推进产业技术创新战略联盟建设。通过战略联盟建设，要努力实现产学研结合的"三个转变"：在方式上，由零散合作转变为集聚合作；在时间上，由短期合作转变为长期合作；在空间上，由省内合作转变为全国乃至国际合作。围绕产业关键共性技术攻关和推广，在特色优势产业领域新组建一批产业技术创新战略联盟。要建立健全产学研协同创新的责权利机制。鼓励支持省级联盟试点申报国家联盟试点。

加大创新型企业培育力度。抓好省级创新型企业试点工作。强化创新型企业的技术创新活动主体、研发投入主体和创新成果应用主体。支持企业与高校、科研院所联合组建研发机构，对企业牵头申报的项目和平台给予优先支持。积极争取国家科技型中小企业技术创新基金项目支持。培育一批有条件的高新技术企业列入国家级试点行列。积极有效推进创新型企业科技、人才与金融的结合。

加强国际和区域科技合作。加强亚欧水资源研究和利用中心、中意设计创新中心（湖南）、中意技术转移（湖南）分中心、国家（湖南）新材料国际研究中心等国家级国际合作大平台建设与管理。新建1~2家行业工业设计创新中心。争取更多国际科技合作自主项目落户湖南。积极开展"中三角"区域协同创新，深化"泛珠"科技合作和其他省际科技合作，推进与港澳台地区的科技合作与交流。

2. 构建"两型"产业创新平台

搭建以高等院校、重点实验室为载体的科学研究平台，形成一批具有自主知识产权的重大科技成果，增强原生性创新能力。在优势领域开展技术创新战略联盟建设试点。探索与国内外科研机构合作机制，推进中科院湖南技术转移中心、科技支持中心等建设。以发展战略性新兴产业为契机，大力引进国内外著名研究机构和大企业、大集团，抢占战略性新兴产业研发高地。实施企业工程技术中心专项，建立以企业工程技术中心为主体，面向广大中小企业技术创新的技术开发平台，提高行业资源环境关键技术和共性技术的有效供给能力。以生产力促进中心、科技企业孵化器为重点，建设"两型"科技成果转化平台，增强科技成果转化能力。构建以技术产权交易中心、科技风险投资机构、技术检测与评价机构为主体的科技创新服务平台，提高"两型"科技成果应用转化服务能力。实施信息资源增值开发与专项共享，建立以大型科学装置、科学数据系统、网络科技环境、技术标准体系等为主要内容的公共科技基础平台，加强科技信息资源的增值开发与共享服务，为各类科技创新机构和科技创新人才提供有效的公共信息资源。

3. 以重大科技项目为战略基点

一是设立"两型"技术研究的重大专项项目。针对湖南省高耗能、高污染的钢铁烧结、有色冶金、化工、造纸和电力行业以及人口密集的长株潭和环洞庭湖区域的节能减排关键技术问题，精心组织节能减排科技支撑活动，分层次、分区域、分领域，凝练了一批节能减排科技重大专项和平台建设项目。例如重金属冶炼节能减排关键技术与工程示范，湘潭竹埠港工业区减排关键技术与工程示范等。二是选择具有较强技术关联性和产业带动性的重大关键技术，突出产业链、技术链、价值链的有机整合，在电动汽车、风力发电、轨道交通、轻型飞机等领域组织实施了一批科技重大专项，突破了一批制约产业发展的关键共性技术和重大瓶颈技术。例如电动汽车大功率镍氢蓄电池、驱动电机等关键零部件制备技术，两座载人轻型运动飞机项目等。三是与国家科技重大专项牵头部门联系和衔接，争取参与承担更多国家科技重大专项课题。加大重大科技成果的产业化、商业化和规模化应用，例如 2010 年启动了混合动力汽车、兆瓦级直驱式低速风电装备等一批与扩内需、保增长、调结构密切相关的重大专项。

二、运行模式

1. 推进低碳经济发展模式

建设"两型"社会与发展低碳经济之间具有终极目标一致性。建设资源节约型社会的目的在于促使资源在从生产到消费的各个环节中得到合理配置和高效、综合、循环利用，提高资源利用率；促使不可再生资源、能源得到有效的保护和替代，减少污染物的排放，促进经济社会可持续发展。建设环境友好型社会的目标是将生产和消费活动规制在生态承载力、环境容量限度之内，通过生态环境要素的质态变化对生产和消费全过程进行有效监控，降低污染产生量、实现污染无害化，最终降低社会经济系统对生态环境系统的不利影响。

全力构建科技创新体系。科技是低碳经济发展的支撑，应建立以企业为主体、市场为导向、产学研相结合的科技支撑发展模式。

第一，科技创新是提高资源和能源利用效率的最有效途径。一方面，科技进步可以提高资源的利用效率，从而使最大可能的产量组合尽可能向生产可能性边界靠近；另一方面，科技进步可以使以前难以想象其利用价值的自然物成为今天宝贵的资源，这为人类突破资源供给的限制带来了希望。

第二，科技创新是优化产业结构的最中坚力量。产业结构的升级，以科技创新为前提和动因，每当有科技创新出现和创新不断扩散到生产领域的各个方面，劳动对象、生产手段、生产结果都会发生质的变化，生产要素、生产条件、生产组织都要重新组合，其结果会进一步形成累积效应，必然造就、培育出新的高新技术产业，取代某些传统产业，从而促使产业结构趋于高级化。

第三，科技创新是生态环境保护和改良的最有效手段。没有环境化学和分析化学的产生，就不可能很好地认识环境污染中有害物质的浓度及影响；没有近代生态学的诞生，就不可能深刻认识到生态破坏的危害；没有生物技术、新材料和新能源技术等高新技术，就不能修复和改变满目疮痍的生态环境。

中央在部署科技创新战略时，明确指出要把建立以企业为主体、以市场为导向、产学研相结合的技术创新体系作为突破口，建立国家创新体系。其根本目的在于增强我国科技创新能力，其关键在于确立企业技术创新主体的地位，其实现的路径在于以市场为导向、实行产学研有机结合。

倡导低碳生活方式。在长株潭地区全体居民中，大力倡导低碳生活方式，推行有利于节约资源、保护环境的低碳生活方式和消费模式，鼓励使用环保产品。

（1）低碳旅游。近几年，低碳旅游的概念在湖南开始盛行，积极探索"低碳旅游"的可行性，将现有整体上比较粗放的旅游发展方式，彻底扭转到低碳、环保的道路上来。长沙市从2009年7月开始，在全国率先推行在星级酒店和宾馆不再免费提供常见的"七小件"洗漱用品，如果需要则必须支付一定的费用；在一些经济型连锁酒店如锦江之星、如家快捷等，用自带的洗漱用品还可以兑换低碳积分。使长沙87家星级宾馆、酒店一次性用品消耗量，每月比2008年同期减少约11万套件，一年可减少约130万套件。株洲市宣布投资100亿元建设神农城，打造全球华人炎帝文化景观中心，推动旅游产业从"高碳"向"低碳"转变，进而加速株洲由工业城市向综合性城市迈进。湘潭市计划将湘潭昭山示范区68平方公里、九华示范区138平方公里区域申报为"国家旅游业发展低碳经济示范区"，争取国家政策的支持，并以此作为长株潭地区旅游低碳试点的突破。

（2）低碳交通。首先，株洲市成为了低碳交通的典范。在全国范围内，株洲市最早提出"低碳公交"理念。株洲地方财政每年安排1000万元专项资金支持电动或"油—电"混合动力公交，计划到2015年，株洲市将用电动或"油—电"混合动力公交车取代现有的700多辆传统能源公交车。混合动力客车噪音低、无黑烟、出勤率很高，较传统柴油动力的公交车每百公里至少节油5公升。最近，株洲市"低碳公交"已渗透到偏远的炎陵县，通往炎帝陵的旅游线路、县城四通八达的交通网络，已经开行"电动公交"或"混合动力公交"。

在出租车领域，在一些城市还受鼓励的柴油出租车，在株洲已被列为逐步淘汰对象。柴油出租车节油、运行成本低，但从环保角度看是"节能高排"。从2010年开始，株洲市不再允许柴油出租车上牌，对现有的出租车大力推行燃气化改造。到2011年6月底前，株洲市公共自行车租赁系统基本建成并投入使用。在覆盖株洲城区的400个服务网点上，有1万辆以上的自行车供市民和外来游客租用。长株潭城市群被确定为全国首批推广应用混合动力汽车的城市群，南车集团电动客车研发技术达到世界领先水平，湘电股份风电技术、电气牵引技术、电动车辆制造技术均为国内领先水平。

2. 突出科技园区的引领作用

产业集群（Industrial Clusters）是指在特定区域内，具有竞争与合作关系，且在地理上集中，有交互关联性的企业组成的群体，不同产业集群的纵深程度和复杂性相异。经济活动的地理集中是集群的一个重要特点。地区性企业集群内部的企业在创新绩效、增长率等方面，相对于集群之外的企业具有一定的竞争优势。产业集群已经成为介于企业科层组织和市场组织之间的中间性组织形式，是一种能够降低交易费用的组织制度创新。产业集群的经营模式使具有一定产业联结度的大企业和小企业实现空间和地理性的聚集，形成共同合作的经济共同体，在这样的集群内部，企业之间相互影响。通过技术扩散充分获得外部经济。然而，集群优势往往是一个技术创新导致的报酬递增的结果，技术创新带有偶然性，来源于产业集群区域的文化、创新激励和制度环境。参与集群创新的主体不仅包括集群内部的大企业和小企业，也包括像政府（中央和地方）这样的政策制定和决策机构。

突出高新区的引领作用。充分发挥高新区在引领高新技术产业化发展、支撑经济社会发展中的聚集、辐射和带动作用，建设高端化、"两型"化园区。湖南省高新技术产业集群有长沙高新区、湘潭高新区、长株潭沿江高新技术产业带、长沙梅溪湖创新科技园。按照"新兴产业规模化、优势产业高端化和特色产业集群化"的发展思路，长株潭城市群抓紧实施《湖南省高新技术产业五年行动计划》，积极实施打造风电装备、轨道交通装备、太阳能光伏、工程机械、高性能金属材料五个千亿产业工程以及电动汽车等十个百亿产业工程，培育壮大100家示范高新技术企业，推进沿湘江高新技术产业带以及五个重点高新园区、十个特色产业基地建设，全面实施"节能与新能源汽车示范推广试点工程"、"金太阳工程"和"十城万盏"半导体照明工程等国家高新技术产业发展示范工程，加大力度发展高新技术产业集群。

专栏 7-2　湖南长沙工程装备制造产业

长沙工程机械产业已经形成了以中联重科、三一集团、山河智能为龙头，以其他30余家主机企业为簇拥，散布着400余家协作配套中小企业的产业集群（见图7-1）。其中，中联重科2010年实现产值508亿元；三一集团实现销售收入超500亿元；山河智能实现营业收入28.38亿元。另外，产值亿元以上的其他主机企业有20余家。长沙工程机械产业集群形成了以主机企业为中心，以车身及附件、结构件、配件、行走装置、零部件、机加工企业为专业配套的产业分工格局（见表7-1）。

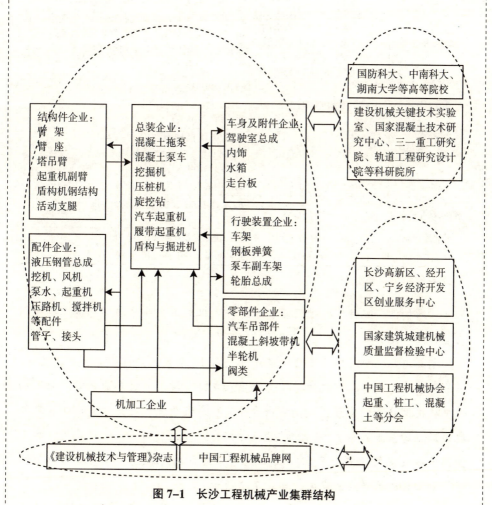

图7-1 长沙工程机械产业集群结构

从拥有的员工人数看，主机企业的差别很大。三一集团有限公司和中联重科拥有员工在万人以上，分别是60000多和22000多人。而湖南星邦重工有限公司、湖南久润机械有限公司等则在60人以下。配套企业中，车身及

表7-1 长沙工程机械产业集群企业主体情况

企业类型	数量（家）	平均就业规模	骨干企业名称	骨干企业在国内地位
龙头主机企业	3	中联重科员工22000多人；三一集团员工60000多人；山河智能员工4000多人	长沙中联重科科技发展股份有限公司；三一集团有限公司；湖南山河智能机械股份有限公司	一流
其他主机企业	30	员工4000人以上的1家；1200人以上的2家；200~700人的13家；100~190人的11家；60人以下的3家	中铁轨道系统集团重型装备分公司；中铁五新集团；长沙重型机器制造有限责任公司；湖南奥盛特重工科技有限公司	中铁轨道、中铁五新部分产品一流，整体中等
车身及附件企业	65	平均拥有员工250人	湖南同心实业有限责任公司（2100人）；湖南长沙果福车业有限公司（520人）	中等
结构件企业	38	160人	长沙众城机械有限公司（430人）；长沙天为工程机械制造有限公司（250人）	中等
配件企业	43	200人	湖南中成机械有限公司（500人）	中等
行驶装置企业	29	220人	长沙建鑫机械制造有限公司（260人）	中等
零部件企业	47	130人	长沙联力实业有限公司（540人）	中等
机加工企业	21	80	长沙星驰实业有限公司（280人）	

资料来源：本课题组整理。

附件、结构件、配件、行驶装置、零部件、机加工企业平均拥有员工数分别为250人、160人、200人、220人、130人、80人。

湖南省几年前就已将工程机械产业列入14个重点扶持的优势产业之一，长沙市政府更是将工程机械排在全市重点支持发展的六大产业之首。为了加快工程机械产业的发展，湖南省出台了《湖南省人民政府关于加快发展工程机械产业的若干意见》，长沙市2005年发布了《关于加快优势产业集群和工业园区建设发展的若干意见》。这些文件制定的特殊优惠政策，有力地推动了长沙工程机械产业的发展，如表7-2所示。

为把长沙打造成以若干核心主机企业为中心、以一批关键零部件企业为支撑、配套服务体系完善、代表国际水平的可持续发展的工程机械研发制造基地，长沙市提出了新的发展意愿，制定了新的推进措施。

表7-2　长沙工程机械产业集群公共管理情况

机构类型	管理目标	相关激励政策名称	主要政策措施和行动
政府机构	2010年实现销售突破千亿元大关；2015年超过2500亿元 全力支持中联重科、三一集团加快发展，挺进世界工程机械前五强	长沙市工程机械产业集群发展措施（2007—2010—2015）	①大力培育核心企业，适度延伸产业链，发挥既有资源优势 ②大力引进国际上实力配套企业，对本地配套企业进行国际化改造，提升本地配套能力 ③整合现有研发机构，引进研发力量，提升研发能力 ④大力发展中介服务机构，完善产业集群所需平台 ⑤组建行业协会，加强行业服务、引导、协调和沟通 ⑥积极发挥政府在产业集群发展中的引导、扶持等重要作用 ⑦明晰产业链分工，实现功能集聚 ⑧不断强化各功能中心的功能

资料来源：本课题组整理。

3. 提速发展"两型"产业

在全面促进经济发展方式转变，推进"两型社会"建设的背景下，湖南省高度重视"两型"产业发展，积极推进产业"两型"化，着力构建支撑"两型社会"建设的"两型"产业体系，"两型"产业逐步发展壮大，牵引作用显著。

多管齐下推动"两型"产业做大做强。一是加速推进产业重组。加快引进战略投资者，支持重大产业项目建设，成功引进比亚迪、菲亚特、克莱斯勒等重要战略投资者。实施"走出去"战略，一批企业完成跨国并购，并在海外建立研发中心，获取资源、技术和市场。中联重科收购意大利CIFA公司，成为世界混凝土工程机械第一强；南车时代收购英国丹尼斯公司，跻身世界铁路电气设备制造商前列；三一重工引进德国技术，成为全球高速铁路路面铺轨设备主要供应商。二是加大对落后产能的改造或者退出的实施力度。例如长沙市整合国家淘汰落后产能奖励资金、污染物削减补偿、土地出让金返还等资金渠道，用于坪塘13家企业整体退出。

"两型产业"逐步聚集。积极培育壮大新能源和节能环保产业，加快园区经济集约发展。长沙高新区获批国家级创新型科技园区，湘潭高新区升级为国家级高新区，汨罗循环经济园纳入国家"城市矿山"示范基地项目。湖南省全省优势重大产业基本聚集在示范区，正在筹划建设央企对接合作产业基地，以"两型"

龙头项目为载体,合作打造一批具有国际竞争力的"两型"产业集群。湖南省重大优势产业基本上聚集在示范区,2010年上半年示范区18片区中有7个片区高新技术产业增加值占工业增加值比重超过50%。

发挥知名企业作用,通过"龙头企业—产业链—产业集群—产业基地"的发展思路,以主导产业龙头企业为重点,促进产业链横向融合、纵向延伸、高端提升,提升企业群体集聚优势,形成专业化分工、上下游产品衔接配套的产业体系。打造较为完整的工业体系和优势产业集群,培育了诸如华菱钢铁、中联重科、三一重工等一批具有较强竞争力的龙头企业,使重点企业迅速成长,优势产业不断壮大。通过加快园区集聚效应,长株潭试验区在形成产业集群、推进新型工业化及促进科技创新等方面发挥了"领头羊"作用,园区工业生产快速增长,对全省工业经济增长的贡献不断提高。随着产业园区基础设施投入力度的加大,园区集聚效应的持续释放和配套体系的逐步完善,湖南省产业园区基本形成了工程机械、有色冶炼、轨道交通和汽车、钢铁冶炼、农副食品加工、化工、电气机械七大产业集群。例如,目前,株洲高新区已形成轨道交通、通用航空、新能源汽车三大动力产业集群,拥有南车株机、南方航空、时代电动等一批动力产业龙头企业,是科技部批复的国家创新型特色园区。株洲高新区产业集群优势明显,逐步形成了先进制造、新材料、电子信息、食品医药等主导产业。株洲高新区拥有工业企业489家、外资企业60家、高新技术企业130家,年销售收入过100亿元的企业4家、过50亿元的企业6家、10亿元的企业20家。2012年,株洲高新区工业总产值达到了1203亿元,占全市工业总产值的52%。

专栏7-3 株洲高新区——"高科·动力谷"项目

株洲高新区成立以来,也经历了两个发展阶段:第一个十年,通过市场化带动产业化,创立了科技新城;第二个十年,通过新型工业化推动新型城市化,实现了二次创业。高新区20年的发展成绩令人瞩目,但高新区的发展呈现出两个难以为继:一是受土地、资源、环境等制约不断加大,主要依赖要素投入、规模扩张的数量型增长方式越来越难以为继;二是在全国高新区竞相抢占未来科技制高点、培育战略性新兴产业的格局下,主要依赖附加值低、科技含量低的传统产业发展越来越难以为继。株洲高新区作为国家级高新区，在建设创新型国家的战略目标中承担着历史使命，理应走在创新驱动、战略转型的前列。因此，必须强化科技、人才要素投入，形成创新驱动型的新的发展方式，培育区域竞争新优势。株洲高新区中，轨道交通、通用航空、新能源汽车三大动力产业集群迅速崛起，形成了研发、整机制造与零部件配套共同发展的完善的产业链体系。2012年三大动力产业实现总产值682.7亿元，占到全区工业总产值的58%，工业增加值达到215.1亿元。

"中国动力谷"以株洲高新区"一区四园"为载体，其中动力谷自主创新园将成为引进和培育企业研发机构的核心载体。自主创新园遵循"生态、人文、科技"建设发展理念，致力营造"山、水、林、园"于一体的生态研发与生产环境，项目总用地面积5382亩，其中工业用地约4739亩，配套商业用地约643亩，建设总投资约223亿元，预计将带动企业投资金300亿元，规划建设各类物业约710万平方米，将分5年开发完毕。

"高科·动力谷"，是"中国动力谷"自主创新园核心部分，是株洲市打造中国动力谷的旗舰项目和示范基地，项目东至仙月环路，北临新丰路，西临新马西路，南靠株洲大道北辅道。项目总用地面积为890亩，总建筑面积为87万平方米。公共服务区由三栋主体建筑组成：第一栋是动力谷大厦，规划为管理中心；第二栋是动力谷会议服务中心，规划为会议中心、休闲广场等；第三栋是动力谷展示中心，主要引进政务服务、成果展示、中介咨询、金融机构、股权交易、创业投资等园区配套服务机构。创新区为政策性扶持创新研发基地和孵化器，将以低租金形式支持相关企业发展，符合该区域产业定位的企业，可通过相关申请程序获得入驻机会。创新区建筑面积共17.7万平方米，由研发中心、动力谷研究院所、创业苗圃、动力谷人才公寓组成。创造区主要规划为13.74万平方米多层厂房和5.68万平方米高层厂房。创造区主要引进与动力相关的产业，同时引进电子信息、先进制造、新材料、新能源等新型产业，为创业区的企业提供加速服务。

"高科·动力谷"是集生产研发、企业孵化、产品展示、总部办公、商务配套、企业公寓于一体的复合型园区。园区将建设齐全的生活服务配套设施，并可共享紧邻项目——新马金谷成熟完善的园区配套服务，包括银行、超市、餐饮、食堂、公寓、药店诊所、通信服务、网络会所、快递服务等，服务设施齐全，生产生活无忧。项目周边配套湖景高档住宅社区，以"产城一体"新理念打造宜居现代新城。同时，株洲高科发展可为入园企业提供全方位服务。

"中国动力谷"定位于"当好创新驱动发展的先锋，充分发挥好国家高新区的引领、示范、辐射和带动作用"。"中国动力谷"代表三层含义：中国，代表国家级水平；动力，代表产业特色；谷，代表创新创业生态环境。对于株洲高新区来说，实施创新驱动发展战略，必须以"中国动力谷"为主要抓手，全面推进产业、技术、产权、人才、金融等创新，真正使创新成为驱动高新区发展的主要动力。

第一，打造"中国动力谷"有利于促进产业集群创新。"中国动力谷"的打造，需要横向扩大产业整体规模，纵向完善产业价值链体系，在做优三大产业的同时，着重发展新材料、新能源等与动力产业相关的战略性新兴产业，大力发展现代物流、技术咨询、公共服务和共性技术等，为主导产业发展提供保障。第二，打造"中国动力谷"有利于促进企业技术创新。"中国动力谷"的打造，需要围绕三大动力产业集群，进一步加大科技创新投入，建设一批高端创新平台和行业重点实验室，引导公共技术研发机构向园区集中集聚，加快创新要素集聚，提高企业技术创新能力。第三，打造"中国动力谷"有利于促进知识产权创新。"中国动力谷"的打造，需要搭建完善的知识产权保护体系和营造良好的知识产权保护氛围，要通过创建国家知识产品示范园区和培育知识产品示范企业，不断将企业技术创新成果凝结、固化，并转化成生产力。第四，打造"中国动力谷"有利于促进人才支撑创新。"中国动力谷"的打造，人才是关键，要通过完善人才创新创业的政策体系，开辟创新人才进高新区"绿色通道"，支持高层次人才创新创业，促进人才的高端集聚，进一步增强高新区科技创新动力。第五，打造"中国动力谷"有利于促进金融服务创新。"中国动力谷"的打造，需要营造良好的金融生态环境和构建严格的信用体系，要通过不遗余力推动企业股改、上市，为中小企业发展壮大筹集资本，要通过科技与金融的创新融合，突破小微企业的融资瓶颈。

4. 创新投融资机制，建设科技金融服务体系

强化以财政科技投入为杠杆，撬动多元化科技投融资整体有机联动。为进一步创新科技投入机制，积极探索金融创新促进自主创新的模式，针对处于不同发展阶段的创新企业，通过体制创新、机制创新、服务创新、产品创新，改革湖南省现有的金融格局，以政府科研风险基金为基础，引导科技创投资金、科技银行、科技担保、科技保险，将资金引导投向创新型企业。建立多层次、多元化的融资体系，建立多方合作、服务创新企业的长效机制，从而形成与循环发展和自主创新相适应的"两型"科技金融服务体系。

切实增强政府投入的引导作用。建立健全省、市、县财政科技投入稳定增长机制。充分发挥湖南高新创业投资集团有限公司的作用。创新财政科技投入方式，探索资本金注入、贷款贴息、绩效奖励等多种支持方式，增强对社会投入的引导作用。积极承担国家重大科技任务，争取中央财政的更大支持。

引导企业成为技术创新投入的主体。积极指导企业建立和完善技术进步机制，认真落实研发费用加计扣除、高新技术企业所得税减免等政策措施，探索科技保险参保企业财政补贴政策，激励企业加大科技投入。

促进科技与金融结合。设立省科技和金融结合试点专项，综合运用偿还性资助、风险补偿、贷款贴息等方式促进科技资源与金融资源的结合。加强与省"一行三局"的沟通合作。支持长沙开展国家科技金融试点园区建设，在长沙高新区开展非上市公众公司股权交易试点。加大高新技术企业上市培育力度，促进高新技术企业上市融资。

为解决好"政府平台、资本金、抵押物、现金流"四个问题，着力推动融资主体、融资项目、融资条件、融资手段市场化，湖南省政府与国家开发银行共同编制了《长株潭城市群"两型社会"建设系统性融资规划（2009~2020年)》，研究提出了市场化融资模式及运作方案，获批筹建"两型"产业基金，设立"两型"城市投资基金。截至2010年初，湖南省建设融资平台13个，发行债券102.8亿元，8家企业首发上市融资，加上集合信托、产权技术交易、私募等方式，城市群融资额占全省比例超过80%，2009年直接融资超过380亿元。

第三节 开发"两型"低碳技术

加强低碳技术创新，构建长株潭城市群低碳创新系统。低碳经济的实质是提高能源效率和建立清洁能源结构，核心是能源技术创新，在本质上与目前国内落实科学发展观、建设资源节约型和环境友好型社会、转变经济增长方式的指导思想是一致的。构建低碳经济的根本是要通过技术的变革来减少各种二氧化碳的排放。加强低碳技术创新，特别是新能源技术创新非常重要。通过优化低碳产业布局，完善低碳创新服务体系，不断进行低碳技术创新，加速推进"两型"低碳技术产业化。

一、优化低碳产业布局，完善低碳创新服务体系

调整产业结构、产业布局，实现经济与生态"双赢"是"两型社会"建设的应有之义。发展低碳经济是湖南"两型社会"建设的重要内容。长株潭低碳城市群建设在低碳产业布局中，要降低高碳产业的发展速度，提高发展质量；要加快经济结构调整，加大淘汰污染工艺、设备和企业的力度；加强对传统农业进行升级改造，发展休闲农业、生态农业、观光农业，培育和发展低碳产业经济，通过资源整合和低碳产业布局，大力发展生产性服务业，推动长株潭低碳城市群建设与发展。同时要建立低碳技术创新的中介服务体系，主要包括技术信息、咨询、金融等服务业体系建设，如加强低碳技术信息服务体系建设，开展低碳信息咨询、低碳技术推广、低碳宣传培训等，通过对发展低碳经济的先进企业、行业的宣传，提高全社会对低碳经济与低碳城市的认同，培养高水平的低碳技术创新人才，增加低碳技术创新知识储备等，创立低碳技术创新的培育示范基地和扩散中心。

从低碳能源看，长株潭城市群水电、风能、核能及生物质能较为丰富，清洁能源将广泛应用于生产和生活；从低碳交通看，长株潭城市群基本完成"3+5"城市铁路网和综合交通体系中长期规划编制，被确定为全国首批推广应用混合动力汽车的城市群；从低碳技术看，长株潭城市群一批企业研发技术已经达到国内

先进水平或世界领先水平；从低碳产业看，长株潭城市群轨道交通技术、电动汽车技术、生物质能技术、风力发电技术、太阳能应用技术和环保技术等，已进入产业化阶段；从清洁发展机制看，长株潭城市群清洁生产、循环经济、环保产业、光伏产业等，在重点领域和重点环节不断取得突破。

二、强化低碳发展，集中突破攻关

强化低碳化发展。一是以低碳化理念编制发展规划。将低碳经济发展、低碳型城市建设纳入城市规划中，并制定长沙低碳型城市建设专项规划，将低碳指标纳入全市经济社会发展"十二五"规划。二是健全政策机制。创新有利于产业结构低碳化调整的政策机制，建立健全低碳产业发展的投融资渠道，建立低碳型城市建设、低碳经济发展的相关研究机构。三是切实支持低碳化产业发展，运用经济、政策杠杆推进产业结构调整。四是建设低碳化能源结构。加速从"碳基能源"向"低碳能源"和"氢基能源"转变，实现城市的低碳和零碳发展。

集中突破低碳技术研发攻关。一是把"两型"低碳技术攻关作为民生科技工程的重要任务。在湖南省科技发展"十一五"、"十二五"规划和2012年出台的《创新型湖南建设纲要》，都把"两型"低碳技术攻关和推广列为发展的重点方向，不断提升"两型"低碳技术创新的能力和水平。二是积极构建"两型"低碳技术创新支撑体系。组建了国家重金属污染防治工程技术研究中心、亚欧水资源研究和利用中心等一批国家级、省级创新平台；组建了重金属污染防治产业技术创新战略联盟等一批产学研协同创新平台。三是集中突破一批"两型"低碳关键技术瓶颈。"十一五"时期以来，共计投入科技经费5亿多元，组织实施国家、省级各类重大科技项目30余项，研发"两型"低碳重大关键技术近100项，建立"两型"低碳技术应用示范工程120多个。

三、积极推广示范应用，加快科技成果转化

积极组织"两型"低碳技术推广示范。建设了19个省级可持续发展实验区，将其作为"两型"低碳技术的示范基地。湖南省还被纳入国家"科技惠民计划"首批试点省份之一，试点将以重金属污染防治技术的转化应用为主题，推进低碳惠民科技成果的应用示范。

加速推进"两型"低碳技术产业化。通过实施战略性新兴产业科技攻关和重

大科技成果转化专项、新启动重大科技成果转化和产业化专项、承接国家科技重大专项成果转化专项等,转化一批重大"两型"低碳科技成果。2011年,湖南省新能源产业、节能环保产业主营业务收入分别为365亿元和673亿元,同比分别增长47%和43%。

专栏7-4 南车集团时代电动车

目前,全球新能源汽车发展已经形成了共识,加之种种利好政策的引导与落地,越来越多的客车制造企业加入了这场客车燃料模式的改革中,一场不见"硝烟"的战争愈演愈烈,如何赢战?不断强大自身产品和服务或许是企业生存与发展的关键。

湖南南车时代电动汽车股份有限公司(简称"南车时代电动")是南车株洲电力机车研究所有限公司控股、中国第一家获得新能源汽车制造资质的企业,依托母公司在轨道交通领域所掌握的变流技术、电传动及控制技术等核心技术的强大支持,公司已快速成长为最具创新能力的节能与新能源汽车新锐民族品牌。

产品创新

南车时代电动的研发团队将"经济、可靠、适用、绿色"设定为技术目标,不断积极探索和努力创新,在产品研发方面实现了前所未有的突破。依靠源自铁路的电机、电控、电池应用三大关键独特技术衍生出了基于纯电动、插电式、在线充电等动力系统平台,以及世界一流的新能源汽车综合工程试验室,南车时代电动形成了油电混合动力、增程插电式混合动力、在线充电式新能源客车、纯电动(双模)客车等技术路线。其中,在线充电式和增程插电式混合动力客车成为了行业内主流的技术路线,为电驱动、零排放技术的推广和普及提供了积极借鉴。

增程插电式产品的最大卖点就在其便捷的使用方式和充电模式。为适应不同城市需求,南车时代电动增程插电式具备四种充电方式:①车载南车时代电动独有的充电机,在原有场站就可以完成交流慢充(380V电源),还可以利用夜间波谷电进行充电;②车辆还具备直流快充模式,10分钟可以充电 80% 左右；③车辆还具备直流慢充方式，可以利用夜间波谷电价集中充电；④在没有任何外接电源的情况下，车辆可以利用车载发电机组充电。

相关营运数据显示，南车时代电动 12 米增程插电式可平均每年节省燃料费用 8.6 万元，在此基础上，简单的机械构造也为维修保养提供了很多便利，维修费用每年可省去 0.3 万元，照此计算，8 年可省出一辆车。截止到 2014 年 6 月，南车时代电动增程插电式产品批量销售 600 余台，单车运营里程已经达到 10 万公里。

科技实力

自 2002 年起，公司通过承担 20 多项国家 863 计划节能与新能源汽车重大项目，成为节能与新能源汽车"三纵三横"国家研发布局中的重要成员。公司致力于持续提升新能源汽车能源转化效率，累计投入近 4 亿元用于新能源汽车高效动力驱动系统（T-Drive）研究，建成了先进的新能源汽车综合工程试验室，形成了基于混合动力、纯电动、插电式、在线充电等动力系统平台的节能与新能源汽车核心技术解决方案。公司先后获得国家高技术成果转化产业基地、国家火炬计划成果转化基地、湖南省电动汽车电传动系统工程中心、湖南省重点实验室、湖南省企业技术中心等资质，作为央企电动车产业技术联盟的发起人之一，与一汽、二汽、长安等整车企业紧密合作，牵头或合作承担十余项电动汽车电机共性技术的研究。

产业能力

2007 年以来，先后投入近 5 亿元建成了新能源客车制造基地，拥有先进的底盘、车身、涂装、电泳及总装生产线，信息化管理系统以及现代精益制造体系，具备年产新能源客车整车 1 万辆、动力系统总成及关键零部件 2 万台（套）的产业化能力。目前，公司形成了整车、动力系统总成及关键零部件三位一体的系列化产品，从 IGBT 元器件到整车控制器等关键零部件，从驱动电机到动力系统总成，从新能源城市客车到特种车辆，打造了国内独一无二的新能源汽车全产业链条。

市场业绩

自 2009 年国家开展节能与新能源汽车示范推广工程以来，南车时代电动已有 4000 多辆新能源城市客车服务于长沙、昆明、海口等十多个城市公交，并出口到巴西，为 2014 FIFA 世界杯盛会服务。株洲市更是依托公司产品，于 2011 年实现了城区公交电动化，成为全球第一个电动化公交城。同时，南车时代电动还向其他客车企业配套了近 6000 套新能源汽车动力驱动系统。尤其引以为豪的是，南车时代电动先后为 2008 年北京奥运会、2010 年上海世博会和广州亚运会的新能源车辆提供了 70%~100% 的动力系统总成。

四、加强低碳能源开发、提升能源利用效率

加强低碳能源开发与高效利用。长株潭城市建设应采取各种措施降低资源、能源开采利用量，提高利用率，着力加强低碳能源的研发与高效利用。低碳能源也可称为绿色能源、新能源、可再生能源或者是经过传统能源技术改造的能源等，主要是低碳排放和促进低碳经济建设的能源开发与利用。目前世界上对"绿色能源"开发比较重视，拥有先进技术并已取得良好效益的国家主要集中在欧美。仅 1989~1992 年，美国 800 多家再生能源公司年收入每年递增就达 16%，由此可见"绿色能源"的发展方兴未艾。加拿大政府的目标是，到 2020 年 90% 的电力需求要由零排放能源（绿色能源），如水电、核电、清洁煤和风能提供。为此，加拿大政府将支持生物燃料、风能和其他替代能源的研究，拨款 2.3 亿加元执行生物能源技术计划。长株潭低碳城市群建设应加大新能源的开发与利用，不仅需要各级政府加大对低碳能源技术的开发和经费资助，同时要提高新能源的利用率。

第四节 推广清洁低碳技术

一、十大清洁低碳技术

湖南省"两型社会"建设大力推广清洁低碳技术。首先，从能源供求问题考

虑，湖南省能源供求的总量和结构性矛盾比较突出，一次能源对外依存度高，全省煤炭资源只占全国的0.08%，所有原油和天然气都从省外调入，水电已经开发90%以上，尤其目前人均用电水平不到全国的60%，随着能源需求的进一步增长，供应的压力势必继续增大。与此同时，化石能源占绝对主导。从提高能源保障到减少能源使用过程中产生的污染，都有必要推广运用新能源技术，加大清洁能源的开发利用力度，切实提高非化石能源的比重。其次，从环境问题考虑，湖南省重化工业为主的工业结构、粮猪型农业结构，导致工业污染和农村养殖面源污染治理的任务非常艰巨。同时，随着城镇化进程的加快，垃圾围城的现象日益突出，餐厨垃圾由于得不到有效管理和处置而影响人们食品安全的问题很严重。通过技术和管理手段，使人们真正呼吸到新鲜空气、喝上干净的水、吃上放心的食品，也是"两型社会"的应有之义。最后，从竞争力考虑，湖南省六大高耗能产业占规模工业能耗的78%，但增加值仅占31%，这种状况是不可持续的。从产业长远发展考虑，就是要通过推广清洁低碳技术，一方面降低产业的能耗以及成本水平，提高产业竞争力；另一方面通过清洁低碳技术的推广，创造出巨大的技术市场需求，带动节能环保、新能源、绿色建筑等战略性新兴产业。

2012年，湖南省政府批转省"两型办"等单位《关于在长株潭"两型社会"建设综合配套改革试验区推广清洁低碳技术的实施方案》（简称"实施方案"）的通知，要求"十二五"期间，在长株潭试验区范围内重点推广十大先进适用、具有示范带动作用的清洁低碳技术。

十大清洁低碳技术，覆盖了城市农村，涵盖了能源、交通、建筑、环保等多个方面，瞄准了湖南"两型社会"建设中的重点难点问题，包括新能源发电技术、"城市矿产"再利用技术、重金属污染治理技术、脱硫脱硝技术、工业锅（窑）炉节能技术、绿色建筑技术、餐厨废弃物资源化利用和无害化处理技术、生活垃圾污泥焚烧及水泥窑协同处置技术、长株潭城市公共客运行业清洁能源节能与新能源汽车、沼气化推动农村畜禽污染治理和资源化利用技术。十大技术的提出，回应和聚焦了群众最关注最迫切的资源环境问题。

新能源发电技术方面，将发挥湖南省光伏技术优势，利用工业园区光伏屋顶、光伏建筑等，实施120万千瓦左右的太阳能光伏发电项目。利用风电装备研发、制造优势，建设130万千瓦左右的风电场。发挥农林废弃物资源丰富的优势，建设50万千瓦左右的生物质发电厂。

"城市矿产"再利用技术方面，重点推广废旧电冰箱无害化处理及资源回收、废旧电器的机械破碎与分选、报废汽车车身整体粉碎与废钢加工一体化等技术。到 2015 年，实现"城市矿产"资源加工利用量 400 万吨，加工比例 60%以上。

重金属污染治理技术方面，以湘江重金属污染治理为平台，重点推广有色金属冶炼废水分质回用集成、电化学深度处理、重金属废渣资源化再利用等技术。到 2015 年，逐步消除历史遗留的重金属废渣环境安全隐患。

脱硫脱硝技术方面，重点推广水泥行业脱硝、钢铁烧结脱硫、燃煤电厂脱硝等技术。到 2015 年底，所有燃煤机组烟气建成脱硝设备。

工业锅（窑）炉节能技术方面，重点推广高低混合流速循环流化床、水泥综合节能等技术，到 2015 年，明显提高工业锅（窑）炉能源利用效率，年节能 300 万吨标准煤。

绿色建筑技术方面，重点推广绿色建造、可再生能源建筑一体化等技术。从 2014 年起，长株潭试验区内政府投资的公益性公共建筑和保障性住房全面执行绿色建筑标准，使建筑建得绿色、用得舒适。

同时，大力推进城市垃圾、餐厨垃圾、污水污泥、农村畜禽污染的无害化、资源化利用，减少危害，并力争变废为宝。到 2015 年，长株潭试验区将新建污泥处理处置规模 15.24 万吨（干泥）/年，新增餐厨垃圾处理规模 1690 吨/日，建设一批大型沼气工程。围绕汽车尾气排放治理问题，"十二五"期间，湖南省将重点推广油电混合、压缩和液化天然气、纯电动公交车和出租车，使长株潭三市城区公交、出租车全部实现清洁、新能源化。

目前湖南省在新能源、重金属污染防治、餐厨垃圾资源化、循环经济等方面技术优势明显，近些年，研发清洁低碳重大关键技术近 100 项，一批成果在全国处于领先水平。此外，国家十分重视环保技术发展，"十二五"期间，国家节能环保投资 3.4 万亿元，其中用于节能减排重点工程的投资就达 2.36 万亿元。

二、绿色信贷支持

金融机构积极倡导并践行"绿色信贷"理念，坚持信贷业务与区域经济、生态环境协调发展，大力支持湖南新能源、新材料、可再生能源、环保产业等绿色新兴产业发展；大力推动清洁生产，发展循环经济，加强节能减排治污，实现减量化、再使用、再循环，推动经济发展绿色转型；着力支持构筑绿色产业体系，推动形成以低消耗、无污染、高效益为主要特征的绿色产业体系。同时严格控制"两高一剩"行业信贷,为支持湖南"两型社会"建设发展发挥了积极作用。长株潭城市群"两型"试验区加快落后产能退出进展。制定"绿色信贷"目录,以企业环保信用作为贷款标准。集中运用政策引导、倒逼机制、合理补偿等手段,对落后产能和污染企业分批次实行关停并转和产业整体退出。

推行绿色信贷措施。使商业银行和政策性银行等金融机构依据国家的环境经济政策和产业政策,对研发、生产治污设施,从事生态保护与建设,开发、利用新能源,从事循环经济生产、绿色制造和生态农业的企业或机构提供贷款扶持,而对污染生产和污染企业的新建项目和流动资金采用贷款限制的政策手段,从而实现资金的"绿色配置"。作为全国"两型社会"建设的实验区,湖南肩负着重要的历史使命。

参考文献

[1] 陈玉明. 株洲市推进"两型社会"建设:方案规划体系 [R]. 2011.

[2] 湖南省长株潭两型办. 湖南"两型社会"建设的改革创新 [M]. 长沙:湖南人民出版社,2011.

[3] 梁志锋. 湖南"两型社会"发展报告(2014年) [M]. 北京:社会科学文献出版社,2014.

[4] 湘潭市两型办. 湘潭"两型社会"建设综合配套改革示范创建模式集 [R]. 2013.

第八章 湖南"两型综改区"建设之各地区"两型社会"建设探索

第一节 长沙市"两型社会"建设

一、主要行动

从 2007 年 12 月长株潭城市群获批为全国"两型社会"建设综合配套改革试验区以来，长沙积极贯彻国家战略，落实省委、省政府的工作部署，紧紧围绕"建设全国'两型社会'示范窗口、率先建成'两型'引领之市"的战略目标，加快转变发展方式为主题，努力探索新型工业化和新型城市化两条道路，着力为全国"两型社会"建设和深化改革开放探索路径、积累经验，取得了初步的成效。

1. 创建区域发展模式，树立"两型社会"建设标杆

2008 年 6 月，成立了长沙大河西先导区，着力探索改革路径、创新发展模式、发挥示范作用、形成带动效应，率先实践"两型"建设的新理念和改革试验的新要求。先导区总规划面积 1200 平方公里、核心区 570 平方公里、起步区 230 平方公里，目标是到 2020 年建成"两型社会"示范区、高新产业集聚区、城乡统筹样板区、生态宜居新城区和支撑发展的增长极。

（1）改革创新行政管理制度：全面授予市级经济管理权限，启用"2 号公章"，依托内设的"四部一委"平台，实施了由内部再造到跨部门再造的行政许可流程优化，精简 17 项行政审批事项和环节，审批时限从平均 220 日缩减

到42日。

（2）创新编制"两型"规划体系：率先实行空间、土地、产业、生态、主体功能区"五规合一"；创新规划布局，大河西全域范围内城市建设用地、农业农村用地和生态涵养用地各占1/3，同时充分运用"反规划"理念，编制实施基本生态控制线规划，优先进行不建设区域的控制，并在环保部支持下率先试点实施规划战略环评，尝试从决策源头严格控制环境污染。

（3）全面整治区域生态环境：按照打造长株潭乃至全国传统工业区再生改造、生态修复和污染治理的样板工程的目标，积极推进坪塘老工业基地产业退出，创新实施一系列激励和倒逼机制，促使区域内水泥和化工污染企业平稳有序退出。

（4）探索推进城乡一体化发展。在永久性农村规划区内，选择了莲花镇和关山村、光明村等"一镇五村"进行试点，推进整体规划整治、土地流转交易、生态环境改造和居住适度集中，初步实现了农民生产生活方式的转变；在近期重点建设区内，试行"两退出两获得一保留"（退出宅基地获得城镇住宅，退出承包地获得社会保障，保留集体经济组织收益权）的人口城镇化模式，探索体现公平、普惠、可持续原则的城市化道路。

2. 创新资源节约机制，全面提升资源利用效率

（1）探索推广节约集约用地模式与制度：通过实践创新，探索出新城立体空间综合开发节地、高层标准厂房节地等六种模式。出台主要地类控制指标体系，制定节约集约用地评价标准和考核办法。

（2）推广节能综合性管理：建立能源管理专家委员会，推进重点用能单位能源审计，建立健全固定资产投资项目节能评估和审查机制，在全国首创"节能120"服务红星，对全市150家宾馆酒店开张客房进行新型智能节能管理改造，综合节电超过30%。

（3）全面实施阶梯式水价：从2012年2月开始，在全市实施居民生活用水阶梯式水价制度和非居民用水超定额累进加价制度，用水量与上年同比分别下降18.5%、15.5%。

（4）推广节约用材新举措：在全国省会城市中长沙率先实施宾馆酒店和招待所有偿提供一次性用品政策，每年节约资金上千亿元。

（5）积极发展循环经济：以宁乡经开区、浏阳制造产业基地为依托，着力打

造再制造产业基地，获批全国两大示范基地之一。

3. 创新环境保护机制，加强流域环境综合整治

（1）率先实施整套环境经济政策：出台《长沙市人民政府关于实施环境经济政策的指导意见》、《境内河流生态补偿办法》、《环境风险企业分类管理办法》。

（2）率先探索农村环保长沙模式：以畜禽污染、集镇污水、农村垃圾三大污染覆盖治理为突破，探索形成以"政府主导、村民自治、城乡统筹、科学发展"为特征的农村环境综合整治模式。目前，全市创建环保自治村 600 多个，设立农村环保促进会 1000 余个。

（3）率先推行环境污染第三方治理：在全国首创并推出畜禽养殖污染治理合同环境服务。尝试高新区、长沙经开区在环境监测、乳化液处理等领域实施第三方治理成效明显。着力构建大气污染联防联控机制：出台《长沙市大气污染防治行动计划实施方案》，成立领导机构统筹防治，2014 年安排项目 75 个，已完成 38 个。着力构建湘江流域综合整治机制：以落实省政府"一号重点工程"为主要内容，推进截污治污、污染源退出、城乡垃圾处理、农村面源污染治理、河道整治与生态修复五大工程。主城区城市污水处理率达 95.7%，城市水环境功能区水质达标率达 100%。着力构建生态绿心保护机制：市政府发布《关于加强长株潭城市群生态绿心地区保护管理的通知》，2013 年将绿心保护工作纳入对区县政府的绩效考核。全面清理 2009 年以来的绿心地区项目，清理违法违规行为 113 项。着力构建城市餐厨垃圾无害处理机制：研究制定了《餐厨垃圾管理办法》，由政府补贴对城区餐厨垃圾实行统一收运、集中定点处置。全国规模最大、日处理能力达到 375 吨的餐厨垃圾无害处理中心于 2012 年 8 月正式投入使用，每天处理餐厨垃圾 320 吨左右。

4. 创建"两型"建设标准，促进城市建设绿色转型

城市规划布局贯彻"两型"理念：坚持"不挖山、不填水、不砍树"的规划建设理念，在新一轮城市总体规划修改中，生态控制面积 2284 平方公里，制定实施社区公园规划并建成 80 余个。

（1）率先编制实行"两型"建设标准体系：完成《长沙市"两型社会"城乡建设标准体系研究》等 20 多个"两型"建设标准研究，于 2011 年 8 月公布实施。

（2）区域化规模化推广绿色建筑：在省会城市率先颁布实施《绿色建筑评价标准（试行)》和《绿色建设设计导则》，出台《绿色建筑行动实施方案》，到 2014

年 9 月累计推广绿色建筑试点项目 147 个，2013 年，累计启动建设可再生能源建筑示范项目 144 个。

（3）示范引领"两型"住宅产业化发展：出台支持"两型"住宅产业化发展的系列引导政策，开展"两型"住宅产业化技术标准体系研究，2013 年出口成品住宅 18 万套。

（4）大力推进绿色交通建设：率先提出"绿色轨道"建设理念，实现轨道交通系统能耗比全国现有平均能耗降低 20%的目标。积极推行公交优先战略，淘汰黄标机动车约 20000 台。

5. 创新产业升级，推动产业结构加快调整

（1）构建落后产能退出机制：采取分类退出、政策引导、经济补偿等措施，构建统一的落后产能淘汰和产业退出政策体系，关停 110 家"两高"企业和大量"五小企业"。

（2）构建产业发展准入机制：建立项目污染排放总量审核，严格产业准入门槛，否决高污染高能耗项目 460 个。

（3）构建科技专项资金引导机制：不断加大"两型"科技创新和重大科技成果转化支持力度，投入 20 亿元提升产业技术层次。连续七年举办全国科技成果转化交易会。

（4）构建清洁低碳技术推广机制：编制实施三年行动方案，集中推广新能源发电、脱硫脱硝等清洁低碳技术，2014 年启动实施屋顶光伏发电等示范项目 98 个，投资 110 亿元。

（5）构建产业园区整合提升机制：按照企业集中、产业集群、资源集约、功能集成的原则，对产业园区进行整合提升、布局优化，打造一批现代城市工业经济综合体，五家园区晋升国家级。

二、取得进展

（1）从总体方案的实施看来，高起点、高标准规划"两型社会"建设，在全市第十二次党代会上提出"率先基本建成'两型'城市"的目标，在市委十二届六次全体会议上进一步确定"率先建成'两型'引领之市"的战略。形成了衔接配套、体系丰富的顶层架构体系，并在经济社会发展领域得到了有效落实。

（2）从主要指标的完成看来，2007~2013 年，全市地区生产总值年均增长

14.3%，城市综合竞争力跻身全国 10 强。"十一五"期间，化学需氧量和二氧化硫排放量分别下降 19.2%、6%，2013 年较 2010 年又削减 11.76%、20.91%。

（3）从重点改革的推进看来，取得了一大批理论和实践成果，特别是在土地管理方面推广的六种节地模式，在环境保护方面实行的八项环境经济政策，在资源节约方面推行的节能综合性管理等。从城乡建设的进展看来，在经济快速发展的同时生态环境持续改善，获联合国"人居环境良好范例奖"等荣誉；湘江新区"两型"新城雏形初现，有效发挥了"两型"标杆、示范平台作用；城市功能品质显著提升，连续五年获"全国最具幸福感城市"。

（4）从"两型"产业的发展看来，电子信息、新能源、新材料、生物医药、高端制造等战略性新兴产业以及现代物流、金融、文化创意等现代服务业不断壮大。2013 年全市高新技术产业实现总产值 5140.4 亿元，实现增加值 1499.2 亿元，占全市 GDP 的 20.9%。

（5）从推进机制的建立看来，成立由市长任组长、分管副市长任副组长、相关直属部门负责人为成员的领导小组，建立健全协调联动机制；市财政每年拨付 5 亿元"两型"示范区建设专项资金；实施 100 多个相关政策文件；创建单位 2000 多个，培育省级示范创建单位 92 个、市级单位近 300 个。

第二节 株洲市"两型社会"建设

一、主要行动

1. 突出推进"两型"主题和专项改革

坚持统筹兼顾、重点突破，落实"一县（市、区）一主题，一部门一专项"的改革任务。建立改革方案评审和风险控制机制，报市综合配套改革领导小组办公室组织进行评审和风险评估，经报请综合配套改革领导小组批准后，由各责任单位分别组织实施；建立改革免责机制，在改革方案实施过程中，对有过错但没有以权谋私，没有造成重大损失或负面影响的改革者，实行免责；建立党政一把手改革责任机制，承担改革任务单位的主要领导要亲自研究改革工作，安排改革方案的制定和实施,并在年度述职报告中专门就此做出报告。

2. 加快建设"两型"典型项目

按照与"两型"密切相关、投资规模较大、具备建设条件、具有示范作用的标准,确定加快建设多能互补分布式能源站等"两型"典型项目。对建设进展情况较好的项目,优先推荐为省"两型"示范创建项目,争取上级的有关支持。加强"两型"项目前期工作,各地各相关部门要研究、开发具有影响力的"两型"前期项目。

3. 大力实施"两型"重点举措

致力于做出成效、形成特色、树立典型,突出抓好清水塘地区产业升级绿色搬迁等重点举措。强化牵头单位责任,加强顶层设计,制定详细方案,具体细化到人员和资源投入、机制制度和时间节点等;注重协调配合,强化工作调度,确保工作落到实处。

4. 全面开展"两型"示范创建

在全市范围内全面开展"两型"企业、公共机构、园区等方面的示范创建工作。突出组织开展连片的"两型"综合示范创建工作,确定若干个5平方公里左右的片区,全面组织"八进片区"(节能家电、新兴能源、自行车辆、花卉苗木、垃圾分类、保温建材、废旧物资回收、环保袋菜篮子进片区)活动。大力宣传普及"两型"建设标准(试行),各类媒体要积极开展"两型"创建知识宣传,组织知识抢答等主题活动;各牵头部门分别组织创建标准培训班,培训人数达到1000人次左右。大力开展"两型"技术及产品推广工作。发展10万人以上的"两型"志愿者队伍,开展大型志愿者行动。建立示范创建单位动态管理机制。将创建"两型"单位作为文明先进单位评选的条件。

5. 提升推进示范区建设

建立示范区工作统计制度,定期上报有关统计数据。建立示范区动态管理机制,在省、市对示范区综合考核中,对第一年未达到要求的进行通报批评;对连续两年未达到要求的进行警告;对连续三年未达到要求的,不再保留示范区资格。

二、取得进展

1. 城乡面貌得以改善

（1）强力推动"蓝天碧水净土静音"行动：实施"拆除烟囱、治理污水、净化空气、变性土壤、清洁能源"等举措，全面整治环境污染问题。2008年以来，全市共拆除烟囱700多根，其中市区拆除烟囱385根。

（2）集中开展"五改"行动：全面推进小街小巷改造、主次干道混凝土道路改沥青路面、人行道板改造、临街建筑墙面改造、将空中的电线电缆改入地下的五改行动，并明确列入政府工作计划。

（3）全面实施"四化"工程：大力开展城市"美化、绿化、亮化、数字化"工程，规范整治临街门店标牌，拆除围墙和防盗窗，大种树、种大树，消除城区无灯路段，纵深推进城市数字化建设。

（4）进行组织城市提质战役：按照"以水为源、以绿为美、以人为本"的要求，巩固提升"五改"、"四化"成果，打造湘江风光带、神农城等四大精品工程。

（5）深化推进城乡环境同治：制定出台《关于加强农村环境综合整治全面推进城乡同治工作的实施意见》、《株洲市农村环境综合整治工作考核办法》；建立"全民参与、市场运作、分级投入、定期考核"的治理机制。

2. 城市品质得以提升

（1）创新城市管理：株洲市借助数字城管系统提升城市管理效果。2009年10月，株洲市投入3600万元建成覆盖全市中心城区的数字化城市管理系统。株洲市区被划分为116个工作网格，配备了155名携带移动视频设备的信息采集员，在全市116台环卫车上安装GPS定位设备，对作业车辆的运行状态进行全方位监控。设置了434个探头，每天三次对探头附近出现的问题考评上报。

（2）创新交通管理：建立交通管理资金投入机制，完善交通管理设施，完成47个城区市政基础设施工程，标线施划率、让行标志设置率均达100%。

（3）创新环境管理：株洲市启用数字环保系统。这套系统针对全市24家重点排污企业进行三维建模，对治理设施主要运行参数进行监控。同时，将环境监控系统与移动执法系统有机结合起来：系统发现问题之后，及时将数据传给指挥系统；指挥系统第一时间调度现场附近人员和车辆进行现场电子化取证等工作。

3. 产业转型得以深化

（1）优化产业结构：按照主体功能区规划要求，合理布局各类产业，使各县市区的产业特色明显、优势突出。城镇坚持产业象限布局，防止工业污染围城；规划推进中环大道以内的工业企业迁入工业园区，原有用地实施"退二进三"；突出发展园区主导产业，提高产业集聚度。推进新型工业化。2008 年以来，牺牲 30 多亿元工业产值，关停污染企业 200 多家。提升现代服务业，加快发展现代农业。全市农业机械化率达到 64%。

（2）提升产业业态：发展"两型"产业，是建设"两型"社会的根本。在改造传统产业的同时，突出发展大企业、大集群、大项目，加快产业转型升级，促使产业从"高碳"向"低碳"、从"制造"向"创造"、从"黑色"向"绿色"转变，促进"两型"产业化，产业"两型"化。实施"5115"工程。采取特殊政策、特殊奖励、特殊服务，培育 5 个销售收入过百亿、10 个过 50 亿的旗舰企业。2013 年，"5115"工程企业总产值达 1190 亿元，占全市规模工业的 45.2%。打造"五大千亿产业集群"，即轨道交通、汽车、航空航天、服饰、陶瓷五个千亿产业集群；建设"五大百亿工程"，即建设投资 100 亿元的神农城，建设投资 120 亿元的湘江风光带，建设投资 150 亿元的华强文化产业基地，建设投资 100 亿元的职教城，建设投资 20 亿美元的中国美旗集团物流项目。

（3）加强创新能力：注重技术创新、注重品牌创新、注重市场创新。积极建立技术联盟，全市每年研发新产品、新技术、新型工艺超过 200 项，专利累计申请量达 2.1 万件，全市拥有国家重点实验室 2 家。实施省级、市级和国家级品牌梯级培育计划，制定品牌创建激励政策。大力实施"走出去"战略，积极开拓国外市场。

4. 体制机制得以创新

（1）在政策上实现突破：①创新资源节约政策。启动国家节能减排财政政策综合示范城市申报工作。对水、电、气等资源根据消耗情况推行阶梯式价格，按照人均月消费量标准制订了阶梯式水价实施方案；实行差别电价；对非居民用户用水推行超定额累进加价收费制度，对城市生活用水推行阶梯水价。②创新统筹城乡发展政策。制定了《株洲市 2012~2015 年统筹城乡发展改革实施方案》，建设"146"市级综合性示范工程。攸县制定了《攸县统筹城乡发展改革试点方案》，已展开试点工作；醴陵白兔潭镇制订了年度工作计划并扎实推进；白关镇启动了服饰产业园安置区征地拆迁;茅塘村编写了《关于茅塘村开展统筹城乡的试点方案》;云田社区"百户休闲农庄"已具雏形;松西子社区四个"千亩产业"基地正加紧建设;荷塘月色启动了"荷塘月色生态休闲度假区"项目招商,重点推进"耕食·家"、"耕食记"市民农园项目。③创新土地经营政策。赋予农村集体土地担保、抵押、贷款等权利;出台城乡建设用地增减挂钩复垦指标有偿使用管理暂行办法;在城区根据投资强度、产出水平等指标确定土地价格。④创新投融资政策。提出建立公共服务设施、环保设施民间投资机制,采取 BT 模式和购买服务方式;出台了实施绿色信贷促进节能减排的指导意见和绿色信贷工作管理办法,对"两型"项目经济提供信贷支持。⑤创新自主创新政策。出台《关于促进企业技术创新的奖励办法》,设立市科技进步奖,一、二、三等奖奖金分别为 6 万元、4 万元、2 万元。⑥建立自主创新产品认证机制。出台《自主创新产品认定和实施管理办法》,开展自主创新产品认证,纳入政府采购目录。

(2) 在机制上实现突破:建立环境保护和资源节约机制。排污权有偿使用和交易,现已累计对 1768 家排污单位进行了初始排污权分配。提出了"资源资产化、资产资本化、资本证券化"思路,在全省率先完成投融资平台公司化改造,"7+2"投融资公司总资产达到近 800 亿元。建立行政管理机制。改革城区建设管理体制,建立"两地主体、分级管理"的城市建设管理体制,将城市建设管理的人事权、财务权以及环卫、绿化、执法等权限全部下放到城市各区,构建大城管格局。

(3) 在实施措施上实现突破:突出谋划改革。将综合配套改革作为市委中心组学习、市委经济工作务虚会、市政府办公会的重要议题,与其他重大建设项目一同谋划。突出安排改革。成立"1+10"改革领导小组,即全市综合配套改革领导小组和 10 个专项改革领导小组,并分别在相关职能部门设立办公室,负责各项改革的日常工作。突出推进改革。在全市圈定一批市级改革试验区和重点改革任务,构建"一县一主题,一部门一专题"的改革推进格局,明确每个试验区分别承担一项改革任务。突出考核改革。将综合配套改革工作纳入"两型"征集考核内容,给予较大的分值权重,并设置改革加分项目。

5. "两型"文化深入人心

(1) 加强"两型"示范创建:在全省率先开展"两型"机关、学校、社区等14 大类示范创建活动,形成了有标准、有方案、有队伍、有行动、有评价、有成效的"六有"工作机制;重点推进"两型"综合示范片区建设,各县市区规划建设一个"两型"综合示范片区。全域开展特色集成创建,各县市区结合自身基础和特色自主开展创建活动。

(2)倡导绿色低碳生活:大力推动惠民工程实施,倡导"两型"消费方式,培育"两型"生活习惯。建设公共自行车租赁系统,设置公共自行车站点1000多个,投入自行车2万多辆,建设自行车专用车道共计7.4万平方米,总里程约21公里,市区公交车全部实行1元票价,城区老年人及市郊农村老年人全部可免费乘坐公交车。推进无障碍设施改造,完成主要干道和大型公共建筑无障碍设施建设改造。全面推进每周少开一天公车等活动。

(3)加强"两型"宣传培训:积极做好"两型"宣传,加强"两型"学习培训,广泛开展主题活动。先后下发《关于开展全民节能行动,推广"两型"生活方式的通知》和《"两型"社会建设的宣传方案》等文件。把"两型"相关知识、政策纳入各级党委、行政学院培训学习内容。组建"两型"志愿者队伍,开展"地球熄灯一小时"等活动。

第三节　湘潭市"两型社会"建设

一、主要行动

1. 以重大项目建设为抓手,提升"两型"发展支撑力

按照"两型社会"建设的要求,实施《湘潭市"两型社会"建设"八大工程"实施方案》和《湘潭市推广十大清洁低碳技术三年行动计划(2013~2015年)》。

(1)抓项目开发:深入研究国省政策、产业发展规律和投资方向,结合湘潭实际,主动策划、包装一批与"两型社会"改革建设息息相关的优质产业项目、重大基础设施项目和惠及群众的重大民生项目。

(2)抓项目引进:不断创新招商引资方式,拓宽招商引资渠道,积极探索以商招商、委托招商等模式,牢牢盯住世界500强、大型央企、知名民企等,着力引进一批与湘潭市产业关联度高、技术含量高、市场前景好、环境污染小

的重大项目。

（3）抓项目服务：切实做好规划、审批、征拆、环评、供地等前期工作，确保项目快落地、快推进、快投产、快达效。继续实行重点项目帮扶制度，推动广大干部主动为项目建设提供优质服务、研究突出问题、落实帮扶措施，确保湘潭综合保税区、大众汽车配件产业园、湘潭电化新产业园等重大项目建设进度。

2. 以要素供给保障为重点，营造"两型"建设好环境

（1）营造保障有力的要素供给环境。资金保障方面：深入研究国、省支持地方发展的政策，向政策要资金；加强银企合作，创新金融服务，为实体经济、中小企业解决融资难题；深化政府投融资平台改革，完善治理结构，发挥好"财政杠杆"的作用，撬动企业创新投入；严防债务风险，规范民间借贷行为，确保金融安全。土地保障方面：积极争取国、省用地指标，处置盘活闲置土地，提高土地利用率；坚持节约集约用地，合理安排用地计划、规模、结构和时序，优先保障重点产业项目、重大基础设施和民生工程建设用地。

（2）营造优质高效的政务环境。继续简政放权，把省级下放的职能对接好，把本级该放的权力放下去，把该监管的环节管到位；抓住行政效能提升的重点环节，进一步压缩审批环节，优化审批流程，全方位提升服务水平；继续开展行政事业性收费、经营性收费专项清理，严格按下限收费。

（3）营造公平有序的法治环境。规范权力运行流程，从强化执法监督、规范执法行为入手，确保依法行政，以法治促公平；切实加大企业、项目、学校、医院周边环境专项整治力度，对阻工闹事、封门堵路、强买强卖等非法行为从严治理、从重处罚；规范涉企检查行为，对梗阻政令、刁难企业的行为，做到有诉必查，快查快结。

3. 突出示范引领，打造"两型"窗口

围绕"提质、集成、见效"，深度推进"两型"企业、"两型"园区等"两型社会"十大示范创建活动。近年来，设立了市级"两型社会"建设引导资金，争取省市投入资金9378万元，带动社会投资3.5亿元，培育省市级"两型"示范创建项目和单位172家，"两型"示范创建模式55个。

二、取得进展

1. "两型社会"建设法规框架体系基本形成，高标准完成顶层设计

（1）重点编制完成了市域规划、城市总体规划等"2+12"规划体系和总体改革方案等"1+12"改革方案体系，以及《湘潭火车站核心区规划》等10多个重点区域控制性详规修编。

（2）突出特色规划。2011年，围绕落实省委、省政府《关于支持湘潭率先统筹城乡发展实现韶山率先富裕的意见》，组织编制了《湘潭市率先统筹城乡发展实现韶山率先富裕规划》，策划建立"两型社会"建设项目库。

（3）强化"两型"法制建设。积极贯彻落实《湖南省长株潭城市群区域规划条例》等上位规划，出台《湘潭市落实长株潭城市群区域规划和加强生态"绿心"保护的若干规定》，强化相关审批流程，加大对生态绿心地区的保护力度。

2. 产业转型升级大力推进

根据长株潭比较优势分析、错位发展理念，按照"存量转型提升、增量创新发展"的思想，坚持以推进新型工业化为主线，加快实施"3+3+4"产业发展战略（着力培育"现金装备制造、新能源、电子信息"三大战略性新兴产业，改造提升"精品钢材及深加工、汽车及零部件、食品"三大传统优势产业，加快"现代物流、全国红色旅游、高素质技能人才培养、现代农业示范基地"四大产业基地建设）。突出区域功能区分，探索不同主题的发展模式；促进重点区域产业转型，促进循环经济发展；改造提升传统产业；通过内因外联加快新兴产业规模化发展；加快"四大"基地建设。

3. 资源节约集约利用取得突破

（1）稳妥推行居民阶梯式电价、气价改革政策，积极探索资源产品价值改革。自2012年7月1日执行居民生活用电阶梯式电价以来，居民生活用电量大幅减少。湘潭市2013年6月完成总售电量58973万千瓦时，减少用电量12805万千瓦时，天然气与可替代能源的比价关系逐步理顺。

（2）建设节水型城市。阶梯型水价改革持续发力，目前已形成阶梯型水价改革初审方案报市政府及省物价局。

（3）推动土地节约集约利用。出台《湘潭市经营性建设用地容积率调整管理暂行办法》和《湘潭市集体土地征收与房屋拆迁补偿安置办法》等文件，较好地实

现了土地节约利用的制度化。

（4）全面推动创建"国家型能源示范城市"。积极开展国家新能源示范城市创建工作，编制了《湘潭市建设国家新能源示范城市规划（2011~2020年）》。2012年、2013年分别获批国家新能源示范城市、国家节能减排财政政策综合示范市试点。

4. 城市环境保护治理有序开展

一是建立了污染源在线监控平台。在全省率先建成第一家环境应急指挥中心，建成全省第一个污染源在线监控平台。二是大力推进城乡生态环境建设。启动十大环保工程建设，制定了《湘潭市机动车排放污染防治管理办法》。三是建立森林生态保护圈。目前，全市森林覆盖率已经达到46.15%，城市建成区公共绿地面积已达588公顷，城市绿地覆盖率达50%。

5. 生态治理成效显著

启动十大环保工程建设，加强生态环境治理，推进了湘江水府庙库区生态环境保护及修复工程建设；加快实施《湘江湘潭段重金属污染治理规划》，关停26家化工企业，"退二进三"工作全面展开。

6. 城市建设稳步推进

一是积极推进"两型"城镇建设：坚持城市群发展的战略方向，按照"北拓东连、西进南延、点轴支撑、网点完善"的城镇发展策略，支持示范城市，大力推进清溪、楠竹山、石潭、花石等示范城镇建设。二是统筹推进城乡基础设施建设。三是深入实现建筑节能。

7. 推进机制进一步加强

一是进一步完善"两型"绩效考评。完善"两型社会"建设指标体系，加大资源环境考核力度，不断完善"两型"绩效考核办法，形成全市齐抓共建"两型社会"的局面。二是继续设立"两型社会"建设专项引导资金，开展"两型"示范创建活动，正面引导全面参与"两型社会"建设。三是有效策划开展"两型"主体活动，加强宣传推介，促使人们自觉形成"两型"理念和行为方式。

第四节　衡阳市"两型社会"建设

一、主要行动

1. 突出顶层设计

坚持规划先行，做好顶层设计，科学地编制了《衡阳市"两型社会"建设综合配套改革试验区总体实施方案》。对接新的《衡阳市城市总体规划》，编制完成了《城市公共交通专项规划》、《战略性新兴产业新材料产业发展专项规划》等规划，研究出台了《衡阳市人民政府关于全面推进"两型社会"建设的实施意见》等文件，确保和促进"两型社会"建设沿着正确方向推进。大力推进农业现代化进程，进一步巩固农业基础性地位。明确新型工业化的第一推动力地位，不断加大技改投入，促进传统优势产业加快转型。加快推进重大项目建设，培育壮大战略性新兴产业规模。通过湘江流域治理、垃圾污水处理、农村环境整治和生态工程建设"四轮驱动"的环境治理模式，促进生态环境的全面美化。

2. 突出项目引领

坚持"两型社会"建设项目化。大力开展"项目建设年"活动，2010~2012年，完成重点工程投资1067亿元，加快了"两型"产业振兴、基础设施建设、节能减排全覆盖、湘江流域综合治理、示范区建设、城乡统筹"六大工程"建设。2012年上半年，全市又承接产业转移项目256个，增长51%，到位资金229亿元，增长49%。富士康、欧姆龙等世界500强和中化蓝天、九兴控股等大型央企纷至沓来，成为"两型"衡阳的共创者。坚持用"两型"标准策划和推进项目建设。2013年，清洁低碳项目方面，投入资金38亿元，实施"九区四园一城"100兆瓦屋顶分布式光伏发电等新能源发电项目六个。基建项目方面，完成旧城区提质改造15.9平方公里。

3. 突出抓好"两型"示范建设

一方面，打造白沙示范区，另一方面，突出抓示范工程建设。衡阳市发改委对该市"两型社会"建设思路构想进行了研究，初步规划将以"一区一带三园"，即建设白沙"两型"社会示范区、湘江生态经济带以及水口山、松木和大浦工业园三个循环经济园为载体，全面对接融入长株潭"两型社会"建设。加强对前期26个省级示范项目的跟踪服务，制定了《省级示范项目年度工作要点分解表》。

4. 突出改革创新

坚持把改革作为试验区发展建设的根本动力来抓，强力实施系列改革，推动"两型社会"建设。落实差别电价，实行最严格的水资源管理制度，开征污水和生活垃圾处理费。开展合同能源管理，抓好节能减排重点工程建设。建立淘汰产业退出机制。把能评与环评、土地审查作为项目审批的前置条件，严控"两高"项目落地。以生产性服务业为突破口，大力推进"全国服务业综合改革试点城市"建设。目前，衡阳至深圳"五定"班列正在拉近衡阳与沿海地区的距离，公路口岸正步入"试运营"，综合保税区、高新区升格国家级高开区落地在即，为"两型"衡阳夯实开放大平台。

二、取得进展

1. 经济发展与结构优化同步发展

2013年全年第一、第二、第三产业分别增长2.4%、11.6%、12.8%，三次产业结构之比调整为15.5：48.2：36.3。一次产业占比下降1个百分点，粮食安全保障有力，总产与上年基本持平，市级以上龙头企业实现销售收入240亿元，增长28%，农产品加工总产值达320亿元，增长28%，农业现代化水平不断提高。二次产业占比下降0.3个百分点，落后产能发展得到抑制，电子信息、先进装备、汽车零部件、生物医药等高新技术产业加速发展，产值占生产总值38%，其中电子信息产业完成产值350亿元，增长40%，工业机构更优。服务业发展保持高速增长态势，占比提高1.3个百分点，实现增加值789亿元，"智慧城市"等大项目相继启动，带动信息服务、现代物流等板块发展。三大产业中的"两型"产业实现高速发展。全年地区生产总值首次突破2000亿元大关，达到2171亿元，同比增长10.5%；财政总收入达到211亿元，增长12.5%。

2. 环境保护与资源节约比翼齐飞

全市万元地区生产总值综合能耗下降4%，全市农业灌溉用水利用系数达到0.46。中心城区新增绿化面积27万平方米，成功创建省级园林城市。全市森林覆盖率达到41.3%。城市垃圾无害化处理率保持在100%。二氧化硫、化学需氧量、氨氮排放分别削减 4.2%、0.55%、2.1%。饮用水水质达标率为 100%。

3. 城乡发展与民生改善有机结合

"1189"立体交通格局初步成型,"西南云大"都市经济圈初步形成,中心城区建成区面积达到 128 平方公里,2012 年,城乡居民人均收入分别为 20286 元、10116 元,分别增长 13.5%、18.9%。公共服务均等化水平明显提升,社会医疗、教育、养老、住房、就业等加快向农村延伸。

4. 内部改革与外部开放共同突破

循环经济体系建设、湘江流域综合治理机制及债券发行、产业发展导向机制、农村金融改革、区域统筹规划和管理体制机制、投融资主体建设、国土资源管理和土地经营机制取得实质性突破。国家级高开区、综合保税区、铁路口岸相继获批,为"两型社会"建设注入了强大动力。

第五节　邵阳市"两型社会"建设

一、主要行动

近年来,邵阳市把推动"四化两型"、建设绿色邵阳作为加快转变发展方式的重要抓手,着力推进经济转型升级,走上了一条生产发展、生活富裕、生态文明的科学发展之路。

1. 坚持"两型"引领,树立绿色发展理念

(1)立足实际,明确思路。提出"坚持科学发展、加快后发赶超、实现富民强市"的发展思路,明确"加快优势产业建设、基础设施建设、生态文明建设和社会事业建设"的工作重点,强调"抓好重大项目落实、重大问题解决、重大工作突破"的工作举措。

(2)科学谋划,合理布局。邵阳市从实际出发,根据资源禀赋和生态条件,将市区和东部的邵东、新邵、隆回、邵阳县四县定位为重点开发区;将西部的武冈、洞口、绥宁、城步、新宁五县市定位为生态经济区。

(3)注重教育,更新观念。注重加强政策理论学习教育,认真贯彻落实中

央"转方式、调结构"等重大战略部署，在广大党员干部中树立既重眼前利益又重长远利益，既重经济增长又重生态保护，既重经济发展又重改善民生的发展理念。

2. 坚持改革创新，优化绿色发展环境

(1) 完善考核机制。取消以 GDP 为中心的考核，提高生态建设指标在综合考核中的权重。在具体考核过程中，对不同主体功能区实行分类考核，并以此作为衡量地方经济发展、评价干部政绩的一项重要指标，引导各级干部摒弃短期行为、谋求可持续发展。

(2) 完善管理机制。在严格执行《环境保护法》、《森林法》、《水法》的基础上，制定完善大气污染防治、生态资源保护和综合利用、城乡绿化、保护水源和森林、节能减排等方面的规章和实施细则，运用法律手段规范治理生态环境。

(3) 完善投入机制。一方面，保证生态环保财力转移支付和森林生态效益补偿资金的及时拨付，让生态建设较好和欠发达县市在保护好生态的同时，享受到基本均等的公共服务；另一方面，加大财政投入力度，逐年增加对生态文明建设的预算比例。

3. 坚持"四化"带动，推进绿色邵阳建设

(1) 发展绿色工业。作为欠发达地区，发展工业关键是要解决发展什么样的工业的问题。邵阳市坚持一手抓战略新兴产业培育发展，增强"造血功能"，一手抓传统产业改造升级，改善"血液循环"。

(2) 发展绿色农业。把发展无公害农产品和绿色、有机食品作为农业结构调整的主攻方向，大力推进农业的标准化、产业化生产，实现资源多极利用，提高农副产品附加值和市场竞争力。目前，邵阳市无公害农产品、绿色食品、有机食品认证达 173 个。

(3) 发展绿色旅游。充分利用地处湘西、湘南和桂林旅游板块等优势，围绕生态、休闲、避暑、度假旅游品牌特点，以保护自然生态为重点，科学规划旅游景点，加强景区基础配套建设，规范经营管理。

(4) 建设绿色城镇。以创建生态市和园林城市为目标，大力实施"蓝天、碧水、青山、绿城"四大工程。

二、取得进展

1."两型"产业成效明显

随着经济结构不断调整,邵阳产业结构不断优化,包括现代农业、新型工业和现代服务业等。主要围绕装备制造、造纸、纺织、电子信息、新材料、生物医药等优势产业,大力运用高新技术改造传统产业和培植高新技术新型产业,不断壮大和提高高新技术产业发展的规模和质量,全市高新技术产业得到快速发展。三次产业占比由 2012 年的 24.5:38.7:36.8 调整为 22.9:39:38.1。

2."两型"基础逐步夯实

一批重大项目快速推进,基础设施大幅改善。一批特色城镇迅速崛起,17个镇被列为全省中心镇和特色镇。新建 220 千伏输变电工程 2 个、110 千伏输变电工程 4 个。完成 132 座重点小二型病险水库除险加固。治理水土流失面积 22.3平方公里。

3."两型"理念深入民心

全市开展城市管理综合整治行动以及"限摩限电"行动,并投放了 1000 余辆公共自行车,取得了良好成效。城区面积也有了根本性转变,"两型"理念深入民心。市区成功创建省级园林城市,绿地率、绿地覆盖率分别达到 31%、35%,人均公共绿地面积 7 平方米。投入资金 4000 万元,用于矿山地质环境恢复和治理。"两型"示范创建进展良好,五家首批全省"两型"示范创建单位加速推进,2013 年又有洞口县高沙镇等四家单位列入全省"两型"示范创建单位。

第六节 岳阳市"两型社会"建设

一、主要行动

1. 坚持推进结构调整,着力打造"两型"产业

以新型工业化为导向,着力发展园区式产业集群,提升改造传统高能耗产业,发展壮大再生资源、电子信息、生物医药和先进装备制造等新兴战略产业;

按照"大市场、大物流"统筹城乡三次产业发展，科学规划三次产业网点，重点发展以现代物流、旅游、信息和传统服务业等为主体的产业结构体系；巩固农业的基础地位，调整优化农业结构，壮大优势产业，培育特色产业，构建农业产业链。

2. 坚持推进"五创"提质，着力建设"两型"城乡

深入开展"五创"提质活动，成功创建全国绿化规范城市。大力实施城乡环境整治攻坚，王家河生态与文化长廊一期工程、中心城区亮化二期工程基本完成；农村清洁家园行动深入开展，共投入农村环境整治资金 2.7 亿元。生态环境保护力度加大，完成造林 30 万亩；节能减排工作推进，关闭 43 家污染严重企业。

3. 坚持推进工作创新，着力增强"两型"活力

加强综合建设协调：针对重点指标、重点领域，牵头制定了《"十二五"主要污染物总量控制规划》等方案，并开展了重金属、危险化学品、噪声等重点领域专项整治活动；创新环境监管方式：对全市 67 家重点监控、上市等企业开展环境信用评价，率先实行排污费"阳光征收"；深化"两型"宣传教育：先后开展"保护南湖，服务生态"、"保护水资源，关爱洞庭湖"等活动。

二、取得进展

1. 发展质量加快提升

以"四化两型"、"三量齐升"为目标，着力转方式、调结构，三次产业结构调整为 10.9 : 55.1 : 34。工业结构继续优化：电子信息、生物医药等新兴产业增加值增长 15.6%，园区工业增加值增长 12.4%，占规模工业比重分别提高到 22.3%、42.6%，北斗导航产业基地建设和应用示范成效显著。节能减排深入推进：淘汰 51 条落后生产线，关闭 43 家污染严重企业。科技创新步伐加快：全社会研发经费增长 34.5%，实现发明专利授权量 125 件，高新技术产业增加值占 GDP 比重为 17.3%。城乡消费平稳增长：培育东茅岭、花板桥等城市商圈，推进"万村千乡"市场工程，完成社会消费品零售总额 780 亿元，增长 13.5%。被《福布斯》中文版列为 2013 年中国大陆最佳商业城市。

2. 惠民实事扎实办理

民生支出占财政支出比重为 72%，新口径城乡居民收入分别达 19351 元和 10134 元。33 项省市实事任务全面或超额完成，19 项重大民生工程进展顺利。

出台《岳阳市实施〈湖南省残疾人扶助办法〉细则》，为 3.5 万名贫困重度残疾人发放特殊生活补贴金 2000 万元。推进教育"阳光招生"，建成义务教育合格学校141 所、农村公办幼儿园 86 所，成功举办首届校企联合发展大会。市第一医院建成全省首批全科医生规范化临床培养基地，完成市第二医院儿科综合病区和63 家基层医疗卫生机构标准化建设项目。

3. 城乡环境明显改善

以"五创"提质为抓手，深入开展文明创建行动，城市文明程度指数测评在全国 61 个提名资格城市中名列第五，全国绿化模范城市正式授牌，国家园林城市顺利通过复查，荣获"全国无偿献血先进城市"称号，"文明餐桌行动"被央视《焦点访谈》推介，在全省城市卫生检查中排名第一。城市建设管理全面提质、基础设施建设加快推进、城乡面貌大为改观、县城扩容提质成效显著。岳阳全年空气质量优良率达 88%，在全省六个重点监控城市中排名第一，被誉为"一座可以深呼吸的城市"。

第七节 常德市"两型社会"建设

一、主要行动

1. 优化产业结构，推进产业升级

大力推进产业聚集，提升产业规模效应：正式推行了"1115"工程，即在五年内在常德打造三个千亿工程。具体来说，将中联重科常德工业走廊打造成为千亿走廊，将常德经济技术开发区建设成为千亿园区，将烟草产业发展成为千亿产业集群；同时，在五年内培育年主营业务收入过 50 亿元的企业 15 家以上，其中五家过百亿元。大力发展新兴产业，提升"两型"产业比重：实施省级以上科技项目 78 个，新增产学研合作项目 94 个，新认定高新技术企业 19 家。大力推广清洁低碳技术，扎实做好节能减排：推广新能源发电技术，推广清洁低碳技术实施方案，共有 26 个项目纳入全市重点工程建设项目，完成投资 14.2 亿元，淘汰落后生产线，严控高能耗、高污染项目上马。

2. 美化生活空间，建设绿色常德

以生态市建设为总览，在城镇启动"三改四化"工程（路改、水改、棚改、绿化、美化、亮化、数字化），在农村推进美丽乡村建设，大力推进绿化、美化，城市品位进一步提升，农村环境持续改善。市中心城区和县城全面启动"三改四化"工程。

3. 提升示范效应，培育"两型"亮点

以"两型"示范单位创建活动为载体，在全市十大领域开展"两型"创建活动，同时切实抓好大河西示范区德山片区建设，培育了一批突出典型片区，对全市各地各行业"两型社会"建设发挥了较好的引导作用。突出行业特色，提升"两型"示范单位创建成效，加强项目建设，切实强化常德经开区和柳叶湖旅游度假区"两型"示范区特色。

4. 增强机制活力，营造良好氛围

对农村垃圾实行分类保洁、分类减量、分类处理，逐步向"减量化产生、无害化处理、资源化利用"推进。2013年正式向国家林业局提出申请，启动了国家森林城市创建工作，2013年共上报国家级生态镇13个。

5. 积极推进重点领域改革，增强"两型社会"建设的机制推动力

在城市重点推进城区阶梯式水价改革，对居民生活用水实行阶梯式水价，在农村重点推进土地资源流转机制改革，建立县农村土地流转信息服务平台、乡镇土地流转服务中心。开展多种形式的宣传活动，努力让"两型"观念深入人心。积极采取多种方式，采取发放知识读本、张贴宣传挂图、组织群众文艺汇演等形式，充分激发环保志愿者协会的引领示范作用，联合媒体开展集中采访活动，协助组织节能宣传周活动。

二、取得进展

自《长株潭城市群区域规划（2008~2020年）》实施以来，常德市坚持按照"四化两型"的总体要求，积极与长株潭核心区开展对接，大力推进经济发展方式转变，取得了突出成绩。

具体表现在四个方面：①产业集中度和新兴产业比重得到提高，经济结构明显优化。三次产业结构由2008年的22.8：44.6：32.6调整为2013年的14.8：49.5：35.7，工业和服务业比重得到较大提升。烟草、装备制造、食品、有色金

属、纺织、建材六个产业产值过百亿元,累计完成产值1283亿元,占规模工业的比重达到68.8%。②新型城市化和新农村建设同步推进,居民生活环境得到改善。在城市大力推进城市绿化美化,建成城市生活污水处理厂9座,铺设污水管网325.4公里,污水日处理能力达到27万吨。积极推进生活垃圾的资源利用和污染减排工作,城市生活垃圾无害化处理率达到100%。③节能减排大力推进,资源节约和环境友好的推进机制得到初步建立。切实加强组织领导,通过将节能减排纳入绩效评估考核,严格目标责任制和问责制,深入开展重点企业节能行动、环保世纪行等主题活动,形成了"政府主导、企业主体、部门协作、社会参与"的节能减排工作格局。④基础设施对接为先导,与区域内外的协作和沟通能力进一步强化。按照在环长株潭城市群中的功能定位,进一步提升了对外联系的通达度,枢纽地位更加突出。目前,已初步形成以铁路和高速公路为主骨架,国道、省道为主干线的与周边地区四通八达、干支相连的交通网络。

第八节　张家界市"两型社会"建设

一、主要行动

1. 突出抓好产业发展

坚持"产业兴市、产业强市",加快做大产业规模、优化产业结构、提升产业质量。实施"调一进二提三"发展方略,深入调整农业结构,大力推进工业跨越发展,全面提升服务业发展水平,加快旅游产业转型,促进房地产业可持续发展,着力构建旅游业为主导、新型工业为支撑、现代农业为基础、现代服务业为依托的具有张家界特色的现代产业体系,切实提高经济发展规模、质量和效益。

2. 突出抓好项目建设

坚持把项目建设摆在更加重要的位置,把扩大投资作为更加关键的举措,强力开展"项目建设突破年"活动,着力实施一批打基础、利长远的基础设施项目,着力实施一批促转型、强实力的产业发展项目,着力实施一批排民忧、解民难的民生改善项目,掀起项目建设新高潮。

3. 突出抓好民生改善

坚持民生优先，着力解决人民群众最关心、最直接、最现实的利益问题，千方百计增加城乡居民收入，加快发展社会事业，扎实推进扶贫攻坚，不断优化生态环境，认真解决群众就业、上学、看病、住房、出行、饮水等方面的实际困难，切实关注残疾人、五保户、低保户等特殊困难群体，推进基本公共服务均等化，让发展成果更多更公平惠及全体人民。

4. 突出抓好改革创新

深入贯彻落实中央全面深化改革的决定，把改革创新贯穿于经济社会发展各个领域各个环节。以旅游业为例，旅游综合改革工作加快推进，武陵源核心景区管理体制改革提上重要议事日程。继续深化行政审批制度改革，部门行政审批事项实现上网运行，涉企检查行动得到规范，经济发展环境不断优化。建立招商引资统分结合、归口管理机制，成功举办张家界（深圳）旅游投资推介会。对外开放继续扩大，新引进境外航空公司4家，新开辟境外航点2个，开通了张家界至台北定期航班、张家界至高雄常态包机，即将获得落地签证资格。

5. 加强宣传思想文化工作

精心组织新闻宣传报道，深入实施"市民文明素质提升"工程，组织开展道德模范评选表彰活动和"文明交通、文明劝导、文明餐桌、文明传播"等专题活动。组织开展"欢乐潇湘·美丽张家界"系列群众文化主题活动，形成了浓厚的群众文化氛围。

二、取得进展

张家界市认真贯彻"四化两型"战略部署，围绕实现"旅游胜地梦"和"全面小康梦"这两个奋斗目标，全面实施"提质张家界，打造升级版"战略和"1656"行动计划，坚持把"两型社会"建设作为科学发展的重要抓手，全力推进生态张家界和绿色张家界建设，实施了一系列重大举措，"两型社会"建设取得了明显成效。

1. "两型"产业建设步伐加快

2013年，张家界市三次产业比由上年的12.4：25.2：62.4调整为12.1：25.4：62.5。旅游业方面，旅游与文化、体育等融合发展取得成效，《魅力湘西》等旅游文化演艺业实现改造提升。户外旅游和自主旅游体系进一步完善。如今，张家界建成了全国规模最大、功能最全、效益最好的森林旅游区。核心景区森林覆盖率达98%，每立方厘米空气中有8万~12万个负氧离子，是一般城市的20~100倍。在大鲵生态保护和产业发展方面，"张家界大鲵"获得国家地理标志产品保护；2012年张家界荣获"中国大鲵之乡"的称号。全市人工驯养繁殖规模达到40.5万尾，40多个大鲵深加工系列产品投放市场，综合产值达到10亿元。农业方面，近年来，通过大力发展"城市农业、旅游农业、品牌农业、生态农业"，张家界市现代农业发展具有了一定的规模和总量。2013年，全市粮食作物播种面积达216.3万亩，总产量63.6万吨。水果种植面积45万亩，烟叶种植面积9.74万亩，收购烟叶27万担。蔬菜播种面积48万亩，总产量80万吨，实现产值12.5亿元。茶园面积4.75万亩，春茶产量1385吨，创产值5966万元。服务业方面，创新金融服务平台，引进了华融湘江银行张家界分行、组建了张家界农商银行，完成了金融IC卡行业应用标准化改造。

2. 生态市建设成效明显

新增营造林10.5万亩，防止森林有害生物侵害18万亩，实行了公益林管制台账制度，全市生态公益林面积达538.1624万亩，全市森林覆盖率达69.62%。2013年新命名省级生态乡镇8个，省级生态村19个。农村垃圾治理有了新机制，环境质量得到改善，拆除永定区燃煤锅炉及取缔燃煤大灶99家，大力推进煤改气工程；保证水环境安全，关闭饮用水源保护区周边无证养猪场6家，开展城区医院病毒专项整治。

3. 节能减排扎实推进

节能减排目标全面实现，2013年全市万元GDP能耗下降2.5%，单位GDP能耗为0.639吨标准煤。工业节能、建筑节能、交通节能、公共机构节能、农村领域节能等多领域都取得了显著的节能成效。2013年张家界有5家企业开展了资源清洁生产审核，组建了张家界市工业企业节能检测服务中心。2013年全市建筑新开工面积117.77万平方米，新建建筑设计阶段100%达到节能强制性标准。严格执行实载率低于70%的路线不予投放运力的原则，大力推进清洁燃料在城市公交方面的使用。农村能源建设成效明显，全年完成12330户，完成全年任务的100.24%。

4. "两型"工作机制不断健全

认真贯彻落实市委、市政府出台的《关于加快推进"两型社会"建设的实施意见》和《"两型"示范创建工程实施方案》，形成了领导层面、协调层面、运作层面和考评层面四个层面推进机制，为全市"两型社会"建设提供了机制保证。

5. "两型"示范创建活动扎实开展

张家界市以树立生态文明理念为先导，以"两型"标准体系为引导，以体制机制创新为突破口，注重集成、提质、见效，着力培育面上能够学习、推广、实践的样板，带动全市形成"两型"生产、生活和消费方式。

第九节　益阳市"两型社会"建设

一、主要行动

益阳市紧紧抓住长株潭"3+5"城市群建设的难得机遇加快发展，以经济建设为中心，凝心聚力抓发展，积极主动对接长沙大河西先导区，推进益阳东进发展，瞄准打造"环省会中心城市、现代新型工业城市、宜居山水生态旅游城市"的目标，后发赶超。

1. 大力实施工业强市战略

努力实现工业发展新突破，大力培育优势主导产业，突出发展装备制造、电子信息、食品、新能源新材料等重点产业；加大园区建设力度，重点推进益阳高新区东部新区建设，力争益阳高新区升格为国家级高新区；支持区县（市）工业园和重点乡镇工业小区建设，提升其承载功能；努力增强自主创新能力，鼓励原始创新，注重引进消化吸收再创新；加速推进信息化与工业化的融合，抓住三网融合的契机，加快发展电子商务、物流信息服务等新型信息服务业，以信息化带动工业化，以工业化促进信息化；大力发展生产性服务业，推进传统服务业向现代服务业提升。

2. 大力实施绿色发展战略

建设绿色生态、发展绿色生产、倡导绿色消费、创建绿色文明。加快改造提升传统产业，促进产业升级。着力培育新能源、新材料、电子信息、先进装备制造等新兴产业。加大节能减排力度，严守节能环保准入门槛，坚决杜绝高耗能、高污染、低效益项目。积极发展循环经济和低碳技术,完善污染减排、监察、考核三大体系;研究建立生态补偿标准体系和生态环境共建共享的长效机制,推动绿色发展。

3. 大力实施开放带动战略

拓宽对外开放的广度和深度,全方位扩大开放,着力发展开放型经济,以大开放促大发展。努力打破市域行政壁垒,整合市域资源,推动市域内生产要素自由流动和优化配置,进一步释放发展潜能;深化与长沙、娄底、怀化、常德、岳阳的经济合作与互动,加强与珠三角、长三角、北部湾经济区以及中部地区等区域合作。

4. 大力实施统筹城乡发展战略

坚持把推进城镇化和新农村建设放在全面建设小康社会的整体战略布局中统筹考虑。坚定不移地走注重产业支撑、注重集约精细、注重生态宜居的具有益阳特色的新型城镇化路子。坚持以现代农业的加快发展和农民收入的加速增长为主线来推动社会主义新农村建设,大力开展农村土地信托流转,加快大通湖和益阳高新区东部新区统筹城乡发展试验区建设,努力形成资源优化配置、产业协同发展、基础设施一体、公共服务共享的城乡经济社会发展新格局。

二、取得进展

1. 综合配套改革稳步推进

农村金融改革方面:成立了益阳市农村商业银行等新型农村金融机构;完善涉农融资担保机制,实现了县域融资性担保公司基本覆盖。土地征用制度改革方面:产业转型升级机制改革进展显著。环境污染治理方面:探索环境保护的市场化运作机制,实施环境责任保险试点,全市共有 27 家企业参保,参保金额 56 万余元,建设农村能源服务中心 7 个。

2. 城乡统筹发展步伐加快

城镇建设水平大幅提升:高起点编制了中心城区棚户区改造、公共交通等专项规划,完成 77 个乡镇总体规划的编制。中心城区生活垃圾无害处理率为 92.2%。农村基础设施建设继续加强:完成各类水利工程 5.9 处,总投入 20 亿元,建成农村公路 509 公里,升级改造 100 个行政村的电网。自主创新工作较好完成:农村清洁工程"三年行动计划"顺利实施,农村土地流转面积达 283 万亩。

3. 绿色发展成效显著

节能减排扎实有效：全市单位 GDP 能耗下降 3.5%，单位规模工业增加能耗下降 8%；实施各类减排项目 86 个。环境保护生态建设得到加强：市中心城市空气质量优良率达 92.8%，主要饮用水源水质量断面检测合格率达 100%。绿色工程建设稳步推进：超额完成岩溶石漠化地区综合治理工程任务，安化县石漠化治理工程累计完成投资 3845.5 万元，全市共有生态公益林 391.22 万亩。

4. "两型"示范建设深入开展

在全市广泛开展机关、学校、企业、小城镇、社区、村庄、家庭、农民专业合作社、门店、景区 10 个领域的"两型"示范创建活动，参与单位 50 余个，11 个单位申报为 2013 年度省级"两型"示范创建单位。

5. 清洁低碳技术全面推广

制定全市十大清洁低碳技术推广工作实施方案，以项目为载体，筛选和推广新能源发电、脱硫脱硝、工业节能等七类清洁低碳技术，规划建设重点项目 29 个，总投资 37 亿元。

6. "两型"推进机制更加完善

区县市工作机构基本健全。全市八个区县先后成立绿色益阳与"两型社会"建设领导小组办公室。财政支持力度加大。设立了市级"两型"示范创建引导资金，安排资金 300 万元。考虑评价导向机制形成：年度"两型社会"建设工作目标任务细化，分解到区县市人民政府和市直部门共 43 个成员单位。

第十节　郴州市"两型社会"建设

一、主要行动

1. 建立"两型"机制

（1）坚持规划引领。郴资桂"两型社会"示范带建设综合配套改革方案及规划纲要通过省"两型办"审查后报省政府审批，形成了"1+14"的建设规划体系和"1+7"的改革体系。

（2）建立推进机制。市委、市政府把示范带建设纳入年度综合绩效考核，启动实施郴资桂"两型社会"示范带十大工程三年行动计划，建立郴资桂"两型社会"示范带重大项目库，对纳入项目库的项目予以优先和倾斜，并对规划编制、项目建设、体制改革等重点工作实行定期调度和通报。

（3）加强组织领导。成立了以市委书记任顾问，市长任组长，有关市级领导任副组长，市直有关部门和郴州大道沿线四个县市区政府、郴州高新区和郴州经开区等单位主要领导为成员的领导小组，定期研究部署工作。

（4）营造"两型"氛围。开辟"两型"宣传阵地，在《郴州日报》设立专栏、刊发专版，在郴州电视台两个频道黄金时段免费播放"两型社会"建设系列公益宣传片，在《郴州发改动态》、《郴州通讯》及市发改委门户网站等媒体刊发文章、通讯、信息，在重要交通集散地设立大型户外宣传牌和宣传标语。

2. 发展"两型"产业

（1）大力承接产业转移。以湘南承接产业转型示范区正式获批为契机，将郴资桂一体化区域作为全市产业转移示范区建设的核心走廊，充分整合各种政策资源，倾力打造园区、城市、交通三大平台，构筑大开放格局。

（2）培育战略性新兴产业。实施产业转型"三年行动计划"，出台关于加快培育和发展战略性新兴产业的决定，实施战略性新兴产业"五个一工程"。

（3）推进传统产业"两型"化。对有色金属、化工、建材、食品等产业实行科技化、信息化、清洁化改造。推进矿业秩序整治，成功编发郴州有色金属指数，走精深加工之路，大力培育接继替代产业。

（4）加快发展现代服务业和现代农业。构建现代金融服务体系。改造提质北湖、五岭广场等传统商圈，积极培育爱莲湖、城东新区等新兴商圈。加快现代物流发展，郴州出口加工区、海关、公路口岸、国际快件监管中心等平台建设取得新进展。成功创建国家级浓香型优质烟叶生产示范基地，烟叶收购连续突破100万担。

3. 统筹"两型"城乡

（1）推进城乡规划一体化。郴资桂—郴永宜"大十字"城镇群规划纲要通过初审，市城区控制性详规和专项规划的覆盖面扩大，县城总体规划修改、修编和重点镇总体规划编制有序推进。

（2）加大城镇建设管理力度。以"三创"工作为统揽，大力实施净化、绿化、美化、序化、亮化"五化工程"。郴州大道、"数字城管"等项目竣工交付使用，郴永大道、会展中心、体育中心、人防疏散指挥所等城市大提质项目进展顺利。

（3）推进新农村建设。把郴州大道新农村示范带作为统筹城乡发展的切入点，在推进现代农业发展的同时，大力推进集中安置建设和城中村改造。

4. 建设"两型"生态

（1）大力推进绿化造林。组织开展"绿城攻坚"活动，启动"三年城乡绿化"和封山育林（禁伐）行动，大力实施城市绿化、村镇绿化、通道绿化、水系绿化及荒山荒地造林绿化五大重点工程。

（2）加强生态修复治理。加强重要区域、重要流域的生态修复治理，重点推进湘江流域（郴州段）重金属污染治理、矿山地质环境恢复治理、石漠化综合治理等项目和工程建设。

（3）推进生态水利建设。郴江河综合治理项目正式启动，东江湖正式纳入全国第二批湖泊生态环境保护试点。

5. 推进"两型"改革

（1）统筹安排部署各项改革。编制了《郴资桂"两型社会"示范带建设综合配套改革总体方案》和资源节约、环境保护、产业发展、科技创新、土地管理、对外开放、行政管理七个专项改革方案。

（2）大力推进资源节约和环境保护领域改革。认真落实固定资产投资节能评估和审查制度、新建项目环境影响评价制度，全面开展城区清洁能源改造和环境污染责任保险工作。

（3）大力推进科技创新和土地管理领域改革。加快国家高技术服务业基地试点建设，突出企业主体地位，加强对知识产权保护，搭建高水平的产学研用合作创新平台。简化项目用地审批程序，加大项目用地供给力度，严格执行耕地先补后占制度。狠抓闲置土地清理，规范土地市场秩序，提高了年度土地供应率。

（4）大力推进行政管理和对外开放等领域改革。理顺了郴州经开区行政管理体制。以建设湘南承接产业转移示范区为契机，深化涉外经济体制改革并取得积极进展。

二、取得进展

在市委、市政府的正确领导下,郴州市示范带规划、改革、建设等工作顺利推进,取得了预期成效。

1. 顶层设计和整体规划等基础工作基本完成

综合配套改革方案及规划纲要通过省"两型办"审查后报省政府审批,形成了"1+14"的建设规划体系和"1+7"的改革体系,示范带改革建设有了行动路线图。成立了高规格的示范带领导协调机构及办事机构,建立了"两型"建设标准体系、协调督促机制和统计信息制度。

2. 作为全市经济发展核心增长极的地位进一步巩固

2013 年,郴资桂"两型社会"示范带地区生产总值、财政总收入、固定资产投资、市级利用外资、外贸进口分别完成 993.1 亿元、145.7 亿元、844.5 亿元、6.1 亿美元、34.3 亿美元,分别占全市的 58.9%、67.4%、57.3%、59.5%和90.2%。

3. 发展的"两型"特征进一步显现

2012 年 1~9 月,示范带区域万元规模工业增加值能耗下降 11.6%,六大高耗能行业增加值占规模工业的比重下降 0.6 个百分点;新农村建设、通道亮化分别完成投资 1.2 亿元和 2.25 亿元;湘江流域(示范带区域)重金属污染治理项目进展顺利。

4. 加快"两型社会"建设的认识进一步统一

市委、市政府高度重视郴资桂"两型社会"示范带改革建设,明确提出将郴资桂区域建设成为郴州经济核心增长极,带动和促进全市"两型社会"建设,争当全省"两型社会"建设先行者。通过强化宣传教育,全市上下初步形成了关心、支持、参与"两型社会"建设的良好氛围。

第十一节　永州市"两型社会"建设

一、主要行动

1. 抓顶层设计，科学制定"十二五"规划体系

认真贯彻省委省政府"四化两型"和"绿色湖"建设决策部署，把资源节约、环境保护、实现可持续发展等作为永州市"十二五"规划中期评估的一条重要纲领，通过科学分析，着重抓好造纸业、纺织印染业等行业的节能减排和低碳清洁技术改造。

2. 抓方式转变，构建合理的特色生态产业体系

以发展循环经济、低碳经济、生态产业为突破口，按照资源节约、环境保护的要求，着力构建永州湘江亿元"两型"产业带，努力打造环阳明山绿色经济圈，加快改造"三高"企业、行业和产业，逐步形成符合绿色低碳发展要求的经济发展模式。

3. 抓生态质量，建设宜居的城乡生态与文化体系

切实加强环境保护，把"两型社会"建设摆在更加突出的位置。严格环境准入，严格资源承载力和环境容量两大边界限制，切实做到新上产业项目不放松环保要求，承接产业转移不降低环保门槛，扩大产业规模不增加排放总量。严禁高耗能、高排放、资源消耗型项目建设和落后产能的转入，对承接产业项目进行全过程监管，对污染排放不达标或对当地环境造成严重影响的项目和企业实行关、停、并、转，真正做到绿色承接。依托永州丰富的历史文化资源，抢抓国家扶持文化产业发展机遇，大力推进文化创意产业发展，创建一批省和国家级文化产业示范基地。按照错位互补、重点突出的原则，构建永州四大经济板块，主要是一带（湘江千亿"两型"产业带）、一廊（蓝宁道新加工贸易走廊）、一圈（环阳明山绿色经济圈）、一区（湘粤桂边界民族经济区）。培育壮大先进装备制造、矿产品和农产品精深加工、轻纺业、电子信息和光伏、生物医药、文化旅游六大产业集群。

4. 抓项目建设，突出以项目实绩评定干部政绩

加快推进"十百千工程"项目建设，猎豹汽车、零陵烟厂、希尔制药、冷水滩德信泰和、祁阳凯迪生物质发电、江华风电、零陵瑞祥新材料、宁远亿达、道县美莱铂、蓝山必达电子、东安格润新能源、江永荣旺食品、双牌华瑞科技、新田家私产业园等一批产业项目，湘桂高铁、国省干线公路改造、老山界 220 千伏变电站扩建等一批基础设施项目，合格学校建设、医疗卫生服务体系建设、农村安全饮水等一批民生项目相继建成，神华国华永州火电、湘纸异地技改、洛湛铁路复线等一批重大项目前期工作取得实效。建立健全领导联系制度、联席会议制度、定期调度制度，强化责任落实。

二、取得进展

1. 经济发展稳中有进

全市 2013 年实现生产总值 1161.75 亿元，同比增长 9.5%。固定资产投资完成 1074.34 亿元，增长 33.8%。技术改造投资完成 220 亿元。财政总收入突破百亿元，完成 100.4 亿元，比上年增长 15.8%。规模工业增加值完成 260 亿元，增长 12%。城乡居民人均可支配收入分别达到 22368 元、7799 元，同比增长 12.5% 和 13%。工业经济企稳回升。规模工业增加值完成 260 亿元，同比增长 12%，规模工业企业新增 90 家、总数达到 737 家，高新技术企业新增 6 家、总数达到 47 家。零陵烟厂、猎豹汽车支撑作用继续加强。电子信息、新能源新材料、生物医药等新兴产业来势较好，冶炼、建材、造纸等传统产业整合提升，全年淘汰铁合金等落后产能 11.8 万吨、水泥 36 万吨，关闭"五小"企业 65 家。工业固定资产投资、技术改造投入分别完成 432.4 亿元和 220 亿元。

2. "四化两型"稳步推进

积极开展"工业企业服务年"活动，出台《关于加快推进新型工业化引进培植壮大骨干企业的意见》等政策，以工业项目建设加快产业转型升级，新型工业化步伐不断加快，完成全年工业固定资产投资 432.4 亿元，完成规模工业总资产 800 亿元。全年淘汰落后产能项目 11 个。农业服务体系不断健全，新发展农民合作社 348 个、农超对接连锁店 202 家。

3. 示范区建设扎实推进

招商引资成效明显。全年实际利用外资 8 亿美元，同比增长 27.4%，到位内

资 465 亿元，同比增长 17.4%；落户承接产业转移项目 400 个，其中亿元项目 105 个。永州市正逐步成为具有区域影响力的轻纺制鞋、电子信息、新能源新材料产业制造基地。对外贸易不断扩大：外贸进出口总额完成 3.9 亿美元，同比增长 35%，其中加工贸易进出口总额完成 2.2 亿美元，同比增长 57%。新增有进出口实绩的企业 14 家，总数达到 64 家，进出口总额过 1000 万美元的企业达到 10 家。园区建设得到加强：工业园区新开发面积 32 平方公里，新建标准厂房 213 万平方米，新入园企业 160 家。永州经济技术开发区申报国家级经开区进展顺利，道县工业园获批全省首批新能源产业园，零陵锰产业专业园列入全省新型工业化示范基地，双牌、江永工业园获批省级工业集中区。

4. 基础平台得到夯实

湘桂高速铁路全面开通，结束了永州没有高铁的历史，标志着永州跨入高铁时代。湘江风光带、城南大道、湘江东路、湘江西路、零陵新区"四纵四横"路网和城区断头路建设速度加快，完成 40 条背街小巷改造。

第十二节　怀化市"两型社会"建设

一、主要行动

2013 年，怀化市按照"四化两型"的建设要求，坚持以富民强市为主体，以加强党的建设为统领，调整结构、转变方式，创新管理、激发活力，改善民生、促进和谐。努力实现经济发展可持续，生态环境更优美，人民生活高质量。围绕"构筑商贸物流中心、建设生态宜居城市"的战略目标，实施"科技引领、交通先行、兴工活商、富民强市"发展战略，推进怀化经济社会又好又快发展。坚持"科技引领"，贯彻"科技是第一生产力"、"人才是第一资源"的思想，把科技和教育作为长远发展的根本措施来抓。同时坚持开放带动，扩大对外开放，全面提升对外开放的广度、深度和层次，以大开放促大发展。坚持"交通先行"，强化经济发展的"命脉意识"，优先抓好交通建设。坚持"兴工活商"，认真贯彻落实新型工业化是富民强市第一推动力的理念，统筹抓好产业建设。坚持"富民强市",把提高人民的福祉作为一切工作的出发点和着力点,坚持富民优先。

实现这一战略目标,怀化市把"三个不动摇"贯穿怀化经济社会发展的全过程。一是继续坚持改革开放不动摇。发扬敢于改革、勇于担当的精神,不论什么领域,只要改革的大方向、大原则符合上级要求和群众意愿,就大胆地闯,大胆地试。牢固树立"大开放大发展、不开放难发展"的观念,把承接产业转移、引进战略投资者作为提升对外开放水平的突出重点,深化区域经济合作,推动招商引资上档次、上水平。二是继续坚持推进项目建设不动摇。进一步加大项目开发、储备、包装和推介力度,加快重点项目库建设,精心实施一批与政策合拍、与市场对接、与商机同步的大项目、好项目,努力形成"实施一批、开发一批、储备一批"的项目建设格局。深入开展示范创建活动:切实加强对示范创建项目和单位的指导培育;组织首批示范创建项目和单位进一步完善创建实施方案,编制年度创建工作计划。制定"两型"示范标准:认真学习和消化省"两型"示范标准体系的同时,结合怀化实际,出台多个"两型"标准。三是继续坚持守住生态底线不动摇。按照资源节约、环境友好的要求,把生态、环保、节约的理念贯穿到生产、消费的每一个环节,把发展循环经济作为推动科学发展的战略举措,积极推进企业节能、降耗、减排,加快形成节约能源和保护生态的产业结构、增长方式、消费模式。

二、取得进展

1. 组织领导体系不断完善

建立了"两型社会"建设调度会制度,定期由市长亲自主持召开各县、各部门专题调度会,跟踪进展情况、研究重大问题。市委经济工作会议报告、市人大会议政府工作报告,都纳入"两型社会"建设内容。

2. 节能减排工作成效显著

(1)狠抓节能与环资工作目标考核管理。研究出台工作规范:先后出台了《关于进一步落实节能统计指标体系、监督体系和考核体系实施方案的通知》、《怀化市节能降耗预警应急调控方案》等;落实目标考核责任:把节能和环资工作纳入了绩效考核评价体系,编制了节能与环资工作年度计划;加强执法监督检查:研究制定了《怀化市固定资产投资项目节能评估和审查办事指南》,拟定了

114 项主要耗能产品能耗限额指导目录。

（2）狠抓节能与环资领域工程项目建设。启动了一批节能环保重点项目：大唐华银石煤综合利用发电、金大地资源综合利用等一大批节能和环保重点项目陆续开工建设；实施了一批企业节能技改项目：以抓好工业燃煤锅炉改造、电机系统节能、能量系统优化、工业余热余压利用、绿色照明工程为重点，全面推进企业节能技术改造；建成了一批城镇污水垃圾处理项目：先后建成了 13 座城镇污水处理厂和 13 座生活垃圾无害处理场。

（3）狠抓节能低碳产业和循环经济发展。开展了企业节能低碳行动：研究出台了《怀化市万家企业节能低碳行动实施方案》和《万家企业节能利用状况报告方案》，对于年耗能 1 万吨标准煤以上的 37 家重点用能企业，建立监控备案制度。淘汰了一批落后产能：加大产业政策执行力度，建立与落实全市落后产能退出机制。2013 年，全市规模工业万元增加值能耗下降 16.7%，累计下降率为 26.35%。狠抓了循环经济发展：建立了"两型社会"建设调度会制度，由市长亲自召开各县、各部门专题调度会，跟踪进展情况、研究重大问题。

3. "碧水、青山、蓝天"工程取得实效

完成河道综合整治 153.5 公里，河道清淤清障和采砂清理 560.3 万立方米，整顿非法吊装码头 97 处。人工造林 2013 年已完成新造 43.5 万亩、补植补造 10 万亩，分别占任务的 109%、100%；完成投资 3.5 亿元，占投资任务的 115%。截至 2013 年 11 月，怀化市空气优良天数达 300 天，环境空气优良率为 98.9%，县级以上城市环境空气质量均达到国家二级标准。2013 年，怀化市积极申报、争取新能源示范城市，着力规范能源开发利用秩序。化学需氧量、氨氮排放量比上年均下降 1%，氮氧排放量比上年下降 1.5%，二氧化硫排放量与上年持平。为确保年度减排任务完成，加强重点行业、重点企业环境整治。2013 年全市共安排重点减排项目 113 个。

第十三节　娄底市"两型社会"建设

一、主要行动

1. 总体战略统领转型发展

近年来，娄底市围绕"科学发展，加速赶超，建设幸福娄底"的总体战略，坚持新型工业化、城镇化、农业现代化和信息化"四化"协调发展的思路。

2. 专项规划指导转型发展

在湖南省发展改革委等省直部门指导下，娄底先后邀请中科院、省"两型办"、省信息中心、湖南师大等有关领导专家，研究编制了《娄底"两型"产业发展规划》、《湘江流域（娄底）科学发展实施方案》、《娄底市老工业基地城市调整改造规划》等重点专项规划，为传统老工业区转型发展提供了宏观指导依据。

3. 结构调整支撑转型发展

全面优化传统产业：积极推进涟钢常规热轧生产线及配套改造、冷钢300万吨炼钢及配套、华润（涟源）电厂及金竹山电厂机组优化升级改造等改造提升项目。积极发展循环经济：抓住建设首批全国产业废物综合利用"双百工程"示范基地的机遇，围绕煤炭、钢铁、电力、建材、化工五大传统重工领域，建立"资源—产品—废弃物—综合利用"循环发展模式，钢渣、粉煤灰、脱硫石膏等产业废物由"储"向"用"转变，延伸、拓宽了产业链条。着力培育新兴产业：加快发展先进装备制造、新材料、新能源及电动汽车、生物产业、电子信息、节能环保、文化创意七大战略性新兴产业。强力推进现代服务业：一批大型超市、商业步行街陆续建成，中国供销物流园、中国物流湘中综合物流园等现代物流产业项目加快推进，文化旅游、乡村旅游产业逐步成长为新的支柱产业。

4. 改革创新加速转型发展

积极探索体制机制创新，消除体制性障碍，形成转型发展的活力和内在动力。研究制定优惠政策：认真贯彻落实《国务院关于促进资源型城市可持续发展的若干意见》，根据娄底的实际情况，制定下发了《关于进一步开展资源综合利用的若干意见》等政策性文件。努力探索资源型企业整合机制：加大推进锑矿资源整合力度，积极促成中国五矿与冷水江市政府的战略合作；积极推进煤矿企业规模化建设。加快推进投融资体制改革：出台了《关于鼓励和引导民间投资健康发展的实施意见》等投融资政策，改善政策环境。积极推进技术创新平台建设：建成了闪星锑业国家企业技术中心、湖南文昌科技技术研究中心、涟钢企业技术中心等研发中心；打造了娄底市薄板材料新型装备制造产业基地等公共技术与产业化服务平台。

5. 注重生态助推转型发展

整治生态环境是娄底转型发展的重中之重，娄底市委市政府全面启动实施"城乡环境整治及建设四年行动计划"、"绿化娄底四年行动计划"和"九大环保工程"，加快推进湘江流域重金属污染综合治理。

二、取得进展

1. "两型"示范创建成效显著

2013 年娄底市有 8 家单位入围省级"两型"示范单位。城乡统筹工作稳步推进：冷水江市新增 29 个村委会作为第三批新农村建设推进村，娄星区、涟源市、娄底经开区等纷纷开展集中连片建设。人民生活明显改善：完成教育基础项目投资 3.88 亿元，启动建设项目 47 个，竣工 15 个，新增初中、小学学位 8705 个。2008~2013 年，新增城镇就业人员 12.4 万名，安置下岗失业人员 7 万名，帮扶困难群众再就业 2.6 万名，组织 37 万余人参加职业技能培训。同时，基本养老、基本医疗、工伤保险等保障制度和社会救助体系进一步完善。

2. "两型"园区发展显著

汽车板、湘中国际物流园等产业项目稳步实施，长株潭核心区路、电、气、通信一体化试点工作全面铺开。中小企业创业的二期工程也于 2013 年 4 月正式开工建设，该园区预计全年完成投资 46.2 亿元，规模工业平稳增长，预计 2013 年完成工业增加值 40.8 亿元。完成公共财政预算收入 2.52 亿元。万宝区建设取得显著成效：湘煤生产线建设已完成厂房主钢结构安排，文昌科技已完成投产；万宝大道路基已基本成型；娄星南路已基本建成；该区预计 2013 年完成固定资产投资 58.45 亿元，同比增长 62%，实际利用内资 33.16 亿元，实际到位外资 3386 亿美元，同比增长 19%；在建标准厂房 10.02 万平方米，万元规模工业增加值能耗下降率为 12.5%。

3. 生态环境明显改善

全市已完成了娄底高速公路 100 公里绿色通道造林绿化任务，市县两级机关事业单位投入近 4000 万元开展了联村建绿活动，取缔无证采砂船 58 艘，取缔无证采砂场 38 处。加快推进锡矿山环境整治工作：所有非法建设涉锑项目全部关闭取缔，完成了闪星锑业砷碱渣无害化处理生产线项目，启动实施冷水江锡矿山地区 10 万吨集中砷碱渣无害化处理项目。加快推进涟钢周边环境污染综合治理：编制了《涟钢厂区环境治理工作方案》。

第十四节　湘西自治州"两型社会"建设

一、主要行动

2013 年，湘西州按照"五大建设"、"四个湘西"、"两个率先"的总体思路，主动作为，迎难而上，全力以赴抓投资、上项目、调结构、保民生，狠抓经济增长点，破解发展难题，经济社会发展稳中有进、稳中向好。全州实现生产总值 418.9 亿元，同比增长 4%；财政总收入 50.2 亿元、财政总支出 170.5 亿元，同比分别增长 4.8%、13.5%；固定资产投资 271.5 亿元，同比增长 30%；社会消费品零售总额 180.4 亿元，同比增长 13.8%；城乡居民人均可支配收入分别为 16466 元、5260 元，同比增长 8.4% 和 12.4%。

1. 着力调整结构步伐

工业转型升级步伐加快：加快矿业整合步伐，启动一批重大项目。大力推进工业园建设，一批骨干企业不断壮大。农业基本地位更加巩固：狠抓各项惠农政策，有效调动农民生产积极性，大力提升柑橘产业、积极拓展茶叶产业、积极推进现代烟草农业示范建设，畜牧水产规模化养殖不断扩大、生态环境建设继续加强。服务业加速发展：在旅游、文化等生活性服务业稳定增长的同时，着力发展物流、金融等生产性服务业。

2.着力发展基础设施建设

把握国家扩大内需等政策机遇，突出项目资金争取。重点抓 100 个州政府目标管理项目、30 个州市攻坚项目和 10 个凤凰旅游项目，全年重点项目建设完成投资 131.7 亿元。

3.着力推进改革开放

紧扣重点领域，推动先行先试，全面推进重点改革。施行居民用电阶梯电价，积极推进阶梯水价改革。医药改革纵深推进，基本实现全民医保，新农合参合率和城镇医疗参保稳定在 95% 以上。文化体制、国有企业、投资体制等改革取得实质进展。

4.着力保障和改善民生

全州财政用于民生支出 110 亿元，同比增长 13.5%，占财政总支出的 64.6%。自觉接受人大及其常委会监督，认真执行其决议、决定，定期向人大及其常委会报告经济社会发展重大事项。主动接受政协民主监督，积极支持政协、民主党派、工商联和无党派人士参政议政。依法行政不断加强，政府绩效评估工作全面推行，行政监察、审计工作力度加大，行政效能和公共服务水平不断提高。廉政建设得到加强，政府公信力不断提高。

二、取得进展

1.基础设施继续改善

交通建设有重大突破，完成投资 100.8 亿元，同比增长 152%，创历史新高。凤大、张花高速公路建成通车，龙永、永吉高速公路加快建设，张花高速三条连接线开工建设；完成干线公路改造 377 公里、农村通畅工程 1510 公里，建成农村客运站 36 个、招呼站 555 个；黔张常铁路前期工作基本完成，铜仁凤凰机场改扩建进展顺利。水利建设步伐加快，在全省率先启动"五小"水利工程，完成 107 座小 II 型病险水库治理，古丈古阳河水库建设稳步推进，花垣吉辽河、永顺中秋河水库开工建设，城市防洪、灌区续建配套、水土保持、中小河流治理得到加强，新解决 18.6 万人饮水安全问题。电网和信息化建设提速，建成高低压线路 2600 公里，完成 280 个村农网升级改造，农村数字电视工程、电子政务平台、"数字湘西"建设加快推进。同时，全力争资上项，一批重点项目获得国家、省支持。

2. 产业结构加快调整

矿业整治整合成果得到巩固提升，东方矿业、三立集团、太丰集团、丰达科技、金天铝业等一批企业扩能项目加快实施。园区经济开始发力，湘西经开区发展形势好，吉首、泸溪、花垣、保靖等园区建设扎实推进，龙山、凤凰、古丈园区晋升省级工业集中区。生产要素协调服务得到加强，争取和落实电价补贴8324万元，为"两民"企业落实贷款贴息7771万元。特色农业建设稳步推进，柑橘品改提质、茶叶品牌建设、烟叶扩面、猕猴桃和百合培管、畜牧水产养殖等有新成效。农业经营主体不断壮大，新增农民专业合作社263个，州级以上龙头企业达111家。战胜历史罕见严重旱灾，把灾害损失减小到最低程度，全年粮食总产量82.5万吨，完成粮食、生猪储备任务。旅游产业快速发展，全年接待游客2323万人次，实现旅游总收入144.9亿元，同比分别增长23.2%和37.5%，成为全国旅游高增长地区。凤凰被列入全省特色县域经济重点县，平稳完成门票制度改革，凤凰旅游提质项目进展顺利。

3. 改革开放不断深化

重点领域改革稳步推进。政府职能转变取得实效，取消和下放了一批行政审批事项，州政务服务中心增设21个窗口单位，进驻单位达54个。土地申报和储备制度改革不断深化，全州报批用地项目100个，达833公顷，新增土地储备1.4万亩。金融改革有新成效，引进了华融湘江银行，吉首、古丈、凤凰农村商业银行挂牌运营，搭建了州交通建设投融资平台，吉首华泰公司债券发行工作进展顺利，2012年末全州金融机构存贷款余额分别为629.2亿元、259.2亿元，同比增长15.3%和16.3%。财税体制改革力度加大，推行了国库集中支付、"营改增"、预决算和"三公"经费公开。农村综合改革继续深化，土地确权颁证稳步开展。医药卫生体制改革有新进展，基本医疗保障和基本药物制度不断巩固完善，龙山县在全省率先启动公立医院改革试点。国有资产经营和监管体系逐步健全。基层管理机制不断创新，出台了《关于进一步加强基层建设的意见》，夯实基层基础。招商引资有新成效，新引进投资过亿元项目12个，全州招商引资138亿元，同比增长21.6%。市场建设得到加强，完成22个农贸市场标准化建设。对外贸易加快发展，全州实现进出口总额1.78亿美元，同比增长18.2%，湘西海关、检验检疫、公路口岸建设有序推进。对外交流有新成果，与俄罗斯乌兰乌德市签署了友好城市关系意向协议。

4.民生改善力度加大

扶贫开发加快推进，争取和整合相关资金，实施了一批扶贫项目，启动了第二轮"整村推进"扶贫，开展了单位、干部结对扶贫，中高海拔地区、集中连片贫困地区、重点移民村扶贫开发有新成效，减少贫困人口10万人，贫困发生率下降至32.8%。落实16万人移民直补政策，移民避险搬迁7526人。就业工作不断加强，就业培训5.2万人，全州新增城镇就业2.3万人，农村外出务工人员达65.5万人。社会保障体系逐步完善，新增城乡低保10.7万人，38.5万人得到医疗救助，基本养老、医疗等保险扩面加快。教育事业持续发展，完成4.1万平方米的农村中小学校舍安全工程、52所义务教育合格学校、10所公办幼儿园建设，全面启动36所租借民房的村小及教学点改造。医疗卫生事业有新成效，州人民医院、州中医院建设稳步推进，吉首市、泸溪县人民医院扩建工程投入使用，完成24个乡镇卫生院建设，重大疾病防控、卫生监督、食品药品安全工作不断加强。

第九章 湖南"两型综改区"建设对全国"两型社会"建设的示范

湖南"两型综改区"建设对全国"两型社会"建设的引领示范作用主要体现在建设模式、改革创新、重点行动和社会参与示范四个方面。在建设模式示范方面，湖南"两型社会"建设符合经济发展阶段特征、符合区域优势和定位，逐渐形成了具有系统性的"两型社会"发展体系和模式；在改革创新示范方面，湖南"两型社会"建设体现出体制机制的适应性变革，以及政策措施的针对性支持；在重点行动示范方面，以示范区建设为起点，以重大工程建设为抓手，最终实现重点领域的全面突破；在社会参与示范方面，重在营造"两型"氛围和经常性的推广活动。

第一节 建设模式的示范

一、符合经济发展阶段

"两型社会"建设，实质上就是发展方式的转变。"两型社会"指的是"资源节约型、环境友好型社会"。建设"两型社会"正是为了破解我国经济社会发展过程中所面临的资源与环境的难题。"资源节约型、环境友好型"社会，就是在生产、建设、流通和消费等各个领域，在经济和社会发展方方面面，切实节约和合理利用各种资源，通过提高资源利用效率，减少资源消耗，从而最大程度上减轻经济快速发展所引发的巨大环境资源压力，实现人与自然和谐发展、经济社会可持续发展。

湖南省处于工业化、城市化中期的前期阶段,发展的空间还很大,摒弃重化工和重污染的高碳发展模式,采取低碳化的发展路径,抢占发展先机,实现低碳崛起。同时,长株潭地区已经得到国家批准的综合改革方案,有利于低碳技术的应用和创新,促进"两型"产业的低碳发展,目前长株潭三市低碳发展也形成了良好氛围。

"十二五"期间,湖南省将全面推进"四化两型"建设,以新型工业化、农业现代化、新型城镇化、信息化为基本途径,坚持"两型"引领、"四化"带动,突出创新驱动、绿色发展,努力推动全省经济社会又好又快发展。

二、符合区域特征

率先形成城市群发展的新模式。城市群是城市发展到成熟阶段的最高空间组织形式,是在地域上集中分布的若干城市和特大城市集聚而成的庞大、多核心、多层次城市集团,是大都市区的联合体。目前,全球各地的城市容纳了世界总人口的50%以上,所排放的温室气体占到总量的75%。现有城市经济发展由于缺乏城市之间的更多协调与互动,在加大资源要素整合的同时,粗放型经济增长模式加快了城市资源消耗和环境污染的速度,资源消耗和碳排放的负外部性存在加剧了城市间的环境污染和恶性竞争,资源利用、技术革新、产品开发的同质性增加了对自然资源的压力并容易形成叠加效应和锁定效应,城市对资源的需求和碳覆盖领域的扩张超出其所能承载的界限,高频率的经济生产与生活消费使城市对资源能源耗费产生巨大的刚性需求,环境污染、能源消耗导致的高碳排放问题严重制约全球资源、环境、经济、社会等的和谐共生与持续发展。因此,建设低碳城市群在现代城市化建设和应对全球气候变化方面具有重要的战略意义。低碳城市群所具有的人口密集、居民聚居、商业活动频繁等特征,比低密度地区或者单个城市更能有效地控制人均资源占有量以及能耗,城市群所具有的区域性低碳政策规划与低碳经济协调功能对共同治理区域性资源与环境问题、共同应对全球气候变化具有更大的优势。国家发改委批准了长株潭城市群为全国资源节约型和环境友好型社会(简称"两型社会")建设综合配套改革试验区,以探索和创新中国城市群发展的新路径,标志着城市化建设进入到新的探索阶段。低碳经济模式代表人类与自然界和谐共生,实现科学发展的新模式,实现走科技含量高、经济效益好、资源消耗低、环境污染少、人力资源得到充分发挥的道路。这正与长株潭城市群建设"两型社会"的理念相吻合，湖南比较重视发展低碳经济，支持企业加快低碳技术改造，加强低碳自主创新，推进低碳产业升级。

长株潭"品字形"结构发挥区位优势。长株潭城市群中的三个城市相互距离很近，呈三足鼎立之势，彼此相距 20~30 公里，其间有铁路、公路和湘江相连，可谓是承东启西、连接南北的过渡地带的"金三角"，三市集中了全省半数以上的大学、研究所、高科技产业和高级科技人才，是湖南省社会、经济和文化重心所在。长株潭"品字形"结构发挥区位优势，有利于通过低碳城市群建设，促进资源节约和环境友好，实现湖南低碳崛起。

低碳型能源构筑发展动力。长株潭低碳资源种类繁多，物产丰富，人均水资源拥有量为 2069 立方米，森林覆盖率达 54.7%，具备较强的环境承载能力，这些都为开展低碳城市群建设奠定了良好的基础，湖南的水电、太阳能、风能、核能以及生物质能较为丰富，随着再生能源的开发和桃花江核电项目的投入运行，低碳能源为长株潭低碳城市群建设带来大好机遇。

产业基础夯实发展基础。长株潭城市群的产业基础相对较好，并呈互补性发展。长株潭城市群被确定为全国首批推广应用混合动力汽车的城市群，南车集团电动客车研发技术达到世界领先水平，湘电风电技术、电气牵引技术、电动车辆制造技术均为国内领先水平，天源生物清洁能源公司生物质能技术为全国先进水平。湖南的轨道交通技术、电动汽车技术、生物质能技术、风力发电技术、太阳能技术及环保技术等发展为长株潭低碳城市群发展夯实了基础。株洲已经全面实施电动公交三年行动规划，并且株洲的风力发电产业、电动汽车产业、生物质能源产业都给发展低碳经济提供了良好的技术支撑。

三、模式的系统性

1. 规划体系

"两型"改革，要有顶层设计。湖南的"两型"规划体系，就好比一棵大树，区域规划是"主干"，示范区规划和专项规划等是"树枝"。湖南"两型社会"建设以规划为龙头，强化规划的统领作用，基本形成完善的规划体系和执行机制。坚持规划先行、规划引领，不断完善顶层设计，确保规划的先进性和高起点，认真做好下位规划的编制和提升工作，形成完善的规划体系，建立严格的规划执行机制。以顶层设计为代表的规划体系建设，是"两型社会"建设第一阶段取得实质性进展的标志性成果之一。

2007 年 12 月 14 日，长株潭城市群被国家批准为全国资源节约型和环境友好型社会建设综合配套改革试验区。长株潭城市群的发展上升为国家战略，并确定了实验主题——"两型社会"建设，内涵更加深刻。

长株潭"两型社会"试验区获批七年来，试验区改革建设取得阶段性成就。一是完成了试验区的顶层设计。湖南省高起点、高标准编制了长株潭城市群"两型社会"综合配套改革总体方案和区域规划，以及 12 个专项改革方案、18 个专项规划、18 个示范片区规划、87 个市域规划，构建了全方位、多层次的建设规划体系，明确了"两型社会"建设的行动路线图。

"两型"规划体系的构成。在长期探索的基础上，湖南已经初步建立起四类规划，构建起比较全面的"两型"规划体系：

一是统揽全局的《总体方案》和《区域规划》。由国务院批准的《长株潭城市群资源节约和环境友好型社会建设综合配套改革试验总体方案》与《长株潭城市群区域规划（2008~2020 年)》是统揽长株潭城市群"两型"建设的指南和行动纲领，是制定城市群群域内各城乡总体规划、土地利用总体规划、其他各类专项规划及统筹区域内具有区域性重大影响建设项目具有法定地位的重要依据。

二是指导、部署与规范各项重大改革与建设的专项方案与专项规划。已经完成的专项方案有 12 个：资源节约体制改革、环境保护体制机制改革、基础设施共建共享机制建设、土地管理体制创新、产业发展体制改革、自主创新体系建设、金融服务创新协调、对外开放体制创新、财税体制改革、社会保障体制改革、户籍制度改革、行政管理体制改革。已经完成的专项规划有 18 个：湖南省战略性新兴产业总体规划纲要、湘江流域重金属污染治理实施方案、湖南湘江流域科学发展规划、城市群综合交通规划、系统性融资规划、信息同享、水利建设、环境同治、生态建设、工业布局、文化产业、旅游发展、土地利用总体规划、核心区空间开发与布局、建设管制规划、循环经济规划、水府庙水库流域保护规划、"3+5"城市群国土规划。

三是落实国家与升级规划的下位规划。目前已经完成或正在编制的有：八市城市总体规划，八市城市土地利用总体规划，"五区十八片"的片区规划，示范片区内起步区的控制性详细规划等。

四是具体到工程的项目规划。编制了城市群城际铁路线网规划和红星大道、芙蓉大道等一大批项目规划。

"两型"规划体系中，顶层设计的区域规划明确了"两型社会"改革建设的目标、原则、路径和要求，专项规划、市域规划、片区规划和项目规划对区域规划做出权威解读，将"两型"理念具体落地，将"两型"建设任务分解、细化到各行业，覆盖各主要领域、各示范片区，转化成各种项目建设，使"两型"建设得到科学推进，有序推进，高起点推进。

2. 发展模式

湖南"两型社会"建设发展模式主要体现在"强化顶层设计，突出规划引领、基础设施支撑、产业结构优化、环境污染整治"等方面。一是完成了顶层设计。构建了高起点、多层次、全覆盖的规划体系，为"两型社会"改革建设创建了系统性好、创新性强的行动路线图。二是基础设施不断完善。长株高速等城际干道建成通车，长株潭城际轨道交通、长沙地铁、湘江长沙综合枢纽等一批重大基础设施建设进展顺利，三市通信实现同号并网升位。三是"两型"产业提速发展。促进传统产业高端化、两型化、高新化，大力发展战略性新兴产业，积极推动产业集群集聚发展。产业规模不断扩大，结构不断优化，效益明显提升，发展后劲显著增强。以先进装备制造、新能源、新材料等为代表的战略性新兴产业保持年均30%以上增速，科技对经济增长的贡献率超过50%。四是重点领域和关键环节改革顺利推进。重点开展了资源节约、环境保护、土地管理等十项改革试点，一些方面取得了实质性突破。初步编制出台了"两型社会"建设评价指标体系，建立了试验区节能环保标准体系。五是污染治理和环境保护成效显著。着眼于把湘江打造成"东方莱茵河"，实施湘江流域水污染整治三年行动计划。完成对长株潭城市群"绿心"昭山的地方立法，强调把长株潭城市群"绿心"建设成东方"维也纳森林"。

（1）"四化两型"发展模式。顺应经济发展的趋势，立足新阶段的特点和要求，全面推进"四化两型"建设，要坚持以建设"两型社会"作为加快经济发展方式转变的目标和着力点，以新型工业化、农业现代化、新型城镇化、信息化为基本途径，着力调整经济结构，加快自主创新，推进节能环保，保障改善民生，深化改革开放，促进经济社会又好又快发展。

以"两型"引领经济发展方式转变。湖南省正处于工业化、城市化、农业现代化加速推进的新阶段，经济发展和资源环境的矛盾尤为突出。面对资源环境等突出问题，加快转变经济发展方式刻不容缓，全面推进"四化两型"建设刻不容缓。2007年12月长株潭设立"两型社会"综合配套改革试验区。试验区获批以来，改革建设取得实质性进展。推进机制初步建立、规划体系初步形成、体制机制创新全面展开、基础设施建设加速推进、生态宜居城市加速建设、信息一体化建设取得重大突破、"两型"产业快速发展、示范区建设全面起步、民生得到较大改善、社会事业全面发展，长株潭城市群核心增长极作用进一步显现。长株潭三市GDP占全省42.6%，对全省经济增长贡献率达55%，"3+5"八市GDP占全省80%。2009年，试验区带动全省万元GDP能耗下降5.1%，降幅创历史新高，万元工业增加值用水量下降24%。与此同时，城镇居民的人均可支配收入和农民纯收入分别是2007年的1.24倍和1.28倍，人民生活的幸福指数不断提高。

以"四化"带动经济发展方式转变。建设"两型"社会，转变经济发展方式，基础在企业，关键在产业。只有当企业真正成为转变经济发展方式的主体，只有当产业真正实现由传统产业到现代产业的转型升级，"四化两型"建设和转变经济发展方式才能落到实处。新型工业化是"两型社会"建设的战略核心，湖南必须走新型工业化道路，抢占低碳经济制高点，全面推进新型工业化。新型城镇化是"两型社会"建设的战略重点，建设以湖湘文化和"两型"发展为特色的新型城市，形成"具有国际品质的现代化生态型城市群"。农业现代化是"两型社会"建设的战略基础，加快发展现代农业，大力发展农产品加工业，用市场手段促进农村生态优化。信息化是"两型社会"建设的主要战略手段，大力发展信息产业，提升信息化支撑能力，推动信息化与工业化融合，提高全社会信息化水平。

"两型社会"建设的战略格局。一是划分功能区与优先保护生态。长株潭试验区区分为禁止开发区、限制开发区、优化开发区、重点开发区四类功能区。分类指导，对不同的功能区提出不同的要求。二是先行先试与示范区率先突破。"两型社会"建设有很多现实的困难，在全面坚持"两型"引领的同时，湖南采取了示范带动的策略。从规划、项目、改革等方面入手，以率先形成示范效应为目标，高起点推进示范区建设，大胆创新体制，尽快形成"两型"建设的新模式，使示范区成为湖南发展的"经济特区"、新型工业化的先导区、综合配套改革的先行区、新型城市化的展示区。

（2）"人本化"综合基础设施建设模式。加快综合立体交通建设。一是完善公路、轨道交通为重点的交通体系建设，以高速公路和路网改造为重点，提高公路技术等级。"两型社会"建设带动了湖南高速公路超常发展。截至 2010 年 9 月，全省 42 个在建高速公路项目完成投资 402.6 亿元，湖南在建高速公路里程全国第一，通车和在建里程位居全国第三，形成了覆盖全省、快速畅通的高速公路网络，全省 92% 以上的县市半小时内可上高速公路。此外，加快建设武广、沪昆高铁和"3+5"城市群城际铁路，点、线、面系统规划，陆、水、空、管全面布局。二是确立长株潭城市群的全国综合交通枢纽地位。共享同一蓝天，打造中部国际航空枢纽；对接"黄金水道"，打造长江中上游航运中心；敞开省门，打造全国陆运大通道。三是同一规划建设提高城区城际交通的畅行度。打造长株潭核心区同城交通系统，到 2020 年，长株潭核心区将形成"五纵五横四环"的快速路网、"一环八射"的高速路网和包括高铁、城际铁路、都市区轨道、城市轨道四个层次的轨道线网，同时还要建立智能交通系统，同城化水平将进一步提高。同时，还要打造外围区城际复合系统，实施交通疏导工程。四是适度超前、统筹协调与突出"两型"新格局。

推进一体化信息体系建设。信息基础设施是信息化的前提和平台，一体化信息系统是在各个具体领域应用信息技术、规范信息系统、推进科学化精细化管理的重要基础。湖南省"两型社会"建设按照适度超前、科学规划的原则大力推进信息基础设施建设，大力推进一体化信息体系建设，取得了令人瞩目的成就。实施三网融合、着力打造"数字长株潭"与"数字湖南"，推动了一体化信息系统的全面建设，加快了信息技术在经济社会各个领域的推广应用。

加强生态化宜居城市建设。把长株潭城市群建设成"具有国际品质的现代化的生态宜居城市"，一是要严格保护和优化现有的自然生态本底，大力增添和强健新的生态本底。精心呵护与强健"绿心"，各市、区、片都精心设计、精心呵护、精心打造各自的"绿心"；建设湘江风光带，打造城市群的核心生态轴线；打造生态走廊和"斑块"，建设温馨和谐的绿色家园。二是搞好清洁卫生，建设文明城市。"两型社会"建设提升了污水处理能力的"湖南速度"，在全省实施主城区污水"全截污、全收集、全处理"，以及像抓"三年行动计划"一样抓生活垃圾处理设施建设。三是建设幸福和谐的宜居城市。从空间结构、服务设施、人文环境的改善，到农业基础设施的加强，城市和农村的生产、发展、生活环境大大改善。在"两型"目标引领下，率先在长株潭城市群取得突破的湖南城镇，都将具备良好的自然环境，拥有清洁的空气、水和宽敞的城市公共空间；具备良好的人文环境与发达的教育、完善的公共文化服务设施、和谐的社区文化；具备良好、健康、安全与便利的生活条件，拥有健全的法制秩序、完善的医疗系统、安全的生活设施、便利的交通出行；具备可持续的发展方式，拥有充足的就业机会，具有知名度和美誉度；具备完善的公共安全基础，并与周边乡村一体化，成为让人们生活更美好的生态型宜居城市。

（3）"高端化"产业发展模式。"两型社会"建设，关键在产业。在于产业的高端化、绿色化、低碳化，在于发展现代产业体系。湖南省"两型社会"建设以产业发展为支撑，在低碳产业、战略性新兴产业、循环产业、产业集群等重点领域和关键环节实现新突破。

以低碳高新技术提升产业竞争力。低碳高新技术是指为实现低碳经济而采取的技术，其特征是污染排放量少，合理利用资源和能源，更多地回收废弃物并以环境可接受的方式处置残余废弃物。长株潭城市群作为老工业基地，钢铁、有色、化工等传统重化工业占有较大比重。2007年重工业增加值占当地规模以上工业增加值的比重，株洲、娄底均在80%以上，株洲甚至接近90%，湘潭与衡阳均超过70%，只有长沙、益阳、常德三个城市相对较低。传统重化工业是典型的高耗能、高污染行业，必须以低碳高新技术提升产业竞争力。一是制定低碳经济系列政策。湖南省把发展低碳经济作为"两型社会"建设的重要内容，力争在低碳经济发展等重点领域和关键环节实现新突破。二是集中攻克关键核心技术。长株潭"两型"试验区运用先进低碳高新技术改造提升传统产业，围绕装备制造、汽车、钢铁、有色、石化等优势行业，突出引进和研发核心技术，延伸产业链条，打造"超级产业"。三一重工的混合动力挖掘机、中联重科的CNG环卫车、晟通集团的新型铝电解槽等这些具有自主知识产权的核心技术能够围绕优势行业，形成排他性竞争。通过发展与低碳经济密切相关的高新技术，2009年长株潭地区的电子信息、先进制造、现代交通、新能源与节能、环境保护五大行业产品增加值占到全部高新技术产品增加值的近50%。"3+5"城市群7个高新区的新材料、先进装备制造、生物医药等低碳产业增加值占全省高新技术产业增加值近80%。三是积极打造低碳产业体系。大力发展以新能源为核心的低碳产业基地，全面推广节能减排，实现产业结构低碳化。

以调整结构培育战略性新兴产业。战略性新兴产业是"两型"建设最为重要的支撑。一是做强先进装备制造产业。先进装备制造业是当前湖南的"超级产业",最能代表湖南新型工业化成果,是湖南最具有竞争力和发展前景的产业之一。长株潭"两型"试验区以技术创新为突破口,全面提升装备制造产业的整体素质和技术水平。利用国家级企业技术中心和核心企业已有的比较优势,合理布局,建设一批优势特色高端制造业基地。例如把长沙建设成为"中国工程机械之都",把株洲建设成为"中国轨道交通之都",把湘潭建设成为"高端机电制造企业集群"。二是整合提升新材料产业。长株潭城市群新材料产业在全国具有举足轻重的位置,在先进储能材料、先进复合材料、先进硬质材料、金属新材料、化工新材料等领域具有明显的比较优势。根据现有规划,湖南将大力促进新材料产业跨越式发展。到 2015 年,累计投入 500 亿元,新材料产业实现增加值 1000 亿元,年均增长 23% 左右,对全省高新技术产业的贡献率保持在 40% 以上。三是着力壮大文化创意产业。将文化创意产业确定为战略性新兴产业是湖南的创举。文化创意产业成为长株潭"最具特色、最有优势"的战略产业,是"两型"建设的重要内容和重要抓手。湖南文化资源丰富,湖湘文化影响深远,长株潭"两型"试验区已形成了文化创意产业发展的基础与优势。四是加快发展生物产业。长株潭"两型"试验区把生物育种和生物医药这两大领域做大做强,在巩固强化杂交水稻世界领先地位的同时,也要抢占生物医药领域的技术制高点。五是大力发展新能源产业。不断加大自主创新力度,全线拉通多元化光伏产业链,示范推广电动汽车应用数量,发展风电装备产业。六是努力振兴信息产业。长株潭"两型"试验区推进信息化与工业化的深度融合,抓住物联网、新一代移动通信、下一代互联网起步发展,信息产业升级换代和网络经济快速发展的重大机遇,统筹信息技术创新、应用和管理各环节,推动信息产业跨越发展。七是重点发展节能环保产业。依托重点工程,重视"城市矿产"示范基地建设。

以节能减排促进循环产业发展。长株潭"两型社会"试验区以节能减排为突破口,在循环经济理念指导下优化资源配置、改善生态环境、促进经济发展。一是加强循环经济规划编制。2010 年 7 月,湖南省"两型办"组织编制《长株潭城市群循环经济发展规划》,并将循环经济作为湖南省"十二五"时期国民经济和社会发展规划研究和编制的重要内容。二是抓好循环经济示范工程。长株潭试验区充分发挥典型示范效应和引导作用,打造一批特色鲜明、亮点纷呈的示范点,包括系统性发展示范园区,以及选取一批重大企业试点。三是着力打造循环经济链条。重点加大对矿产资源、固体废物综合利用和再生资源、水资源的循环利用，着力打造"水体、能量、尾气、废弃物"四条循环链。四是重点实施节能减排工程。依法限制能耗物耗高、污染严重的建设项目。

以协同整合促进产业集群发展。产业集群作为拉动区域经济增长的重要方式，在长株潭"两型"试验区得到充分重视。一是利用优势资源确立产业发展方向。立足区位优势，做大主导产业。全力发展工程机械、轨道交通、汽车、新能源设备制造、文化产业、创意产业和旅游业等战略性产业，积极培育先导性产业，稳步提升基础性产业，限制和退出劣势产业。二是形成以高新区为载体的发展态势。湖南低碳经济初步形成了以长株潭国家高技术产业基地为中心，以长沙、株洲、湘潭三个国家级高新区为主要载体的集聚发展态势。三是体现产业聚集规模效应。通过"龙头企业—产业链—产业集群—产业基地"的发展思路，以主导产业、龙头产业为重点，促进产业链横向融合、纵向延伸、高端提升，发挥企业群体集聚优势，形成专业化分工、上下游产品衔接配套的产业体系。四是促进产业集群生态化。积极推进"两型"产业集群化，构建以"两型"产业为支柱的产业体系，重点推进产业园区的建设，把园区建设为"两型"产业的示范区，以示范区的形式促进相关产业的聚集。

（4）"生态化"城市群发展模式。生态化城市群是一种全新的发展模式，是一种经济增长与结构优化、效率提升、民生改善、资源节约、环境友好相统一的质量效益型发展理念。

"两型社会"与水资源管理。一是保证饮用水安全。确保水质水量，确保供水同城同域同质。二是主攻重金属污染难题。全面启动湘江流域水污染综合治理，展开千里湘江大行动，重点加强清水塘的重金属污染治理。三是全面实施节能减排。多管齐下，减少污水排放。实施最严厉的环境管理措施，提高行政处罚力度。利用高科技提高废水回收率。四是把湘江建成"东方莱茵河"。

"两型社会"与生态建设。一是城市规划和建设展现湖湘特色。要充分展现湖南的特色、湖南的传统、湘湖文化元素。二是建设现代工业文明为特征的生态宜居城市。在城市建设中，注重自然和生态条件，尽可能保留天然林草、河湖水系、滩涂湿地、自然地貌以及野生动物等自然遗产，努力维护城市群生态平衡。三是建立绿色长廊，打造生态通道。公路绿化的首要目标是提高公路的服务功能，营造原生态景致，节约理念随处可见。四是走生态旅游之路，成为世界知名旅游目的地。保护景区环境，力推低碳旅行，让游客能够领略潇湘之美、潇湘之魂、潇湘之韵。五是防治土壤污染，提高土壤质量。

"两型社会"与大气污染防治。长株潭大气污染形成的主要原因是企业排放尾气、扬尘及机动车排放尾气等。解决大气污染问题，要调整能源结构，有效解决扬尘，减少尾气排放。

（5）"多元化"资源配置模式。培育、开发、利用、配置好资源，特别是资金、人才、土地三大资源，对"两型社会"建设具有重要意义。湖南省积极发展具有"两型"特色的多元化资源配置模式和管理模式，取得了丰富的经验和成效。

"两型社会"与"资金洼地"。一是财政金融态势良好，局部地区已成"洼地"。随着财政和金融支撑的能力增强，长沙及全省部分园区成为"资金洼地"。长株潭城市群有效加速了资本积累，优化了资源配置。二是加大财政引导力度，构建科学调控机制。加大财政投入力度，建立财政引导支持政策。发挥资源配置职能，促进"两型"产业发展。发挥财政监督和预算约束职能，促进"两型"建设。三是创新投融资方式，拓宽投融资渠道。深化投资体制改革，强化金融服务机制，大力发展多层次资本市场，从而切实加强试验区的投融资"洼地"效应。

"两型社会"与人才高地。一是汇聚人才精英，建设人才高地。长株潭城市群现有人才优势明显，贡献卓著，初步建立了人才一体化合作机制。二是创新人才机制，搭建人才舞台。按照"四化两型"的要求，突出人才队伍建设重点。发挥"两型"建设先行先试优势，实现人事改革新突破。利用"两型社会"建设试验区的宽广平台，推行人才吸引新办法。三是实施人才战略，发挥人才作用。

"两型社会"与优化土地资源配置。一是推进土地节约集约利用。长株潭城市群初步形成了四种节约集约用地模式，即以咸嘉新村和莲湖村为代表的农民安置节约集约用地模式，以新河三角洲、黎托新区及梅西湖片区为代表的城市建设节约集约用地模式，以长沙经开区和隆平高科技园为代表的开发园区节约集约用地模式，以大河西先导区莲花镇和长沙县北山镇为代表的新农村建设节约集约用地模式。二是加快农村集体土地流转。长沙推进农村土地交易流转，盘活土地要素资源。株洲盘活建设用地，农村集体土地流转市场挂牌。湘潭大力推进土地综合整治，创新土地管理机制。三是加强土地利用和耕地保护。完善长株潭土地利用管理规划体系，大力推进耕地保护机制的创新。四是完善和创新土地资源配置。完善节约集约用地管理制度、耕地保护制度、征地用地制度、土地市场机制。

（6）"功能化"示范区建设模式。湖南高标准地完成了长株潭试验区顶层设计，以"3+5"城市群为核心，规划了五区十八片示范区的建设。"3+5"城市群是指长株潭城市群的长沙、株洲、湘潭三市，加上周边岳阳、常德、益阳、娄底和衡阳五市所共同构成的更大范围城市群，其行政区域总面积为9.96万平方公里，占湖南省国土总面积的45.74%。"五区"是指大河西、云龙、昭山、天易、滨湖五大示范区。"十八片"是指大河西先导片区、金霞片区、铜丁片区、安青片区、云龙片区、天易片区（株洲）、清水塘片区、昭山片区、九华片区、天易片区（湘潭）、白沙片区、城陵矶片区、营田片区、界头铺片区、新市片区、德山片区（包括柳叶湖）、益阳东部新区、水府片区。

大河西示范区成为高新产业的集聚区。大河西示范区包括长沙大河西先导片区、长沙金霞片区、益阳东部新区和常德德山片区。一是新型工业化取得显著成效。形成以电子信息产业、新能源与节能环保产业、新材料产业、装备制造业为主的现代高新产业体系。二是自主创新能力不断增强。"长沙制造"冠以全球之最，以中联重科、梦洁家纺、威盛电子为代表的创新型企业，所创造的"中国第一"不胜枚举。三是以城带乡的长效机制形成。率先建成共享型的社会事业体系、普惠型的社会保障体系、创业型的社会就业体系、服务型的社会管理体系。到2020年，城乡居民人均可支配收入分别达6万元和4万元以上。"两型社会"建设就是要打破城乡二元结构，让更多农民转变为市民。

云龙示范区成为文化科教旅游休闲城。云龙示范区包括株洲云龙片区和清水塘片区。经过实践，云龙示范区在总体规划、招商引资、工作机制等方面，取得丰硕成果。一是"两型"发展理念"入脑入心见规划"。云龙示范区的概念规划和总体规划通过国家级专家评审，为把示范区打造为"生态城、文化城、旅游城"绘就宏伟蓝图。宏观层面，示范区规划理念、规划方法、规划实施上都体现了"两型"特色；微观层面，全面落实"资源节约、环境友好"发展要求，高度重视生态控制指标体系建设。二是"两型"发展路径清晰明了。先行先试、敢闯敢试、边干边试，云龙示范区在资源节约、城乡统筹、融资体制、拆违制违等方面，在"两型社会"建设探索和实践上取得了突破。三是"两型"发展出现"云龙速度"。云龙的步伐还在加速，示范区项目建设风生水起。未来的云龙，将是一座生态宜居城、一座文化科教城、一座旅游休闲城。

昭山示范区成为生态经济的样板区。昭山示范区包括湘潭易家湾、昭山片区、湘潭九华片区和娄底水府片区。一是突出规划引领,着力优化园区布局。采用"三高三低"的发展方式,即高速发展、高效发展、高质量发展,低排放、低消耗、低投入,努力建成"五化"园区,即园区企业实现"两型化"、园区产业实现"两型化"、园区经济实现"两型化"、园区文化实现"两型化"、园区社会实现"两型化"。二是突出基础设施,迅速搭建园区构架,完善园区配套设施。强力推进路网建设,重点是推进"一带一网一港一中心"的建设。"一带"即湘江生态经济带,结合湘江防洪景观道路建设将湘江沿线建成生态休闲与历史文化相互结合的生态绿谷和经济走廊。"一网"即示范区路网,以"两横两纵一环"拉开示范区建设框架。"一港"即昭山旅游港,主要是扩充提质现有的昭山客运码头。"一中心"即长株潭公交中心站。三是突出项目主导,倾力培育产业支撑。坚持项目立园,产业兴园,将园区建设成为招商引资的主阵地、项目集聚的主平台,推进示范经济发展的主渠道。四是突出环境保护,打造生态宜居园区。

天易示范区成为"先行先试"的引领区。株洲湘潭天易示范区位于株洲天元区和湘潭县易俗河之间,沿着天易公路两侧布局。发展株洲、湘潭两市的绿色空间隔离和交通通道的作用,重点发展机电制造、食品加工、环境保护、现代物流等产业,培育生态示范功能。一是株洲天易示范区实现"五个率先"。率先制定"两型"示范点创建标准,率先搭建示范区建设融资平台,率先开展土地"征转分离"试点工作,率先创新失地农民生产生活安置办法,率先启动村级综合配套改革。二是湘潭天易示范区定位为"创新服务基地"。湘潭天易示范区力争在生态工业建设、城乡统筹建设、区域协作、体制机制等方面探索积累经验,提供示范,打造全省领先的"千亿园区",全国有重大影响力的"创新服务基地、生态工业新区"。

滨湖示范区成为"产业高地、临港新城"。滨湖示范区包括长沙县安青片区、望城县铜丁片区、岳阳城陵矶片区、营田片区、界头铺片区、新市片区。一是变资源优势为发展胜势。岳阳城陵矶新港建设成为开卷之笔,完成"楼、岛、湖"资源整合。二是变生存压力为发展动力。三是变废品行业为优势产业。

(7)"协调化"管理模式。构建"省统筹、市为主"合力引导机制。建立"省统筹、市为主"的合力引导机制就是在学习借鉴国内外城市群管理模式的基础上，积极探索、实验和总结出来的一种适合长株潭城市群"两型社会"建设的管理模式。一是省委省政府统领"两型"建设。政府的首要任务就是做好城市群"两型社会"的发展规划，为长株潭"两型社会"建设制定蓝图。根据总体方案设计，长株潭城市群建设有四个定位：要建设成为全国"两型社会"示范区；中部崛起的重要增长极；全省新型工业化、新型城市化和新农村建设的引领区；具有国际品质的现代化生态型城市群。为了实现这些定位，要整合资源，为长株潭"两型社会"建设增强合力；优化政策，为"两型社会"建设提供保障；协调关系，为"两型社会"建设优化环境。二是各市自主发展各领风骚。长株潭三市结合本地实际，创造性地开展工作，取得不同实效。

建立行政区域政府协调管理机构。成立"两型办"，明确"两型办"的主要职能、主要作用。建立非政府组织参与机制，发挥非政府组织在"两型社会"建设中的作用，推动"两型社会"建设，推动区域经济一体化，推动区域文化发展。营造非政府组织参与"两型社会"建设氛围，鼓励非政府组织参与"两型社会"建设，提高非政府组织的持续发展能力，完善非政府组织发展的合作机制。

(8)"统筹化"文化经济融合发展模式。建设"两型"文化，就是要以资源节约、环境友好为主题，建设人与人、人与自然和谐相处的文化。

构建"两型"文化体系。一是突出"两型"文化教育。全面启动"长株潭城市群教育综合改革国家试验区"建设，积极推进"两型"学校建设。长沙职业教育基地建设成效明显，株洲职教科技园建设破土动工，长株潭职业院校实习实训基地建设有序推进。二是建设保护自然环境的文化。打造生态文化与"两型社会"建设的契合点，着力打造生态"硬文化"和"软文化"。三是建设人与人和谐的文化。长株潭三市都做出了创建全国文明城市的决定，着重推介长沙市的经验。四是建设低碳消费文化。引导低碳消费体系的建立，形成企业主导、社会组织参与的低碳消费体系，推进家庭低碳消费。

促进"两型"文化产业化。一是发展"两型"文化旅游产业。长株潭地区在湖湘文化传承上更体现了集中性和紧密性，积极寻找文化旅游产业发展特色的对策。二是发展"两型"文化创意产业。文化创意产业是文化产业的重要组成部分，主要包括创意设计、数字出版、数字媒体、动漫游戏等门类。湖南"两型"文化创意产业发展精彩无限，发展思路是适应加快转变经济发展方式的要求，调整产业结构，整合全省资源，服务国民经济各行业的创意需求，大力发展创意设计、数字出版、数字媒体、动漫游戏等新兴文化业态，形成具有湖湘文化特色的文化创意产品生产、经营、服务、运作模式，在长株潭地区形成文化创意产业群。三是发展"两型"文化产业集团。发展电视湘军、出版湘军、演艺湘军、动漫湘军这些在业内有重要地位、发挥风向标作用的文化产业，把"两型"文化作为撬动经济增长的杠杆。

"两型"文化软实力的经济硬支撑。一是"两型"文化凝聚起强大向心力。"两型"文化是一种精神力量，内化于心，外显于行。二是"两型"文化推动创新发展。创新是"两型"文化的灵魂。三是"两型"文化蕴藏于山水之间。湖南抢抓国家大力发展基础设施建设的机遇，加快包括高速公路在内的基础设施建设。着力建设"两型"高速文化，构建"人、车、路"的和谐。四是"两型"文化助推发展方式转变。限制非"两型"工业的进入，着力发挥绿色优势、发展特色经济。

第二节　改革创新的示范

湖南省"两型社会"建设，坚持以发展引改革，以改革促发展，扎实推进试验区的规划、建设、改革、管理等各项工作，高起点、高标准完成了试验区顶层设计，布局和建设了一批重大基础设施和产业项目，启动和推进了十项重大改革，加大了生态环境建设力度，建立健全了组织领导、政策支持和工作推进体系，带动和促进了环长株潭城市群、湘南地区及湘西地区的发展，为全省转方式、调结构积累了宝贵经验，为全省"四化两型"建设凝聚了强大的发展动力、提供了坚实的基础支撑。

一、改革创新的主要举措

紧紧围绕湖南省"两型社会"改革方案的实施、试验区建设总体目标的完成，长株潭城市群着力建立健全推动试验区改革创新的专项方案体系、指标体系和工作推进体系。

1. 建立健全改革专项方案体系

在改革总体方案指导下，长株潭试验区组织开展了 10 个专项改革方案的编制工作，布置衡阳、岳阳、常德、益阳、娄底五市和示范区 18 片区编制改革实施方案，将"两型社会"改革建设的目标、原则、路径和要求具体化为实施方案、政策措施和重大项目。

2. 探索"两型"指标标准体系

长株潭试验区积极推进"两型社会"建设要求的指标化、标准化。启动"两型社会"建设综合评价指标体系建设，探索编制"两型"统计指数。组织专家学者开展标准研究，对"两型"产业、企业、园区、县、镇、农村等标准进行初步探索，引导、规范"两型"改革建设。

3. 构建改革创新工作推进体系

按照"省统筹、市为主、市场化"的原则，形成了省市合作、部门联动、社会参与的工作机制。建立健全工作机构，"3+5"城市群八市"两型"机构建设基本完成。构建高层推进机制，出台了全面推进部省合作的指导意见，34 个部委和 71 户央企、金融机构与湖南省开展合作共建，形成了国家力量集中推动湖南发展的新局面。完善政策法规体系，颁发全面推进试验区改革建设的实施意见等系列文件。强化重点工作推进机制，定期对试验区重点工作进行督察。强化社会推动机制，广泛开展"两型"机关、园区、企业、学校、家庭等十余项创建活动，充分动员全民全社会广泛参与。

4. 大力推进体制机制改革创新

长株潭三市努力加快产业结构升级、促进节能减排、自主创新等方面的改革试验，探索有利于产业、市场、人才、技术聚集，多种所有制共同发展的制度体系，探索新型工业化和"两型社会"建设的新道路。

一是创新资源节约机制体制，主要体现在节能、节地、节水、节材四个方面。二是创新环境保护体制机制。探索市场化环境治理，实施流域生态环境补偿，开展排污权交易试点，探索城市垃圾管理运作模式，开展环境污染强制责任险试点等。三是创新流域综合治理体制机制。改变分段、分专项治理的传统模式，对湘江全流域实施综合治理，坚持上下游联动、江湖联动、水陆空联动、存量消化与增量遏制联动。四是创新产业结构优化升级体制机制。长株潭试验区坚持以产业发展和优化升级为重要抓手，大胆突破，率先在产业发展领域加快探索

"转方式、调结构"的机制体制,促进"两型社会"建设与新型工业化实现良性
互动和深度融合。五是创新土地管理体制机制。创新土地节约集约利用模式,以
考核促节约,出台节约集约用地考核办法。推进农村土地流转交易,建立城乡统
一的土地流转交易市场。推进土地综合整治,以城乡建设用地增减挂钩和土地整
理复垦开发为平台,整体规划,聚合资金,整村连片推进田、水、路、林、村整
治。六是创新投融资体制机制。提出市场化融资模式及运作方案,筹建"两型"
产业基金,设立"两型"城市投资基金。七是创新城乡统筹发展体制机制。突出
投资方式的转变,以"两型"理念统筹指导城乡规划、建设、管理,打造覆盖城
乡的公共服务体系,提升城市群发展的承载力。八是创新科技与人才管理体制机
制。充分发挥科教优势,构建支撑"两型社会"建设的技术创新体系和人才保障
体系。搭建创新平台,引导重点企业、行业联盟成为技术创新的主体。搭建引智平
台,统一招聘人才,打造人力资源共引共享平台。九是创新行政管理体系。将转变
政府职能,建设高效、规范的服务型政府作为"两型社会"建设的基础工程。

二、政策举措的针对性支持

全面推进"两型社会"建设。坚持先行先试,在对接和落实国家转变经济发
展方式、促进区域协调发展、培育战略性新兴产业等政策的基础上,组织开展重
大问题研究和重大政策制定,制定完善土地利用、产业发展、投融资、资源环境
等方面的配套政策,构建保障有力的政策法规体系。

1. 加快构建"两型"产业体系

推动"两型"产业发展。推进传统产业高新化发展,支持钢铁、有色、石
化、建材等原材料工业,轻纺、食品等消费品工业,工程机械、轨道交通等装备
制造业应用先行适用"两型"技术进行改造提升。加强长株潭国家级和省级"两
化"融合试验区建设,实施企业信息化"登高计划",推进物联网、云计算等新
技术的研发应用,制定物联网产业发展规划和实施方案,积极创建长株潭国家级
物联网新型工业化产业示范基地。建设数字湖南地理信息空间系统。建设现代农
业示范区,支持长沙县、浏阳现代农业科技产业园、屈原管理区国家现代农业示
范区建设,争创一批国家现代农业示范区。推进先进装备制造、新材料、文化创
意、生物、新能源、信息、节能环保等战略性新兴产业规模化发展,建立技术创
新、投融资服务、共性技术服务支撑平台,加快形成先导性、支柱性"两型"产

业，使之成为带动经济结构调整和发展方式转变的先导力量。加快现代物流业、金融服务业、信息服务业等生产性服务业以及金融商务、服务外包、总部经济、会展经济等业态发展，建设一批在中部具有区域优势的现代物流中心。

加快自主创新步伐。搭建重大科技支撑、技术研发、科技资源共享和区域创新服务等科技创新平台，突出亚欧水资源研究和利用中心、中科院湖南技术转移中心等平台建设，加强国家和省部级重点实验室、企业研发中心、工程技术研究中心、博士后工作站建设，组建混合动力汽车、光伏、风电等产业技术创新联盟，建设一批科研成果转化和产业培育基地、科技企业孵化器。对接国家重大科技专项，组织实施电动汽车电池、新药创制等重大科技专项，把握"两型"技术创新需求，集中实施重大攻关项目，形成一批"两型"技术成果，推广转化为高端产品。加快国家综合性高技术产业基地建设，支持一批高水平的科技创业、创新示范和高新技术产业发展基地建设，建立创新激励和成果保护机制，鼓励企业和科研人员以技术、专利、商标等非货币资本参与分配，进一步加强创新型人才的引进、培养和使用，完善人才政策。

优化产业发展布局。着力将长株潭城市群建设成为全国重要的先进装备制造业基地、电子信息等高技术产业基地、文化创意产业基地、建筑节能与绿色建筑示范基地、国内知名的旅游目的地、可再生能源建筑应用示范推广重点区域、中部重要的现代服务业中心；重点建设长株潭工程机械、汽车及电动汽车产业基地，长沙、株洲航空航天产业园，株洲、湘潭轨道交通产业基地，着力将现代装备制造业打造成主营业务收入过万亿的巨型产业。突出长沙、株洲、湘潭、益阳高新区和岳阳、常德、宁乡经开区以及长沙国家生物产业基地等国家级园区的发展，加快提升省级开发区发展水平，加快形成以长株潭为核心，以岳阳—长株潭—衡阳、长株潭—益阳—常德、长株潭—娄底三条产业经济带为骨架，以多点分布的重要开发园区为载体的产业梯度发展格局。

2. 大力推进体制机制创新

建立健全资源环境管理体制机制。强化资源环境综合管理，完善主体功能区规划，建立健全绩效考核、利益补偿机制。逐步推广资源有偿使用制度，推进节约水、电、煤、油、气等资源性产品的价格激励机制改革，逐步实施居民用水、电阶梯价格和非居民超定额用水、电累进加价制度，完善污水处理和生活垃圾处理收费制度。推进湘江等流域综合治理机制创新，建立以出入境水质状况为依据的生态补偿标准体系，形成流域上下游地区政府基于水量分配和水质控制的合作机制。推动实施"绿色信贷"、"绿色贸易"和"绿色保险"等环保措施，建立生态保护重点地区的森林生态效益区域补偿机制，建立排污权交易制度。

推进土地管理体制机制创新。建立工业园区和工业用地预申请制度，强化土地使用投入产出的门槛约束机制和检查机制，探索产业用地租售并举的多元化供应方式。创新土地利用规划和计划管理模式，探索节约集约用地的新型城市化发展模式，健全土地和矿产资源节约集约利用考评指标体系，实施差别化供用地政策，推进征用地制度、国土资源有偿使用制度改革。深化农村土地管理改革，探索建立市场化的农村土地使用权流转制度，实行耕地和基本农田保护有偿调剂、跨区域统筹制度，创新新增耕地指标的交易方式和平台。规范城乡建设用地增减挂钩，探索城乡共享土地增值收益的办法和机制。探索省内跨区耕地占补平衡机制。推进农村集体建设用地流转、宅基地确权、土地担保质押、户籍改革、农民变市民、城市和农村建立统一的土地流转市场等改革。探索改革农村产权制度，开展农村土地、山林、宅基地、住房等各类产权确权工作。推进农村土地整理复垦和整治，拓展新的用地空间。

创新财税与投融资体制机制。完善财政转移支付制度，深入推进财政"省直管县"改革，探索建立横向财政转移支付制度。深化财税体制改革，探索开展环保税试点，改革资源税制度。探索建立城市群财税利益协调机制，重点消除城市群在统筹基础设施、产业布局、城乡建设、生态环境保护等方面的体制障碍。推进投资体制改革，规范发展政府融资平台，完善和规范融资性担保体系。加强市场化运作，建立促进"两型社会"建设的要素价格体系，壮大"两型社会"建设投融资平台，优先支持"两型"企业直接融资，积极扩大企业债券、中期票据、私募股权融资规模，鼓励和吸引各类社会资本、银信资金投入。促进金融改革与创新，设立区域性国有金融控股集团，建立 OTC 市场，争取环长株潭城市群国家级高新技术产业园区进入"新三板"扩大试点范围。发挥各类投资银行、投资基金和产业基金的作用，组建"两型"产业投资基金，发展创业投资基金、私募股权基金、小额贷款公司、村镇银行、担保公司、信托公司等，积极争取股份制商业银行和保险公司等金融机构在长株潭城市群布局区域性中心，创建金融租赁公司、消费信贷公司，打造区域性金融中心。大力推进知识产权质押贷款试点工作。

深化行政管理体制改革。深化行政审批制度改革,进一步规范精简行政审批事项,优化审批流程,深化集中审批、并联审批和网上审批,提高审批效能。全面贯彻实施《湖南省政府服务规定》,突出政府职能转变,加大政务主动公开力度,编制和完善"两型社会"建设信息公开指南和目录,重点推进"两型社会"建设的规划编制、重大项目建设等领域的公开。探索建立"两型社会"建设公共服务平台和办事服务平台,提高服务的便捷性和时效性。

3. 切实加强资源节约利用和生态环境保护

加强资源节约。推广农民集中居住、农用地规模集约经营、城市土地立体开发、存量建设用地盘活有效利用等节地模式。贯彻实施《中共中央国务院关于加快水利改革发展的决定》和湖南省的实施意见,推进节水型社会建设,着力培育水权交易市场,实行区域总量控制和定额管理相结合的用水管理制度。加快矿产资源整合,健全矿产资源开采"三率"考核体系。大力发展循环经济,重点支持汨罗国家城市矿产示范基地、长沙(浏阳、宁乡)国家再制造示范基地建设,积极引导企业、园区、区域形成效益显著、特色鲜明的循环经济发展模式。

突出节能减排。健全完善节能减排激励约束机制和监督管理机制,着力推动节能减排的标准化、信息化、市场化。实施节能减排全覆盖工程,以推广节能减排在线监管为突破口,以技术节能和管理节能为重点,以标准指引、价格引导等为支撑,运用合同能源管理等方式实施一批节能减排示范项目,实施"万家企业节能行动",突出抓好工业节能"511"工程。推进建筑节能、交通节能,引导商业和民用节能,推广绿色建筑示范工程和可再生能源建筑应用,加强办公建筑和大型公共建筑用能管理,推进公共建筑和新建建筑节能监管体系建设,逐步开展既有建筑节能改造,打造清洁节能交通体系,推广新能源公交,推广宾馆酒店新型智能节电管理改造等。重点实施产业节能等工程,大力开展能效水平对标达标活动,切实降低综合能耗。建立健全政策法规、考核评价、行业标准、技术服务、投融资服务和执法监督体系,严格执行固定资产投资项目能评制度,积极开展节能量交易和碳交易试点。积极培育节能服务公司和节能服务市场。抓好长沙国家节能减排财政政策综合示范工作,支持株洲、湘潭积极申报国家节能减排示范城市。

加大环境保护。按环境容量调整工业布局,严格新建项目的环境准入制度,切实加大落后产能淘汰力度。强化城市环境保护,加强自来水水源监测和污染源监管，加快城镇污水管网、污水处理厂和生活垃圾无害化处置设施建设和管理，推广污水处理回用。加大扬尘治理、机动车尾气污染防治、城市噪声污染控制等力度。加强农村环境保护，扎实推进农村环境连片整治，全面推广长沙县、攸县等地农村环保的经验，推进养殖场污染综合治理，加强集中供水和分散式生活污水、生活垃圾收集处理等工程建设。合理布点垃圾收集处理项目，积极推广先进适用的垃圾分类收集、运输、处理方式。

强化生态建设。重点实施"一心（长株潭'绿心'）、一脉（湘江）、一肾（洞庭湖）"保护工程。加强长株潭"绿心"保护，严格按照规划划分禁止开发区、限制开发区、控制开发区，对区域内湿地、山林、水面、河谷等生态系统进行保护和修复。实施《湘江流域重金属污染治理实施方案》以及水污染综合整治新的行动计划，以湘江流域坪塘、清水塘、竹埠港、水口山等工业区治污为重点，实施重金属污染治理、流域截污治污、城市洁净、农村面源污染治理、生态修复等工程；推进湘江生态经济带建设。加快洞庭湖保护立法步伐，落实《洞庭湖国家级生态功能保护区建设规划》。抓好封山育林、退耕还林、退田还湖等生态环境修复工程和生态林工程建设，构建区域生态环境安全体系、区域环境保护联动机制、生物入侵预警预防机制、"四水"流域治理问责机制。

4. 促进城乡区域协调发展

推进区域协调发展。加快推进长株潭试验区建设步伐。环长株潭五市要在产业发展、跨区域重大基础设施建设、要素市场平台搭建、示范区建设等领域，加强与长株潭地区的对接与合作，推进"两型社会"改革建设。统筹兼顾湘南、湘西地区"两型社会"建设，制定"两型社会"建设实施方案和总体规划。湘南地区着力建设承接产业转移示范区，湘西武陵山区突出集中连片扶贫开发。

推进城乡统筹建设。建立城乡规划、城乡基础设施、城乡产业发展、城乡公共服务、城乡要素市场、城乡社会管理一体化的制度保障。构建市、县城、中心镇、乡、村层次清楚的城乡规划体系，抓好县城扩容提质，规划建设特色城镇，加大社会主义新农村建设力度，按照资源节约、环境友好的要求推进交通、供水、污水处理、垃圾处理、可再生能源利用等基础设施建设。推动城市资本、技术与农村资源相结合，广泛开展"万企联村、共同发展"活动，提升城镇产业聚集功能。突出城乡接合部建设管理，大力开展专项整治，推动城市文明、现代理念向农村扩展，促进城乡接合部健康有序发展。推进攸县、韶山市、冷水江市、汉寿县、嘉禾县等城乡一体化示范县建设。

推进综合交通体系建设。加快高速铁路建设,力争沪昆客运专线湖南段如期建成通车,推动构建长沙高铁枢纽,启动长沙—福州(厦门)客运专线前期研究。完成湘桂、娄邵、石长等铁路扩能工程,新建怀邵衡、黔张常、常岳九、岳吉、荆岳铁路,构建铁路骨干网,启动靖永郴、桂郴赣、安张衡铁路前期工作。加快推进环长株潭城市群760公里城际轨道交通线建设,建成长株潭线、长益常线、长浏线,适时启动长岳线、株衡线、潭娄线项目前期工作。大力推进环长株潭城市群交通一体化,加快核心区城际干道网、高速公路网建设,实现城市群内相邻市之间全部以高速公路连接,所有县市区30分钟内上高速公路,相邻县市区之间全部以二级以上公路连接,提升公路网络的内联外达功能。利用既有道路,规划建设长株潭三市内环线。推进湘江长沙综合枢纽和湘江2000吨级航道建设工程,打造以长江、湘江和沅水为主通道的航运体系,加快岳阳、长株潭、常德、衡阳等港口规模化、专业化建设。启动黄花机场飞行区东扩工程,把黄花机场加快打造成为区域性国际航空枢纽机场。推进衡阳、岳阳机场建设和常德桃花源机场扩建工程,适时启动株洲和娄底通用机场建设。

推进能源、水利、通信等设施建设。依托岳阳、长株潭管道枢纽,构建覆盖城市群中等规模以上城市的油气运输管道网络体系。支持分布式能源系统建设,科学发展核能、风能、生物质能等。加快智能电网建设,以长沙特高压交流枢纽站和湘潭直流枢纽站为依托,打造500千伏双环网,加快新一轮农村电网升级改造工程。推进户用沼气建设,推广太阳能、地源热能建筑一体化应用。突出农田水利、中小河流和山洪地质灾害治理、水资源配置工程等重点薄弱环节,加快农村安全饮水、病险水库和水闸除险加固、大型灌区和泵站改造等民生工程建设,重点推进洞庭湖治理、涔天河水库扩建等工程建设。加快长株潭"三网融合"试点,建设新一代移动通信、下一代互联网、数字电视等信息网络设施,率先建成高速信息城域网。加快国家超算长沙中心、"呼叫中心"、"数据中心"等信息平台建设。推进物联网、云计算等新技术的研发应用。逐步完善政务、企业、电子商务、经济与科技、社会公共服务等一体化信息服务系统。加强国际通信网络设施建设。

第三节　重点行动的示范

　　湖南省"两型社会"建设以示范区建设为起步，以重大工程建设为抓手，以核心领域和关键问题为重点。在示范区建设方面，设立了大河西、云龙、昭山、天易、滨湖五个先导示范区；在重大工程方面，以湘江流域治理为中心，设立了"一带、四区、五大工程"等重大工程；在核心领域和关键问题方面，在"资源节约利用、环境保护、产业结构优化升级、科技体制、土地管理、投融资体系、财税、对外经济统筹城乡、行政管理体制"等十大重点改革领域展开综改试验，实现重点领域全面突破。

一、示范区建设为起步

　　在长株潭城市群设立大河西、云龙、昭山、天易、滨湖五个先导示范区，这是长株潭试验区有别于其他试验区的重大突破和特色。示范区先行先试、率先突破，积累经验、逐步推开，起到了引领示范作用。体制上大胆创新，成为改革的先行区；产业上加快"两型"产业聚集，成为新型工业化的先导区；环境上建设完善的基础设施和高效率的服务体系，成为新型城镇化的展示区。

　　1. 大河西先导示范区

　　大河西先导区的规划范围位于湘江西岸，经由岳麓区、高新区直抵望城、宁乡腹地的 1200 平方公里土地组成的区域，分先导区、核心区和起步区三部分。大河西先导区的发展定位，职能定位是全国"两型社会"综合配套改革试点先导突破区，长株潭城市群战略整合核心承载区，长沙市提升主体功能区。产业定位是湖南省产业先行先试区，长株潭产业转型示范引领区，长沙市高新产业核心集聚区。生态定位是全国知名的生态文明区域，资源节约的循环集约新区，可持续发展的城市标杆。城镇定位是城乡统筹发展的区域城市，新型增长模式的城镇典范，环境友好的山水宜居新城。

　　按照《长沙市大河西先导区建设整体方案》中的规划，大河西先导区的建设主要包括"四区"、"三带"部分。四区是指黄金都市农业与农产品精加工区、高新技术开发区、科教文化产业区、高新综合功能区。三带是指金洲配套产业带、岳麓山人文生态旅游带、湘江西岸创新创意产业带。先导区的建设重点突出推进产业建设、生态建设、基础设施建设、示范区建设四大建设。

2. 云龙示范区

云龙示范区位于株洲市东北部，长株、沪昆两条高速和规划中的红楠、京珠高速东移线等穿境而过，其中央商务区距长沙、湘潭市中心和黄花机场均为十来分钟车程，相距150公里以内的中心城市和次中心城市有10个。按照规划，云龙建设分三步实施，到2011年，完成中央商务区公共基础设施项目建设；2016年，完成10平方公里区域的开发建设；2020年，基本建成民众安居乐业的创业之地、生态之区、和谐之城。为实现突破，清水塘工业区开展区域环境综合整治，加快循环经济试点，成为全国循环经济试点园区。

3. 昭山示范区

自长沙暮云，沿芙蓉南路至湘潭昭山、易家湾，往西至湘潭九华。低密度、高品位、保护性开发，保留自然山体、植被、稻田，建设生态宜居新城，引进国际组织分支机构、地区总部，举办国际论坛和博览会，打造生态经济区。九华建成先进制造业基地。

4. 天易示范区

位于株洲天元区和湘潭县易俗河之间，沿着天易公路两侧布局。发挥株—潭两市的绿色空间隔离和交通通道的作用，防止两市城区空间连绵发展。重点发展机电制造、食品加工、环保、现代物流等产业，培育生态示范功能，建设成为株—潭协同发展的标志区和引领区。

5. 滨湖示范区

包括岳阳湘阴、汨罗、长沙望城的部分区域和城陵矶临港产业新区。发挥水运、港口优势，在保护生态环境的基础上，建设长株潭产业转移承接基地、再生资源产业基地、绿色农产品生产加工基地、健康休闲服务基地。

二、重大工程为抓手

按照试验区改革建设总体方案要求，在"两型"产业发展、基础设施建设、示范片区建设、湘江流域综合治理、节能减排、城乡统筹、三网融合等领域研究确定和组织实施一批重大项目，加强跨区域重大项目的协调和管理，构建试验区重大建设项目的联合工作机制，推动建立高效协调的服务体系。

1. "一带、四区、五大工程"建设

在流域综合治理方面，湖南省"两型社会"建设推动湘江流域纳入国家大江大河治理范围，大力推进"一带、四区、五大工程"建设。"一带"是指湘江风光带建设；"四区"是指长沙坪塘、株洲清水塘、湘潭竹埠港、衡阳水口山整治；"五大工程"是指实施重金属污染治理工程、流域截污治污工程、城市洁净工程、农村面源污染治理工程、生态建设工程。

"一带、四区、五大工程"建设取得明显成果。清水塘指向的株洲石峰区 10 平方公里土地，曾汇集 210 家排污企业，由于各企业排污段不同，2 公里长的污水河起初呈灰绿色，接着变成黄色，又变成黑色，最后变成红色流入湘江，一度被称为"鸡尾酒"。"两型"试验在株洲进行到第三个年头，终于产生效果，"鸡尾酒"回归清水。在湘潭，绿色产业植根于产业之中。在长沙，近郊的坪塘老工业基地采取倒逼机制，一年内使 13 家水泥和化工污染企业全部退出。株洲力度更大，2008 年以来逐步关停和搬迁了 210 多家污染企业和落后生产线。"两型"试验在长株潭逐步推进，曾是全国十大污染城市之一的株洲城市环境明显改善，空气质量良好天数增至 174 天，良好率达 96%。2013 年株洲工业废水排放量比 2007 年减少 1207 万吨，清水塘地区工业企业废水实现 100%达标排放。同时，株洲 2009 年 GDP 同比增长 14.2%，高于全省平均水平 0.6 个百分点。

2. "四大"工程和"八大"工程建设

在长株潭试验区第一阶段，长沙市推进"四大"工程建设。坚持以项目为载体落实生态优先理念，促进城乡生态化、建筑绿色化、交通低碳化、产业"两型化"。一是城乡品质提升工程。实施三年造绿大行动，落实绿色建筑行动实施方案，推进"公交都市"和"绿色地铁"建设。二是节能减排全覆盖工程。扎实推进国家节能减排财政政策综合示范试点，实施一批重大项目，全面完成节能减排目标任务。三是"两型"产业发展工程。实行"两型"倒逼和创新驱动战略，实施园区"两型化"管理提标提档行动，加快推动产业转型和园区发展升级。四是生态"绿心"保护工程。建立生态"绿心"保护目标责任制，严格"绿心"地区项目准入管理，提升生态服务功能。

长株潭试验区第二阶段的主要任务是纵深推进各项改革，形成较完善的"两型社会"建设制度保障体系和新型工业化、农业现代化、新型城镇化、信息化促进机制，全面增强城市群基础设施保障水平，大幅提升科技进步对经济发展的贡献率，初步形成节约资源和保护环境的产业结构、增长方式和消费模式。为此，湖南将通过"八大工程"，大力推进长株潭"两型社会"建设：

一是实施"两型"产业振兴工程，实现传统产业"两型"化改造，构建特色突出、结构优化的"两型"产业体系。

二是实施基础设施建设工程，构建布局合理、功能完备、安全高效、集约利用、统筹协调的现代化基础设施体系。

三是实施节能减排全覆盖工程，建立健全节能减排的行业标准、政策法规、考核评价、技术服务、融资服务、监督管理六大体系，打造全覆盖的在线管理平台。

四是实施湘江流域综合治理工程，努力将湘江打造成"东方莱茵河"。

五是实施示范区建设推进工程，将"五区十八片"示范区打造成为试验区的核心增长极，成为湖南"四化两型"的示范引领区。

六是实施城乡统筹示范工程，以土地流转、农村环保、现代农业和中心集镇建设管理为重点，打造一批"两型"示范村镇。

七是实施长株潭综合交通一体化工程，突出长株潭三市综合交通一体化运营、交通资源共享，实现三市公交出行同城同享。

八是实施三网融合为重点的数字湖南工程，形成初具规模的"三网融合"全业务产业链，推动湖南进入发展智慧经济的前沿高地。

三、重点领域全面突破

1. 体制机制改革实现新突破

按照"转变经济发展方式、转变人们生活方式"的要求，以资源节约、生态环境保护、科技创新和人才管理、产业结构优化升级、统筹城乡发展、节约集约用地、城市群一体化发展等体制机制创新为重点，配套推进投融资、对外开放、财税和行政管理等方面体制机制创新，先后实施了原创性改革106项。从2012年开始，启动推进了资源性产品价格、产业准入提升退出、联合产权交易平台、PM2.5监测防治、排污权交易、农村环境治理、生态补偿、绿色建筑推广、绿色出行、绿色GDP评价十大重点改革。以长株潭自主创新、城市群一体化建设、湘江流域综合治理、绿色建筑推广、株洲城市管理、绿色GDP评价、"两型"标准体系建设、居民用水电气阶梯价格改革、企业用水电气差别价格改革、农村环境整治等为主要内容的改革经验，形成了"两型社会"建设的"长株潭模式"。

2. 重点污染治理取得新进展

在湘江保护与治理"一号重点工程"引领下，全省十大环保工程建设加快推进，完成项目 129 个、总投资 35.3 亿元。株洲清水塘"绿色搬迁"、湘潭竹埠港"退二进三"进展顺利；衡阳、株洲、湘潭、郴州等市发行重金属污染治理专项债券；湖南省政府出台最严格水资源管理制度实施方案和考核办法；长株潭三市顺利通过全国第三批节水型社会建设试点评估和验收；东江、水府庙、株树桥等饮水源地得到保护；农村环境污染连片整治扩大到全省，形成了长沙县、攸县经验模式。

3. 清洁低碳技术推广取得新成效

从 2012 年底开始，在长株潭试验区部署推进十大清洁低碳技术，规划建设重点项目 800 多个，总投资 800 多亿元。几年来，坚持把清洁低碳技术推广与更好发挥市场作用相结合、与转方式调结构相结合、与生态建设的重点相结合、与改善民生相结合，通过组织"清洁低碳专家企业行"，开展项目对接、银企合作、经验交流，积极搭建清洁低碳技术推广融资服务和项目对接平台，推动建设重点项目 300 多个，总投资 300 多亿元。

4. 城市群一体化发展形成新格局

积极构建城市群生态发展的组团式空间布局。按照紧凑布局、生态隔离、生态服务的组团式理念，探索建设"绿心"式生态城市群，将长株潭三市之间 522 平方公里的区域规划为"生态绿心"区，划定生态红线，并进行立法保护。探索城市群一体化建设新模式。推动交通同网、能源同体、信息同享、生态同建、环境同治"新五同"建设。探索城市群一体化管理新模式。以全国"三网融合"试点为契机，以信息一体化建设为牵引，加快搭建起城建、环卫、交通等城市群资源共享平台和公共资源市场交易平台，长株潭三市成功实现固定电话同号升位、公交一体运营、异地取款、移动电子商务、购房同城待遇等综合管理和服务逐步实现。城市群养老保险、社会保障、医疗保险、户籍等实现同步推进。

5. "两型"示范创建呈现新亮点

在长株潭试验区范围内规划大河西、云龙、昭山、天易、滨湖 5 大示范区、18 个片区作为先导区。2013 年，5 大区 18 片区以全省 1.69%的国土面积，创造了全省 14.3% 的 GDP 总额、14.9% 的财政收入、21.5% 的固定资产投资和 25% 的工业增加值，成为发展的核心增长极和"两型"示范区。深入开展"两型"示范创建活动，推动"两型社会"建设进机关、企业、村庄、城镇、门店、社区、学校、家庭、旅游景点和农村合作社，"两型"综合示范区建设取得阶段性进展。

第四节　社会参与的示范

只有"两型"成为了广大干部群众的道德观、价值观、行为准则和生活习惯，才能真正建成"两型社会"。湖南省长株潭"两型"试验区把动员全民参与、培育"两型文化"贯穿"两型社会"建设改革全过程。

一、营造氛围

加快"两型"示范创建。一是全省率先开展"两型"机关、学校、社区、家庭、园区、企业、城镇、村庄、景区、门店、公共场所、医院等 14 大类示范创建活动，实现"两型"示范创建领域全覆盖。形成了有标准、有方案、有队伍、有行动、有评价、有成效的"六有"工作机制。二是重点推进"两型"综合示范片区建设，各县市区规划建设一个"两型"综合示范片区，集成"节能节水产品、清洁能源、保温环保建材、绿色出行、环保袋、垃圾分类、废旧物资回收、绿化美化、志愿者队伍、两型文化"等"两型"元素进入片区。其中神农城片区获批为省级"两型"综合示范片区，在全省率先形成由"栽盆景到建花园"的示范创建经验模式。三是全域开展特色基层创建，各县市区结合自身基础和特色自主开展创建活动。例如炎陵县创建低碳生态县、攸县创建"两型"示范县、醴陵创建产业升级发展市、株洲县创建新能源发展示范县、芦淞区创建电子商务示范区、天元区创建"两型"综合示范区、云龙创建高端服务业发展示范区。

倡导绿色低碳生活。倡导低碳城市消费与营销，构建长株潭低碳社会。开展低碳城市群建设，提高群众的低碳消费与营销意识是关键。倡导和实施低碳城市消费与营销是一种可持续的消费模式，在维持高标准生活的同时尽量减少使用消费能源多的产品，从日常生活做起，节省含碳产品的使用，实行可持续的消费模式。在低碳城市群建设过程中，真正实现人与自然的和谐，生态环保法律建设与生态环保道德建设同等重要，把低碳消费教育引向深入，深化理论研究工作，为低碳消费与营销教育提供智力支持，注重和提倡市民参与低碳消费实践，构建长株潭低碳社会，进而促进低碳城市群建设。

一是实施"两型"惠民行动。努力让人们感受到"两型"社会建设带来的变化和实惠。长沙市实施"公交电动化三年行动计划"，将市区公交车全部置换为混合动力或电动汽车，建成全国首个公交电动化城市。长沙市建成全省第一个公共自行车租赁系统，投入2万辆自行车，3小时内免费供市民使用。二是倡导"两型"消费方式。杜绝奢侈消费、面子消费等造成浪费的消费方式，倡导文明、健康、适度的"两型"消费方式；限制使用一次性用品，开展"限塑"专项整治行动。大力推广"两型"技术及产品，推行绿色采购。三是培育"两型"生活习惯。形成以节能、节水、环保为特征的低碳生活、绿色消费时尚。

加强"两型"宣传培训。一是积极做好"两型"宣传。宣传方式多样化，编印《"两型"知识手册》，设置大型户外宣传标牌和公益广告牌，在市规划馆开辟"两型"展区，在电视、报纸上开辟"两型"宣传栏。二是加强"两型"学习培训。把"两型"相关知识、政策纳入各级党校、行政学院以及各级党委学习中心组培训学习内容，开展多种形式的报告会、培训班。开展家庭美德宣传，举办"爱·家"大讲坛。三是广泛开展主题活动。组建"两型"志愿者队伍，每年举行节能宣传周和体验日活动，引导全民参与"两型社会"建设，促使"两型"理念深入人心。

二、推广活动

示范创建推广。组织实施"两型社会"建设样板工程、"两型"技术产品推广工程、"两型"示范单位创建工程。围绕新型工业化、新型城镇化、新农村建设，深入开展"两型"产业、"两型"园区、"两型"企业、"两型"城市、"两型"城镇、"两型"社区、"两型"村镇、"两型"农业、"两型"生态等示范创建活动，带动形成"两型"生产方式、"两型"消费模式、"两型"生态环境。

突出示范引领。淘汰高能耗、高排放、高污染的项目和产业，把好产业和企业准入"门槛"，每个示范区形成"两型"主导产业。推广运用"两型"理念、技术、产品，打造"两型"基础设施建设集中展示区。加强环境整治，重点推进大河西先导区坪塘生态修复和污染治理工程，提升岳麓山、常德柳叶湖等景区的生态旅游和服务功能；推进云龙示范区清水塘地区战略性改造；切实保护昭山示范区"绿心"资源，打造国际水平的生态经济区和高端服务区；加快建设天易示范区株洲、湘潭两市的绿色空间隔离廊道；加快实施滨湖示范区松洋湖生态治理工程。

实施"两型"示范创建工程。开展以"两型"产业发展、城乡建设、生态文明建设、改革创新、对外开放、民生发展等为重点的"两型"示范工程建设，以及以"两型"生产、生活、消费等为重点的"两型"示范单位创建活动，在新型工业化、农业现代化、新型城镇化、信息化建设中全面体现"两型"要求，通过规划设计创新、政策支持、项目建设、宣传教育等综合手段，率先形成好的思路、机制和做法，加强总结推广，带动全省"两型社会"建设。开展"两型"技术产品示范推广活动，搭建示范推广平台，出台"两型"技术产品推广目录，积极研究开发和遴选一批"两型"技术产品在试验区乃至全省推广。组织开展"两型"技术产品进万家活动。探索建立面向"两型"技术产品的区域性和全国性中心市场。

推进"两型"评价指标体系和标准化建设。建立完善"两型社会"建设评价指标，逐步形成"两型社会"建设的统计体系，及时发布相关数据和评价指数。加快建立发展规划、项目建设"两型性"审查和认定制度。逐步形成"两型"标准，纳入湖南省地方标准系列。积极开展"两型"企业、"两型"技术产品等认证工作，建立标识认证体系。

参考文献

[1] 湖南省长株潭两型办. 湖南"两型社会"建设的发展模式 [M]. 长沙：湖南人民出版社，2011.

[2] 湖南省长株潭两型办. 湖南"两型社会"建设的认识与实践 [M]. 长沙：湖南人民出版社，2011.

后 记

　　这部著作是中国社会科学院工业经济研究所沈志渔研究员主持的2014年度中国社会科学院国情调研项目——"两型综改区"对全国"两型社会"建设引领示范作用（湖南基地）的最终成果。课题由中国社会科学院工业经济研究所和湖南基地联合立项，并共同完成。

　　随着我国工业化和城镇化水平的不断提升，工业文明和城市文明的内涵不断得到丰富和深化。在工业制造领域，越来越多的人开始意识到"高耗能、高污染、高投入"的工业增长方式已经不可持续，经济的转型升级要求以更少的工业投入获得更高的工业附加值。在城市建设发展领域，绿色和生态成为城市发展和城市文明建设的主题。以"资源节约、环境友好"为特征的可持续发展模式成为当前阶段我国经济、社会发展的新趋势。

　　湖南省"两型社会"建设与中共十八大所提出的"五位一体"总布局保持一致。湖南省长株潭"两型"综改区坚持"三个率先"原则，即率先形成有利于资源节约和环境友好的新机制、率先积累传统工业化成功转型的新经验、率先形成城市群发展的新模式；坚持"四个目标定位"，即全国"两型社会"建设的示范区，中部崛起的重要增长极，全国新型工业化、新型城市化和新农村建设的引领区，以及具有国际品质的现代化生态型城市群定位。"两型社会"建设主要分为"三个阶段"，在2008~2010年打好基础、重点突破，在2011~2015年纵深推进、初见成效，在2016~2020年完成建设任务、取得较好示范效果。本书的调研工作主要集中在2014年，是湖南省"两型社会"建设工作推进初见成效的第四年，所以，本书算是对于湖南省"两型社会"建设工作的阶段性总结，通过分析以往的工作基础，也能够为后续工作的推进和深化提供一些经验。

　　湖南省"两型社会"建设主要坚持"着力绿色循环低碳发展、健全生态文明制度体制、大力推广清洁低碳技术、突出环境问题整理力度、切实强化法制体制保障"的工作思路。通过不断健全省市各级"两型"工作架构、各级合作协调联动推进机制以及构建全民参与的长效机制，狠抓示范区建设。湖南省"两型社会"建设取得了突出的绩效，经济发展跃上新台阶，结构调整实现新突破，城乡建设取得新成效，生态环境得到新改善，民生改善结出新硕果。在实践工作的基础上，率先研究制定"两型"示范点创建标准，例如制定了"两型"园区、"两型"企业、"两型"机关、"两型"学校、"两型"村庄、"两型"社区、"两型"小区、"两型"宾馆（酒店）、"两型"道路九种示范点的创建标准体系和创建考核评定办法。湖南省"两型社会"建设对于全国的示范作用主要体现在"建设模式"的示范、"改革创新"的示范、"重点行动"的示范、"社会参与"的示范。

通过调研发现，湖南省对于"两型社会"建设也存在一些"迷惑"。首先是"未富先贵"之惑。推进改革的投入不足是制约"两型社会"进一步深化的瓶颈。推进"两型社会"改革，在落后产能的淘汰、流域环境的整治、绿色节能建筑的推广以及环境经济政策的实施等方面，都需要大量的投入。湖南省作为中部地区来建设"两型社会"，资金不足的困难较大，而目前国家对"两型社会"改革试验区缺少专项投入。其次是"权力分配"之惑。湖南省推进"两型"改革的系统性还不够强。综合配套改革强调单项的整体组合、协同推进，"两型社会"建设改革涉及面广，需要兼顾的目标多，财税、价格、土地、金融、行政管理等各项改革相互协同配合的难度较大，也制约了改革突破的深度。改革试验的授权度不够，在一些需要先行先试的领域，如土地征用的审批权、土地利用规划的动态调整权、绿色建筑评价标识权和水电气等资源性产品定价权等，市一级地方政府缺乏必要的权限。最后是"平衡发展"之惑。湖南省加快"两型"改革的动力不足。"两型社会"改革，长远受益较大，短期受益较小；全局受益较大，局部利益可能受损。因此，针对改革者的激励机制还有待健全，针对被改革者的利益机制还有待理顺，针对改革受益者的动员还有待加强。以上三个问题还需要在继续推进"两型社会"建设工作进程中进一步摸索，并最终找到解决的办法。

为了完成本书的写作，课题组先后五次赴湖南展开深入调研，组织了不同规模的座谈会、专家研讨会，并走访了相关政府部门、企业和大量的人员。作为本书的主要编写者，中国社会科学院工业经济研究所沈志渔研究员设计和定义了本书的战略写作方案，以睿智的洞察力赋予每一章灼见和灵魂。具体到每一章，分别由中国社会科学院工业经济研究所沈志渔和肖红军（总论）、王菊（第一章）、蒋秀兰（第二章）、张航燕（第三章、第四章）、王欣（第五章）、孙婧（第六章）、赵剑波（第七章）、张兰廷（第八章）、肖红军（第九章）等研究人员执笔完成。此外，姜雨、邱永辉、李伟等研究生同学在资料收集方面对本书也有所贡献。

这本书的完成还得到了湖南省经济信息研究中心、湖南省及长株潭三地"两型办"，以及湘西自治州、张家界市、岳阳市、郴州市等地发改委相关部门的大力协助，特别感谢梁志峰、屈莉萍、苏惠等人对于调研工作和行程的安排，以及接受访谈或者提供资料等以不同方式为本书的完成做出贡献的人们，在此不再一一罗列。

疏漏之处，在所难免，敬请广大读者批评指正！

中国社会科学院工业经济研究所课题组

2015 年 8 月于北京